L'AUBERGE DU MONDE

LE COLONEL CHAMBERLAIN

OUVRAGES
DE
HECTOR MALOT

COLLECTION GRAND IN-18 JÉSUS

ROMANS

LES VICTIMES D'AMOUR : LES AMANTS..............	1 vol.
— — LES ÉPOUX................	1 —
— — LES ENFANTS.............	1 —
LES AMOURS DE JACQUES........................	1 —
UN BEAU-FRÈRE...............................	1 —
ROMAIN KALBRIS...............................	1 —
MADAME OBERNIN...............................	1 —
UNE BONNE AFFAIRE............................	1 —
UN CURÉ DE PROVINCE..........................	1 —
UN MIRACLE...................................	1 —
SOUVENIRS D'UN BLESSÉ. — SUZANNE	1 —
— — MISS CLIFTON......	1 —
UN MARIAGE SOUS LE SECOND EMPIRE..............	1 —
LA BELLE MADAME DONIS........................	1 —
CLOTILDE MARTORY.............................	1 —
LE MARIAGE DE JULIETTE.......................	1 —
UNE BELLE-MÈRE...............................	1 —
LE MARI DE CHARLOTTE.........................	1 —
LA FILLE DE LA COMÉDIENNE....................	1 —
L'HÉRITAGE D'ARTHUR..........................	1 —
L'AUBERGE DU MONDE : LE COLONEL CHAMBERLAIN...	1 —
— — LA MARQUISE DE LUCILLIÈRE.	1 —
— — IDA ET CARMELITA.........	1 —
— — THÉRÈSE..................	1 —

ÉTUDES

LA VIE MODERNE EN ANGLETERRE.................	1 —

F. Aureau. — Imprimerie de Lagny

L'AUBERGE DU MONDE

LE COLONEL
CHAMBERLAIN

PAR

HECTOR MALOT

PARIS

E. DENTU, ÉDITEUR

LIBRAIRIE DE LA SOCIÉTÉ DES GENS DE LETTRES

PALAIS-ROYAL, 17 ET 19, GALERIE D'ORLÉANS

1875

Tous droits réservés

L'AUBERGE DU MONDE

PREMIÈRE PARTIE

LE COLONEL CHAMBERLAIN

I

La cour d'honneur du Grand-Hôtel était pleine de mouvement et de tapage.

Les voitures entraient, sortaient, se suivant sans interruption et s'enchevêtrant parfois dans un désordre qui, s'il donnait aux étrangers une assez mauvaise idée de l'habileté de main des cochers parisiens, montrait au moins que, pour la langue, ils étaient prompts à l'attaque et à la riposte.

Aux fiacres chargés de bagages, aux voitures de place plus ou moins dépenaillées, aux omnibus de chemin de fer, succédaient des calèches de grande remise, correctement attelées, conduites par de majestueux cochers, qui s'arrêtaient devant le perron pour y déposer des femmes et des jeunes filles en toilette de promenade ou de visite.

Sur la terrasse de ce perron, à l'ombre de quelques dattiers cultivés dans des bacs, se tenait une double rangée de spectateurs qui, assis sur des chaises ou appuyés sur le balustre, regardaient curieusement ce spectacle mouvementé.

Dans ce public ainsi rassemblé en cet espace resserré, se trouvaient des représentants de toutes les nationalités du monde :

Des Anglaises roides, importantes, installées là comme partout où elles s'établissent pour un jour ou pour une année, c'est-à-dire en maîtresses qui sont chez elles, de par la toute-puissance de l'argent ;

Des Allemandes grandes, grosses, larges, le visage ouvert par un rire voulu, habillées de vêtements qui semblaient ne pas tenir sur elles ;

Des Américaines fines, délicates, ravissantes, malgré leur pâleur inquiétante ;

Des Espagnoles aux prunelles mobiles et habiles, qui lançaient des éclairs de tous côtés ;

Des Turcs coiffés du fez rouge ;

Des Péruviens ou des Brésiliens au teint jaune, les doigts cerclés de pierreries ;

Des Africains à la tête crépue ;

Des Chinois à la tête pelée.

Tous ces gens, qui se touchaient les coudes, regardaient devant eux sans se dire un seul mot, comme des muets ou comme des sourds ; de temps en temps, une femme se haussait jusqu'à l'oreille de son mari, une fille se penchait dans le cou de sa mère, et rapidement, à voix étouffée, on échangeait une observation sur la toilette, la tenue, la beauté ou la laideur de ceux qui défilaient devant cette galerie.

Devant les tables du café, il y avait aussi foule, et, en écoutant durant quelques instants les appels des consommateurs, on pouvait avoir une idée des façons multiples dont est susceptible la prononciation du mot « garçon, » selon qu'il sort d'une bouche européenne, américaine ou asiatique.

A l'une de ces tables, la mieux placée pour voir tout ce qui se passait dans la cour, aussi bien sur le perron qu'à la porte du télégraphe, du bureau de réception des voyageurs et de la caisse, se tenait un jeune homme que tout Parisien, même sans être un observateur bien sagace, devait reconnaître immédiatement pour un compatriote.

Étendu sur deux chaises, les mains dans les poches, la tête légèrement renversée en arrière, il promenait autour de lui un regard circulaire qui cherchait à tout voir et à tout embrasser, allant rapidement des bagages qu'on déchargeait aux groupes du perron, et de ses voisins de table aux voyageurs qui piétinaient impatiemment sur place en attendant leur voiture.

Que cherchait-il ? qu'étudiait-il ?

Le certain, c'était qu'il se servait de ses yeux d'une façon alerte, en homme qui sait regarder et à qui rien n'échappe.

Tout à coup ces yeux, toujours en mouvement,

s'arrêtèrent sur la porte de la caisse, où venait de paraître, s'entretenant avec un employé de l'hôtel, un gentleman qui portait sa nationalité de citoyen des États-Unis écrite sur son visage allongé et son menton pointu.

Aussitôt, abandonnant sa position horizontale et se dressant vivement, le jeune Parisien poussa un sifflement d'appel qui fit lever les yeux et tourner la tête à plus d'un de ses voisins.

Mais, paraissant se soucier fort peu qu'on l'observât ou qu'on ne l'observât pas, il continua ses coups de sifflet saccadés et pressés comme ceux d'une locomotive en détresse, jusqu'à ce que celui auquel ils s'adressaient eût tourné les yeux de son côté. Alors il lui fit signe de la main de venir s'asseoir à sa table.

D'un geste calme, l'Américain répondit qu'il viendrait quand son entretien serait terminé.

Et, de fait, presque aussitôt il traversa en quelques enjambées la double chaussée de l'entrée.

— Bonjour, Farnham, dit le Parisien.

— Bonjour, Méline, répondit l'Américain en secouant la main qui lui était tendue ; comment diable êtes-vous ici ?

— Pour mon métier, parbleu ! L'assassinat faiblit ; pas de mariage dans le *high-life;* pas de dîners dont on puisse publier le menu ; la foudre fait relâche ; les chiens attendent les chaleurs pour devenir enragés ; pas de viols intéressants ; pas d'incendies ; pas d'explosions de fabrique de produits chimiques, qui plongent des centaines d'infortunés dans la misère. C'est dégoûtant! Il faut bien se rabattre sur l'étranger à Paris. Parole d'honneur! si l'exposition universelle n'arrivait pas, il y a des jours où l'on n'aurait rien à se mettre sous la dent. Qu'est-ce que vous prenez? l'absinthe?

— Il est un peu tôt.

— Il n'est jamais trop tôt pour commencer, seulement il est quelquefois trop tard pour finir. Tiens, c'est un mot. Le trouvez-vous drôle?

— Qui est drôle?

— Vous n'avez pas compris. Ça ne fait rien. Imprimé et mis dans la bouche d'un homme en vue, il fera son effet; d'ailleurs mon métier n'est pas d'inventer des mots, mais de répéter ceux que j'entends.

— Cela va bien le reportage?

— Eh! mon cher, il n'y a plus que ça. Qu'est-ce qui s'intéresse à la politique aujourd'hui, 28 mars 1867. Personne. A quoi bon d'ailleurs? où ça peut-il nous mener? A une révolution. Qui est-ce qui désire une révolution en France en ce moment? Réunissez cent personnes, demandez-leur si elles veulent le renversement de l'Empire : vous n'en trouverez pas dix, vous n'en trouverez pas cinq qui vous répondront oui. On discute la loi sur la contrainte par corps au Corps législatif en ce moment, qui est-ce qui lit ça? Les créanciers, les débiteurs, et puis après. M. Guillaume Petit soutient que la contrainte par corps est inutile; M. Goerg, qu'elle est indispensable. Voilà vraiment de quoi passionner le public! Est-ce qu'il connaît M. Guillaume Petit? Est-ce qu'il a jamais entendu parler de M. Goerg? Il faut pourtant mettre quelque chose dans les journaux, si l'on veut pousser à la vente et soutenir l'abonnement. Quoi? Le roman? On n'en fait plus. Des variétés? Il n'y a que ceux qui les écrivent qui les lisent. Reste le reportage, et voilà sa force.

— Vous êtes pratique.

— Je m'en flatte. Littéraire, non; pratique, oui. Un grand homme a dit : « J'ai vu les mœurs de mon temps et j'ai écrit cette histoire. » Moi qui ne serai jamais un grand homme, je dis : « J'ai vu le goût de mes compatriotes et j'ai écrit ce qui pouvait lui plaire. » Voilà pourquoi vous me trouvez ici. De quoi se préoccupe-t-on présentement? De la grande exposition qui va ouvrir dans trois jours, de l'entrée des étrangers dans Paris, de l'invasion des barbares.

— Vous venez voir si les barbares arrivent?

— Précisément.

— Et trouvez-vous qu'ils sont assez nombreux?

— Ça commence, mais j'attends mieux. Paris, rebâti, embelli, est désormais le lieu de rendez-vous de l'univers entier; des cinq parties du monde, on doit y accourir pour y dépenser son argent, s'y amuser, y vivre. Où trouverez-vous, n'importe où, en Europe, en Amérique, une ville qui, comme Paris, soit créée spécialement pour le plaisir? A Londres, on travaille et l'on s'ennuie; à Berlin, on parade et l'on joue avec des fusils à aiguille. Vous autres, Américains, vous avez un mot assez caractéristique pour une de vos villes, Boston, je crois; comment dites-vous?

— Que Boston est *the hub of the universe*.

— C'est-à-dire ?
— Le moyeu de l'univers.
— Eh bien ! mon cher, nous autres Parisiens qui sommes moins pompeux dans nos expressions, nous disons tout simplement que Paris est l'*auberge du monde*. « Entrez, messieurs les étrangers ; que faut-il vous servir ? On trouve à l'*auberge du monde* grands et petits appartements, le boire, le manger, et tous les divertissements moraux ou autres qu'on peut désirer. Chez nous, vous êtes chez vous ; commandez. Nous avons un personnel de quatre cent mille personnes, hommes et femmes (et quelles femmes !), qui n'attend qu'un signe pour aller au-devant de vos désirs. » Vous comprenez, mon cher, que ce personnel, qui se prépare depuis plusieurs mois à recevoir cette invasion, est curieux de savoir si elle commence et dans quelles conditions elle se fait. Sont-ils bien affamés, les barbares ? Combien sont-ils ? Cent, cinq cents, dix mille, cent mille ? Pour moi j'ai annoncé avant-hier que j'avais rencontré trois officiers prussiens en uniforme se promenant sur le boulevard, et ç'a été la grande nouvelle du jour.

— Eh bien ! j'ai une nouvelle à vous donner, si vous la voulez ?

— Comment, si je la veux ? Vite, vite.

— Le colonel Chamberlain sera à Paris le 10 avril.

— Ah !

— Cela vous laisse froid.

— Dame ! j'avoue que votre colonel Chamberlain m'est parfaitement inconnu ; arrive-t-il avec son régiment ?

— Mieux que ça ; il arrive, précédé d'une dépêche que nous venons de recevoir et que voici :

« American Bank,
« rue de la Paix,
« Paris.

« Veuillez me retenir, Grand-Hôtel, appartement confortable, beau salon, une chambre maître, une chambre domestique, le tout premier étage, fenêtres et balcon sur le boulevard, séjour de trois mois au moins ; arriverai 10 avril. Réponse New-York.
« Colonel CHAMBERLAIN. »

— Montrez un peu, dit le reporter.
— Trouvez-vous qu'un gentleman qui se paye une dépêche, par câble, de 46 mots à 12 francs 50 centimes le mot, plus 131 francs 35 centimes pour la réponse, c'est-à-dire qui dépense 693 francs 85 centimes, rien que pour retenir son appartement, mérite d'être présenté à votre public ?
— Le fait est que cela est assez yankee. Combien dites-vous que coûte la dépêche ?
— 693 francs 85 centimes, plus 6 francs par dix mots pour Londres.
— Alors c'est un Nabab, votre colonel ?
— Mieux que cela, c'est le propriétaire des plus riches sources de pétrole de la Pensylvanie.
— Mais alors c'est un personnage, votre colonel, une curiosité ! Personne ne le connaît, je vais l'inventer. Dites-moi tout ce que vous savez ou au moins tout ce que vous pouvez raconter sur lui.

II

— Si vous attendez de moi, continua l'Américain, une biographie ou un portrait du colonel Chamberlain, je ne pourrai pas vous satisfaire : je ne connais pas son histoire en détail et ne l'ai jamais vu.

— Dites ce que vous savez; j'inventerai ce qui sera indispensable pour relier vos renseignements, ou je m'arrangerai pour laisser deviner ce que je ne pourrai pas inventer. D'abord, quel âge a-t-il? Jeune, vieux, marié ?

— Jeune, vingt-sept ou vingt-huit ans, pas marié.

— Beau garçon?

— Cela, je n'en sais rien; je vous ai dit que je ne l'avais jamais vu. Ce que je vous rapporte, je l'ai entendu raconter dans notre maison ou je l'ai lu dans les journaux américains, car maintes fois ils ont cité son nom pendant la guerre, et si vous n'étiez pas dans une ignorance qu'on peut appeler véritablement française à l'égard de tout ce qui se passe au delà du Rhin ou de la Manche, vous en sauriez à peu près autant que moi.

— Ne vous gênez pas, cher ami ; vos critiques me laissent froid. C'est aux étrangers de savoir ce qui se passe en France, ce n'est pas aux Français de chercher ce qui se passe à l'étranger.

— Ce qui ne vous empêche pas de m'interroger sur le colonel Chamberlain.

— Ça, c'est différent ; affaire de moment, voilà tout.

— En tous cas, le colonel est doué d'une qualité spéciale et personnelle, qui, en dehors des circonstances présentes, lui mérite l'attention et la sympathie des Français.

— Vous savez, si c'est un héros, le genre est démodé.

— Ce n'est pas de cela que je veux parler ; il est d'origine française.

— Bigre ! voilà qui devient intéressant. Il a donc eu une bonne fée pour marraine, qui l'a doué à son berceau, comme dans les féeries ? Pourquoi ne me disiez-vous pas tout de suite que c'était le prince Charmant ?

— Sous le règne de votre roi Louis-Philippe, un ouvrier du faubourg Saint-Antoine, gravement compromis dans les mouvements révolutionnaires, se sauva en Angleterre, puis de là aux États-Unis. C'était le père du colonel.

— Il est de fait, ce nom de Chamberlain a une tournure française.

— Ce que fut la vie de cet émigrant en arrivant à Philadelphie, l'histoire ou plus justement les histoires que j'ai entendues n'en parlent pas ; sans doute elle fut celle de tous ceux qui débutent par la misère.

— C'est le fils qui nous intéresse.

— Pour arriver à ce fils, il faut un mariage : ce mariage a lieu. L'ouvrier parisien, devenu bûcheron du côté des monts Alleghany, épouse la fille d'un bûcheron comme lui, une Américaine d'origine anglo-saxonne. De ce mariage naît notre colonel vers 1838 ou 1839. Ici se trouve une grande lacune dans ce que je sais.

— Je la comblerai, si cela est nécessaire à mon récit.

— Ce que furent l'enfance de notre personnage et sa jeunesse, je l'ignore. Comment fut-il élevé, reçut-il de l'instruction ?...

— Et le pétrole ?

— J'y arrive. La Pensylvanie, vous le savez, est couverte en grande partie de forêts ; ce sont même ces forêts qui lui ont donné son nom, *Sylvœ* de Penn. Notre bûcheron travaillait dans la contrée qui longe les monts Alleghany. En parcourant sans cesse ces forêts, il remarqua en certain endroit un liquide huileux qui sortait de terre et s'accumulait dans des cavités, où il formait de petits étangs qui répandaient dans leur voisinage une odeur infecte. Ce liquide jaillissait avec une telle force que, durant l'hiver, il brisait des couches de glace de plus d'un pied d'épaisseur. Aux abords de ces sources, on entendait des bruits souterrains. Chamberlain savait voir et réfléchir, et, bien qu'il ne fût ni savant ni ingénieur, il comprit qu'il pouvait tirer parti de sa découverte. La fortune jusque-là lui avait été cruelle. Il n'avait pas d'argent. Il sut trouver des gens qui lui en donnèrent, ce qui est plus difficile que de trouver des sources de pétrole ; il sut même se faire une large part dans l'association qu'il forma avec ses capitalistes, et un beau jour les puits qu'il creusa dans la partie de la forêt qu'il avait achetée débitèrent deux cent mille litres d'huile en vingt-quatre heures, c'est-à-dire qu'ils produisirent quelque chose comme quarante mille francs par jour.

— Quarante mille francs par jour ! le colonel Chamberlain a quarante mille francs de rente par jour ?

— Il faut faire la part de ses associés ; mais mettons seulement la moitié, et ce sera déjà quelque chose.

— Vingt mille francs par jour, qu'est-ce que cela peut faire par an ? Vous, Farnham, qui jonglez avec les chiffres, vous devez voir cela tout de suite.

— Sept millions trois cent mille francs, sans compter les revenus du capital économisé.

— C'est un joli budget, dont plus d'un roi se contenterait.

— D'autant mieux qu'un colonel n'a pas les dépenses obligatoires d'un roi ; aussi le colonel a-t-il pu se payer le luxe d'une dépêche de quarante-six mots, sans encourir le reproche de prodigalité.

— Je trouve même que loger à l'hôtel avec un pareil revenu est assez misérable.

— Vous parlez en Français ; chez nous, les personnes les plus riches demeurent dans les hôtels pour ne pas avoir l'ennui des domestiques. Si le colonel est d'origine française par son père, il ne faut pas oublier qu'il a été élevé à l'américaine.

— Maintenant il vous reste à m'apprendre comment il est devenu colonel.

— La découverte des sources de pétrole faite par le père remonte à 1861, qui est l'année, vous devez vous en souvenir, où commença la guerre de sécession. Tandis que le père s'occupait d'exploiter son affaire, le fils prenait du service dans l'armée du Nord. Ce que furent ses débuts, je ne le sais pas. Jeune, inconnu, il resta confondu avec tant d'autres. Seulement, plus heureux que beaucoup de ses camarades, il ne laissa ses os ni à Bull's-Run ni à Frederiksburg, ni à Chattanooga. La première fois où il se met en évidence, c'est dans l'étonnante course de Sherman, du Mississipi à l'Atlantique, en 1864 ; puis dans la campagne de Sherman à travers la Georgie. Chamberlain, qui est colonel de cavalerie, joue un rôle des plus brillants, dont tous les journaux ont parlé. La guerre aurait duré, il serait devenu assurément un de nos meilleurs généraux. Au reste, si vous aviez besoin de renseignements sur ce sujet, je vous mettrais en relation avec des gens qui ont fait campagne avec le colonel et qui pourraient vous parler de lui en connaissance de cause.

— Pour cela, je vous remercie ; nous rentrerions dans la catégorie du héros et ça manque de nouveauté. J'aime mieux l'homme au pétrole et aux millions de revenu. C'est peut-être moins noble, mais c'est plus original.

— Alors vous trouvez que mon colonel peut être présenté à votre public ?

— C'est-à-dire, mon cher ami, que vous m'avez rendu un véritable service en me communiquant cette nouvelle; vous verrez quel parti j'en tirerai pendant huit jours. Je veux que notre colonel soit une curiosité quand il arrivera.

— Si vous voulez bien ne me faire figurer en rien dans tout cela, je vous en serais reconnaissant.

— Soyez tranquille, je ne suis pas de ceux qui citent leurs sources et qui montrent leurs témoins : c'est un mauvais système qui vous oblige à avoir toujours ces sources ou ces témoins, et quand on ne les a pas, ce qui arrive quelquefois, pour ne pas dire souvent, on est embarrassé. Non, vous resterez dans la coulisse; seul, le colonel paraîtra en scène. Voulez-vous voir comment?

— Volontiers.

— Premier article pour un journal à informations. « Toujours bien informés, nous sommes les premiers à annoncer une nouvelle qui va faire sensation : le colonel Chamberlain a retenu ses appartements au Grand-Hôtel; il arrivera à Paris le 10 du mois prochain. Chacun sait que le colonel Chamberlain, qui a joué un rôle si brillant dans la guerre de sécession, est propriétaire des plus riches sources de pétrole de l'Amérique; ces sources produisent par jour trois ou quatre cent mille litres de pétrole, d'une valeur de 60 à 80,000 francs. »

Il s'interrompit dans sa récitation.

— Ici, vous savez que l'exactitude n'est pas nécessaire, elle rebute même notre lecteur.

Puis, continuant :

« C'est donc d'un revenu annuel d'une quinzaine de millions que jouit le colonel Chamberlain. Il n'a pas encore trente ans, il n'est pas marié. Il vient à Paris pour s'amuser. Aux armes, citoyennes ! » — Maintenant, passons au second article pour le journal de nouvelles : « Tandis que nous en sommes encore, en France, à ne nous servir que rarement et mesquinement du télégraphe (une invention française cependant), voici l'usage qu'en font les Américains : hier, le Grand-Hôtel a reçu, venant de New-York, une dépêche de quarante-six mots, qui avait pour objet de retenir un appartement. Or, comme le savent tous ceux qui sont en relations d'affaires avec l'Amérique, chaque mot transmis par le câble coûte 12 francs 50 centimes. A cela, il faut ajouter 131 francs 35 centimes pour la réponse; plus, 6 francs par dix mots pour Londres. C'est donc quelque chose comme 700 francs qui ont été dépensés, rien que pour retenir une chambre. Il est vrai que celui qui a fait cela est le plus riche propriétaire des sources de pétrole de la Pensylvanie. »

S'interrompant de nouveau :

— Vous voyez l'article ; je le termine par quelques considérations sur le service télégraphique, et demande s'il n'est pas honteux qu'un grand pays comme la France n'ait point un câble à lui et soit obligé d'emprunter celui de l'Angleterre, — son ennemie autrefois, sa rivale aujourd'hui. Cette note patriotique donnera de l'accent à mon récit. Maintenant, je passe au troisième, à celui du journal sérieux, dont le lecteur veut être instruit ; plus d'avertissements aux cocottes, plus de réflexions sur la télégraphie, mais des détails précis sur le pétrole, ce produit minéral qui tend à prendre une si grande importance dans les usages ménagers. Ici je me renforce avec un dictionnaire géologique. Puis j'arrive au colonel Chamberlain, le propriétaire des sources de la Pensylvanie, qui va venir visiter notre exposition, et alors je fais un portrait du colonel, ce héros de la guerre de sécession, qui, au lieu de laisser sa peau à Bull's Run et Chattanooga... Comment écrivez-vous ce diable de nom ? deux *o*, n'est-ce pas ?

— Oui.

— Au lieu de laisser sa peau à Chattanooga, a aidé puissamment le général Sherman dans son étonnante campagne, etc., etc. Qu'il arrive donc, votre colonel : vous verrez comme il sera reçu.

— Un mot seulement. Si vous faites un portrait du colonel, que vous n'avez jamais vu, n'oubliez pas que l'Américain d'aujourd'hui ne ressemble plus à celui qu'on montrait, il y a quelques années, sur le théâtre et dans les livres ; il ne taille plus des petits morceaux de bois et ne chique pas toujours. C'est le citoyen libre d'un grand pays, car l'Amérique est un grand pays, — *a very big country*.

— Bon ! je mettrai ça dans un autre article, qui sera le quatrième. Cela vous sera agréable. Et puis je ne serais pas fâché de poudrer ma prose de quelques mots anglais, ça fera bien : — *A very big country*. — Qu'est-ce que veut dire *big* ?

— Grand, gros.

— C'est entendu : l'Amérique est un grand pays, et, quand on y rencontre des citoyens qui chiquent et crachent sur leurs voisins, on peut être certain qu'on a devant soi des Allemands.

III

En annonçant son arrivée à Paris pour le 10 avril, le colonel Chamberlain avait calculé sur la traversée ordinaire des paquebots transatlantiques, qui est de neuf ou dix jours.

Mais il avait compté sans les difficultés de la saison.

En passant sur les bancs, le vapeur qui le portait avait rencontré des glaces, de ces grands icebergs détachés des banquises de Terre-Neuve, qui, en arrivant dans les eaux tièdes du Gulf-Stream, produisent d'épais brouillards, et il avait fallu ralentir la vitesse : au lieu de quinze nœuds, se contenter de dix. Pendant deux jours, le sifflet d'alarme avait fonctionné sans arrêt.

La conséquence naturelle de cette mauvaise traversée avait été un retard dans l'arrivée.

Le 12 avril au matin, un voyageur qui était venu à pied, portant un sac en cuir à la main, était entré au bureau du Grand-Hôtel et avait demandé qu'on le conduisît à l'appartement qui avait été retenu pour le colonel Chamberlain.

C'était un homme d'une trentaine d'années, souple et dégagé dans sa démarche, de haute taille, aux épaules larges, aux reins vigoureux : ce qu'on appelle un solide gaillard. Mais ce qui frappait surtout en lui, c'était sa tête pleine de force et en même temps de douceur.

Un observateur correct dans ses goûts eût facilement trouvé à blâmer dans cette tête, originale à coup sûr, mais, précisément par cette originalité, s'éloignant du comme il faut traditionnel, notamment la barbe, qui était trop longue, et les cheveux, qui étaient mal taillés ; la peau du visage eût pu aussi être justement critiquée, car elle était hâlée par le grand air, rougie par le soleil, et comme collée sur des pommettes dont la saillie était assurément trop prononcée.

Cependant à qui n'était pas esclave quand même du bon goût, il ne fallait pas un si long examen pour se convaincre que celui qu'on avait devant soi n'était pas le premier venu, que c'était un homme et, mieux encore, un homme qui pouvait, lorsqu'il le voulait, plaire à tous.

Si la barbe était longue, elle était soyeuse ; si la chevelure paraissait négligée, cela tenait à la finesse des cheveux, qui, frisant naturellement, s'enroulaient en grosses boucles fauves souvent emmêlées les unes dans les autres.

Mais ce qui ne pouvait pas être critiqué, ce qui

n'avait pas besoin d'être expliqué, c'était une bouche fine, entre les lèvres de laquelle se montraient des dents d'une blancheur admirable ; c'étaient des yeux animés de ce regard puissant qui, remuant les âmes, les échauffe ou les glace, en tous cas les domine ; c'était un front ouvert, sur lequel se lisaient tous les nobles instincts.

Il avait fait sa demande en français, d'une voix douce et polie.

L'employé auquel il s'était adressé le regarda rapidement, et, ne voyant en lui qu'un homme dont le vêtement était d'une coupe négligée, qui était venu à pied, portant lui-même sa valise, et qui par conséquent ne devait être qu'un mince personnage, ne se dérangea pas de sa besogne ; mais, se tournant vers un autre employé :

— Conduisez monsieur à l'appartement du colonel Chamberlain, dit-il.

Le second employé, se modelant sur l'exemple du premier, qui sans doute était son supérieur, se mit en route, mais sans prendre la valise de celui qu'il accompagnait.

On monta ainsi au premier étage.

En entrant dans le salon dont on lui avait ouvert la porte, le voyageur jeta sa valise sur un fauteuil ; puis, allant tout droit aux fenêtres, il sortit sur le balcon et resta longtemps à regarder à droite et à gauche le mouvement du boulevard.

— Très-bien ! dit-il en revenant dans le salon, c'est cela.

— M. le colonel sera content ? demanda l'employé.

— Comment, sera ? Mais il l'est : c'était cela que je voulais, la vue du boulevard, la vue de Paris ; le reste importe peu.

— Monsieur serait donc le colonel lui-même ?

— Mais oui.

— Mais alors je vais aller chercher M. l'inspecteur. Que monsieur le colonel me pardonne : je ne pouvais pas savoir... je fais mes excuses à monsieur le colonel.

— C'est bon.

Si l'employé, au lieu de vivre à Paris dans le respect de la richesse et la foi du pourboire, avait traversé l'Atlantique, il aurait été moins surpris du calme du colonel.

N'étant jamais venu en Europe et ayant l'habitude des hôtels américains, où les gentlemen en sont souvent réduits à porter eux-mêmes leurs malles et à cirer leurs bottes, le colonel n'avait même pas remarqué qu'on lui laissait la valise dans les mains et qu'on le traitait avec sans-gêne.

Bientôt l'inspecteur parut, et, plus adroitement que l'employé, il recommença les excuses de celui-ci : on avait attendu monsieur le colonel le 10, on l'avait attendu le 11 ; mais le 12, naturellement, on avait été moins attentif.

— Au reste, nous n'étions pas les seuls à attendre monsieur le colonel ; hier il est venu plus de dix personnes pour le voir.

— Comment cela ? Quelles personnes ? Mon banquier est le seul que j'aie prévenu.

— Oui, mais les journaux ont annoncé l'arrivée de monsieur le colonel.

— De quoi se mêlent les journaux ? qui les a chargés de cela ?

— Je ne sais pas, mais, en tous cas, ils l'ont fait dans les meilleurs termes ; ils ont parlé des campagnes de monsieur le colonel, de sa fortune.

— Ah ! voilà qui est ridicule !

— Et c'est sans doute la nouvelle de l'arrivée de monsieur le colonel, propagée par la voie des journaux, qui a décidé les visites de ces personnes. Elles croyaient monsieur le colonel à l'hôtel depuis le 10.

— Et le nom de ces personnes ?

— Je vais faire monter à monsieur le colonel les cartes et les lettres qui ont été laissées ou envoyées pour lui.

Au bout de quelques minutes, on apporta au colonel une certaine quantité de lettres et de cartes.

Resté seul, il était retourné sur le balcon et, s'accoudant sur la rampe, il s'était mis de nouveau à regarder le mouvement du boulevard.

Il revint alors dans le salon, et, d'un brusque mouvement de main, étalant les lettres sur la table où elles avaient été posées, il examina d'un coup d'œil les adresses.

Mais il ne reconnut pas l'écriture d'une seule. Il y en avait une dont les caractères étaient hésitants et mal formés ; une autre, au contraire, semblait un modèle de calligraphie ; l'une, dont le papier exhalait un parfum pénétrant était évidemment de la main d'une femme, tandis que celle qui se trouvait à côté dans une grande enveloppe grise carrée était d'un commerçant ou d'un homme d'affaires: les unes, portant un timbre d'affranchissement, avaient été envoyées par la poste ; les autres, sans timbre, avaient été apportées directement à l'hôtel.

— Que diable ces gens que je ne connais pas peuvent-ils me vouloir ? se demanda le colonel.

Et durant quelques instants il promena une main distraite sur ces lettres, comme s'il ne savait par laquelle commencer ; puis, souriant à demi et en même temps haussant les épaules, il prit celle qui était parfumée et l'ouvrit.

Elle ne contenait que quelques lignes d'une écriture fine.

« On a vu hier le colonel Chamberlain. S'il est un
« homme discret, comme on a de bonnes raisons
« pour le croire, on le prie de se trouver demain à
« quatre heures, dans la serre des palmiers du jardin
« de l'exposition. S'il est disposé à écouter une confi-
« dence qui pour lui aura de l'intérêt, il devra por-
« ter à sa boutonnière le bouton d'une rose blanche ;
« alors on ira à lui sans crainte. Est-il nécessaire de
« dire qu'il devra être seul ? »

Cette lecture achevée, il se mit à rire franchement.

— Hier, dit-il, on m'a vu hier ! Voilà une rencontre qui est singulièrement en avance, et dire que sans cela j'aurais peut-être fait la sottise de croire à cette confidence.

Puis il passa à une autre, à celle dont l'adresse était informe.

« C'est une femme qui vous écrit, monsieur le colonel, et en arrière de son mari, pour vous demander un secours. Cela est bien hardi à moi, qui ne vous connais point; mais voir souffrir ceux qu'on aime donne tous les courages. Mon mari est un grand artiste, qui est venu à Paris pour se faire connaître. Nous comptions sur des protections, elles nous ont manqué. Pas une seule porte ne s'est ouverte devant lui, et Dieu seul sait toutes celles où nous avons frappé depuis six mois, lui et moi. Aujourd'hui nous sommes sans ressources, tout ce que nous pouvions vendre est vendu, et il ne nous reste plus qu'à mourir, lui, mon enfant et moi. J'ai vu votre nom dans un morceau de vieux journal; l'inspiration m'est venue de m'adresser à vous. Ah! comme je voudrais trouver des paroles pour vous convaincre que je ne vous trompe pas. Mais quelles paroles ? Je ne suis qu'une pauvre femme dont la tête est égarée par la misère affreuse de ceux qu'elle aime. Je ne puis pas même vous dire: « Venez voir par vos yeux, » car je ne pourrais jamais expliquer à mon mari que j'ai mendié en son nom. Voilà pourquoi je vous prie, si vous m'accordez quelque chose, de me l'adresser poste restante, à Paris, aux lettres A. B. X. J'ai encore une prière à vous faire: si vous nous refusez le secours que je vous demande, nous n'aurons plus qu'à nous jeter tous les trois dans la Seine; alors, en voyant le nom de mon mari dans les journaux, ne dites point à ceux qui le connaissaient que je vous ai écrit.

« ZÉLIE L... »

Le colonel recommença la lecture de cette lettre; puis, la regardant, il réfléchit pendant assez longtemps.

— Qui sait? dit-il enfin.

Et, prenant une enveloppe dans son portefeuille, il y glissa deux billets de banque.

Mais, en écrivant à l'adresse « poste restante, » il secoua la tête à plusieurs reprises ; cependant il ne reprit pas les billets.

— Et quand je serais trompé, dit-il, ce n'est pas par un refus que je veux me rappeler mon arrivée à Paris.

Et il continua à ouvrir les autres lettres.

La première qui lui tomba sous la main était d'un photographe qui lui demandait d'avoir l'honneur de faire son portrait, pour le classer dans sa galerie des célébrités contemporaines.

La seconde, d'un capitaliste qui lui proposait une affaire qui devait rapporter cent pour un :

« Si je m'adresse à vous, monsieur le colonel, c'est que vous êtes Américain, et que l'esprit d'initiative a abandonné la vieille Europe, pour aller vivifier la jeune Amérique. »

Il y avait encore une demande de secours pour une bonne œuvre ; puis une invitation à aller visiter de vieux tableaux des grands maîtres Raphaël, Titien, Veronèse, Rembrandt, absolument authentiques, et qu'on pourrait avoir à bon prix en achetant la galerie entière.

D'autres restaient encore à ouvrir, mais il les repoussa sur la table.

— Assez comme cela, dit-il ; voilà un agréable début, et, si cela continue ainsi, je m'amuserai bien à Paris. J'aime mieux le boulevard.

Il allait se retourner sur son balcon, lorsqu'on frappa à sa porte.

Un domestique entra.

— M. le colonel veut-il recevoir ?

— Oh ! non, personne, dit-il brusquement.

— C'est qu'il y a un monsieur qui m'a remis sa carte et qui attend.

— Dites que j'arrive, que je suis fatigué, que je dors, ce que vous voudrez.

— C'est ce que j'ai dit ; ce monsieur a insisté, il voulait entrer quand même.

— Allons, donnez-moi cette carte.

Le colonel lut :

Gaston de Pompéran.

— Gaston !... Faites entrer.

Et, suivant le domestique qui sortait, il se dirigea vers la porte.

IV

Comme il arrivait à la porte du salon, il se trouva en face de Gaston de Pompéran, qui entrait lentement, marchant à pas comptés.

Si cette visite avait eu un témoin, celui-ci aurait été frappé du contraste curieux qui existait entre ces deux hommes, aussi différents que s'ils avaient été de deux races éloignées l'une de l'autre.

Celui-ci plein d'aisance, celui-là plein de roideur.

Le colonel, négligé dans sa tenue, naturel dans toute sa personne, des pieds à la tête.

Gaston de Pompéran, peigné, rasé, cravaté, habillé, ganté, chaussé, avec la correction la plus irréprochable.

Cependant, malgré ce contraste, ils s'abordèrent comme deux amis intimes, qui ont vécu de la même vie, mais bien entendu en conservant l'un et l'autre et en marquant bien chacun son caractère.

Le colonel tendit à son ami ses deux mains largement ouvertes, comme s'il voulait le prendre dans ses bras et l'embrasser.

Tandis que celui-ci avança à peine sa main droite, dont les doigts restèrent serrés les uns contre les autres.

— Comment, cher? dit Pompéran, restant debout au milieu du salon, tenant sa canne d'une main et son chapeau de l'autre; comment, c'est par un journal que j'apprends votre arrivée en France? On annonce que vous êtes à Paris depuis le 10, c'est-à-dire depuis deux jours, et je ne vous ai pas vu; je n'ai pas même reçu un mot, une simple carte de vous. Voilà, permettez-moi de vous en faire l'observation, qui n'est pas correct.

— Vous auriez raison, si...

— Permettez, interrompit Pompéran en levant sa canne par un mouvement sec, je crois n'avoir pas tort.

— Au moins êtes-vous dans l'erreur quant aux dates.

— Comment cela?

— J'arrive à l'instant même.

— Ceci est un point de rectifié, mais il n'en reste pas moins établi que les journaux ont été avertis de votre voyage avant moi.

— Pas par mon fait, je vous l'affirme : lorsque ce voyage en Europe a été décidé du jour au lendemain, j'ai envoyé une dépêche à mes banquiers pour les prier de me retenir un appartement. Je ne sais comment les journaux français en ont été informés et surtout comment ils ont trouvé intéressant de s'occuper d'un aussi petit personnage que moi. Cela est fort déplaisant, et, en tout cas, cela m'a valu déjà une série d'ennuis assez agaçants.

— Comment, vous, Américain, vous vous plaignez des journaux ?

— En Amérique, je ne m'en plaindrais pas, car nous sommes habitués à ce genre d'indiscrétion ; mais il me déplaît d'être annoncé en France comme une espèce de phénomène. Bien que je sois Américain de naissance, je n'en ai pas moins certaines idées françaises. Enfin ces annonces m'ont valu ce tas de lettres que vous voyez sur cette table ; si, chaque matin, je reçois ainsi des demandes de secours, des propositions d'affaires ou même des rendez-vous, cela rendra mon séjour en France peu agréable.

— Aussi pourquoi avez-vous adressé votre dépêche à vos banquiers, au lieu de me l'envoyer ? Vos banquiers auront parlé de votre prochaine arrivée à quelque journaliste, et celui-ci n'a eu rien de plus pressé que de faire de longues tartines sur le propriétaire des sources de pétrole de Pensylvanie, sur sa fortune, etc., etc., cela était obligé ; tandis qu'avec moi, vous étiez assuré de la discrétion. Mais c'est à mon point de vue que je me place pour me plaindre, non au vôtre, et c'est en mon nom que je dis que votre procédé n'a point été correct : vous auriez dû vous rappeler tous les services que vous m'avez rendus en Amérique et me mettre à même de vous prouver que je ne les avais pas oubliés.

— Ne parlons pas de cela.

2.

— Parlons-en au contraire, car c'est sur ces obligations que sont établis mes droits. Quand les chances de la guerre m'ont fait votre prisonnier, vous m'avez traité en ami, non en ennemi. Et pourtant il eût été juste et correct que vous eussiez pour moi des procédés tout différents, car enfin je n'étais pas un Géorgien, j'étais un Français, et en cette qualité je me mêlais de ce qui ne me regardait pas.

— Vous aviez des parents dans le Sud.

— Évidemment, si je n'avais pas voulu ménager l'héritage de ma tante, que je n'ai pas encore d'ailleurs, je ne me serais pas jeté dans cette guerre ; mais cette raison était une mauvaise raison, qui ne justifiait pas mon intervention. Quels que fussent mes torts envers vous, homme du Nord, vous les avez oubliés. Votre bourse, vos amis, vos relations, tout ce qu'un galant homme peut offrir, vous l'avez mis à ma disposition pendant tout le temps que j'ai passé en Amérique. Aujourd'hui vous venez en France, à Paris, où je suis chez moi : vous devez me donner la satisfaction de faire pour vous ce que vous avez fait pour moi. Bien entendu, je ne vous offre pas ma bourse ; celle que j'ai eue autrefois est si légère maintenant qu'elle ferait triste mine, et puis la vôtre est si grosse que mon offre serait ridicule. Mais j'ai des amis, j'ai des relations, j'ai quelque expérience du monde parisien, des plaisirs de Paris : prenez-moi pour guide ; usez de moi, de mon temps, de mon dévouement. Voilà ce que je me crois en droit de réclamer, d'exiger. Est-ce dit ?

M. de Pompéran avait débité ce discours avec le

plus grand calme, toujours debout, scandant ses phrases d'un petit coup de canne. Lorsqu'il fut arrivé à la péroraison, il fit passer cette canne sous le bras qui tenait déjà le chapeau, de manière à avoir la liberté de sa main droite, qu'il tendit alors au colonel.

Mais, dans ce mouvement, il ne laissa pas paraître le moindre entraînement.

Pour le colonel, il prit la main avec effusion, et longuement, fortement, il serra les doigts de son ami.

Alors seulement, celui-ci trouva convenable d'accepter le fauteuil que plusieurs fois le colonel lui avait avancé.

— Ainsi vous m'appartenez, reprit-il; c'est entendu, n'est-ce pas? Seulement, avant de ratifier cet engagement solennel, permettez-moi une question. Avez-vous des affaires ici? ou bien ne venez-vous à Paris que pour votre plaisir? Je ne pense pas qu'il y ait indiscrétion à vous poser ces questions.

— Pas le moins du monde.

— D'autant mieux que, si vous me répondez que vous avez des affaires, je ne vous demanderai pas lesquelles; ce que je désire, c'est une simple indication qui serve à régler nos relations.

— Eh bien! je vous réponds que, pendant mon séjour à Paris, je n'aurai à m'occuper que d'une seule affaire; seulement elle est d'une importance décisive pour moi.

— Il suffit.

— Pourquoi donc? Je n'ai aucune raison pour

ne pas vous en parler, bien au contraire : il s'agit d'un mariage.

— Pour vous?

— Pour moi.

— Vous venez à Paris pour vous marier?

— Je n'en sais rien encore, je viens voir si je me marierai.

— Si c'est une femme que vous venez chercher, j'insiste sur ma proposition; je suis à vous, disposez de mes relations.

— La femme que je dois épouser n'est point à chercher ; ce qui reste à décider, c'est de savoir si je l'épouserai ou ne l'épouserai pas. En deux mots, voici de quoi il s'agit : J'ai perdu mon père, il y aura un an le 7 mai. Vous savez quelle affection j'avais pour lui. Avant de mourir, mon pauvre père, qui se sentait perdu, a pu m'adresser ses dernières recommandations. « Si je suis devenu un homme, m'a-t-il dit, c'est à mon frère Antoine que je le dois : Antoine est un modèle de droiture, d'honneur et de dévouement. Si les circonstances de la vie nous ont séparés et si je ne l'ai pas revu depuis trente ans, il n'en est pas moins pour moi un frère chéri; mieux qu'un frère, un père. Antoine a une fille qui doit être âgée d'une quinzaine d'années. Vas à Paris, vois cette enfant, et, si elle te plaît, épouse-la; tu payeras ma dette envers mon frère. Ce n'est point un ordre que je te donne ni une volonté que je t'impose. Je ne sais ce qu'est ma nièce, si elle peut te plaire ou si elle est digne de toi. Antoine n'a pas eu comme moi la chance de faire fortune ; il est resté, tu le sais, ouvrier. Mais, quelle que soit sa position, je suis sûr qu'il a élevé sa fille dans des idées de devoir et d'honneur, qu'il en a fait une honnête fille, une femme de cœur, à moins d'avoir rencontré en elle une mauvaise nature, ce qui n'est pas probable. Va donc à Paris, vois Thérèse, et ne te marie pas avec une autre sans savoir si celle-ci peut être ta femme. » Voilà ma position, mon cher ami. Je ne suis pas fiancé à ma cousine, je ne suis pas obligé de l'épouser ; mais il est possible que ce mariage se fasse.

— Vous épouseriez la fille d'un ouvrier parisien, vous?

— Et pourquoi pas? Qu'était mon père? un bûcheron. Qu'était ma mère? une couturière. Comment ai-je commencé à être élevé? en ouvrier. Tout à coup la fortune s'est fait un jeu de nous enrichir, mais elle n'a pas mis un sang bleu dans mes veines ni des idées aristocratiques dans ma tête. Je ne dis pas que j'épouserai Thérèse, parce qu'elle est la fille d'un ouvrier parisien, mais je ne dis pas davantage que je ne l'épouserai jamais, parce qu'elle n'est que la fille d'un ouvrier ; je dis que je ne sais pas ce que je ferai. Si Thérèse me plaît, je serai heureux de réaliser le désir de mon père ; si elle ne me plaît pas, je ne l'épouserai pas, voilà tout. Je dois avant tout voir, et c'est pour cela que je viens à Paris. J'aurais fait ce voyage plus tôt, si la mort de mon père ne m'avait pas obligé à régler, avant mon départ, de grosses affaires fort compliquées. Aussitôt libre, je suis parti, et me voilà.

— Ce mariage ne se fera pas.

— Et pourquoi donc?

— Avec votre éducation, vous ne pouvez pas prendre pour femme une petite fille qui n'a pas été élevée; avec votre fortune, vous ne pouvez pas épouser une ouvrière, ce ne serait pas correct.

— Voulez-vous donc que ma fortune épouse une autre fortune?

— Ce n'est pas cela que je dis; je veux que la position, je veux que la supériorité sociale que vous devez à votre fortune, vous donne en mariage une autre supériorité. En un mot, j'estime que, tel que vous êtes, vous pouvez choisir votre femme parmi les vingt ou trente jeunes filles qui sont à la tête du monde européen.

— N'oubliez pas, cher ami, interrompit le colonel en riant, que je ne suis qu'un marchand de pétrole, autrement dit une sorte d'épicier.

— Quelle niaiserie! Vous êtes une force sociale, la plus puissante de notre temps. Si vous voulez en faire l'expérience, laissez-vous conduire, et vous verrez les pères, les mères, les femmes, les jeunes filles, venir à vous; vous n'aurez pas à chercher, vous n'aurez qu'à vous défendre au contraire, de manière à rester libre pour le jour où il vous plaira de choisir entre toutes celles que vous voudrez. Et vous épouseriez une ouvrière! Allons donc! Dotez-la, votre cousine, c'est tout ce que vous lui devez.

Le colonel secoua la tête par un geste qui disait qu'il n'était pas homme à se laisser toucher par de pareils arguments.

— Au reste, continua M. de Pompéran, je suis bien bon de vous tenir ces discours; vos yeux vous en feront de plus éloquents. Mais, en attendant, vous m'appartenez; je suis le premier arrivé, je ne vous quitte plus. Que voulez-vous faire aujourd'hui?

— Rien; attendre mon valet de chambre, qui doit arriver avec mes bagages.

— C'est toujours le fidèle Horace?

— Toujours.

— Eh bien! quand Horace sera arrivé, vous vous habillerez, nous dînerons ensemble; nous irons à la première représentation de la *Grande-duchesse de Gérolstein*, aux Variétés; puis, après le théâtre, je vous conduirai dans une maison où je vous ferai connaître quelques-uns de mes amis et plusieurs de mes amies.

V

La maison dans laquelle Gaston de Pompéran voulait mettre le colonel en relation avec quelques-unes de ses amies était celle de mademoiselle Françoise Hurpin, connue au théâtre et dans le monde parisien sous le nom de Raphaëlle, qu'elle s'était choisi comme plus décent et mieux fait pour la gloire.

On pendait ce soir-là la crémaillère dans le nouvel appartement du boulevard Haussmann, que Raphaëlle venait de se faire donner par la société en commandite qui l'exploitait ou qu'elle exploitait, selon le sens que l'on voudra attacher aux mots, et l'on devait rencontrer dans ses salons, en hommes et en femmes, une partie de ce qu'on est convenu d'appeler *tout Paris*.

De là l'empressement avec lequel on avait recherché les invitations, qui avaient été peu nombreuses, au moins pour les femmes.

Après le théâtre, Gaston de Pompéran fit monter le

colonel en voiture, et bientôt l'on arriva au boulevard Haussmann.

— Vous savez, n'est-ce pas, dit Pompéran, que je vous conduis dans un monde assez mélangé ? Bien entendu, je parle des hommes ; car, pour les femmes, elles se valent toutes ou à peu près. Autant que possible, je vous ferai connaître ceux avec qui vous allez vous rencontrer. Mais comme les simples noms ne vous diront pas toujours ce qu'il est bon de savoir, comme, d'un autre côté, je ne pourrai pas toujours vous avertir, enfin, comme nous sommes exposés à trouver des étrangers qui en ce moment affluent à Paris et que je ne connais pas, je vous prie de prendre bonne note d'une indication que je vais vous donner. Je n'avoue pour mes amis et par conséquent je ne recommande à votre confiance que ceux qui m'appelleront par mon prénom ou que j'appellerai moi-même par le leur. Quant aux poignées de mains, quant aux témoignages de politesse, n'y attachez aucune importance. Lorsqu'on vous entendra m'appeler Gaston, et lorsqu'on m'entendra vous donner le nom d'Édouard, mes amis sauront ce que cela signifie.

— Je m'en souviendrai, je vous remercie.

— Maintenant une question : êtes-vous toujours le beau joueur que j'ai connu ?

— Lorsque je n'avais que la pension que mon père me faisait, la grosse pension, il est vrai, le gain et la perte me donnaient des émotions que je n'éprouve plus maintenant : aussi ai-je peu joué en ces derniers temps. Cependant si l'on m'invite à me mettre à une table de jeu, je ne refuserai pas : je ne veux pas que vous ayez à rougir de moi. Seulement je suis sans argent.

— On vous en donnera.

— J'aimerais mieux envoyer un mot à Horace, qui m'en apportera ; l'hôtel n'est pas éloigné, ce sera vite fait. Il est mon intendant et mon caissier.

Le plus grand nombre des invités de mademoiselle Raphaëlle était déjà arrivé, lorsque le colonel et Gaston de Pompéran entrèrent dans le salon.

Au mouvement qui se fit et aux yeux curieux qui se fixèrent sur lui, le colonel comprit qu'il était attendu avec une curiosité qui, déjà au théâtre, lui avait été fort désagréable.

Vivement la maîtresse de la maison fit quelques pas au-devant de lui, la main tendue, comme si elle recevait un ami ; puis, après quelques paroles de politesse plus intimes qu'il ne convenait en réalité avec un inconnu, elle le força de prendre place près d'elle.

Les conversations avaient cessé, tous les regards étaient ramassés sur le colonel ; dans les coins du salon et dans les embrasures des fenêtres seulement, on parlait à voix basse et l'on se communiquait ses observations sur le Yankee ; près de lui, on se taisait, on regardait et l'on attendait.

On n'eût pas reçu un roi avec plus de déférence.

Le silence devenant embarrassant, Raphaëlle le rompit :

— Eh bien, monsieur le colonel, êtes-vous content de votre soirée ? demanda-t-elle ; on dit que c'est un succès.

Ordinairement, lorsqu'une pareille question est posée, il y a dix voix pour répondre : « C'est un grand succès, c'est une ordure, ça ne fera pas le sou ! » car les nouvelles de théâtre se propagent à Paris, surtout dans ce monde, avec cette rapidité électrique. Qu'on donne une première au Gymnase, aux Variétés, au Palais-Royal, ce qu'on appelle une grande première, le soir même, dans le faubourg Saint-Honoré, aux Champs-Élysées, à Montmartre, dans le centre de Paris comme aux extrémités, il y a tout un public qui sait si la pièce a réussi ou si elle est tombée ; et cette opinion, qui ne s'appuie pas sur des raisons esthétiques, qui devance la critique de huit jours, est presque toujours la bonne : les journaux auront beau faire et démontrer que la pièce est exécrable, si ce public a dit et répété que c'était un succès, c'en est un, — au moins de vogue et d'argent.

On attendait la réponse du colonel, car on était curieux de l'entendre parler.

Avait-il de l'accent ?

Et puis, qu'allait-il dire ?

Avait-il de l'esprit ou bien n'était-ce qu'un grossier marchand ? Les colonels américains, qu'est-ce que c'est ? des majors de table d'hôte.

Quant à sa personne, on l'avait déjà examinée et jugée.

— C'est un bel homme.
— Un fantoche militaire.
— Trop de cheveux.
— Des yeux superbes

— Un tempérament.

Chacun s'était prononcé, en se plaçant bien entendu à des points de vue différents, selon que l'on était homme ou femme et que l'on parlait sans parti pris, avec ou sans jalousie, sans envie.

Enfin le colonel leva la main ; il allait parler.

— Soirée charmante, dit-il ; pour moi, la pièce est une des plus gaies que j'aie vues.

— C'est un succès, n'est-ce pas ?

— Sur cela, je ne saurais me prononcer : je ne sais pas ce qui constitue un succès à Paris. Je suis un Huron.

Il n'avait pas d'accent, il parlait comme tout le monde ; sa voix était bien timbrée, ni trop claire ni trop sourde.

— Est-ce que M. le colonel Chamberlain n'a pas été choqué, lui un militaire, des plaisanteries plus que vives qui sont dirigées contre les militaires ? Je n'ai vu que le premier acte ; il y a là un général qui se montre bien ridicule.

Celui qui avait fait cette observation, en s'avançant de deux ou trois pas dans le cercle formé autour du colonel, était une sorte de colosse portant sur son habit une chaînette de décorations, et s'exprimant lentement, gravement, avec un accent allemand.

— Ce sont précisément ces plaisanteries, répondit le colonel, qui m'ont le plus diverti, et tel est l'esprit des auteurs, leur habileté, leur légèreté de touche, qu'un militaire qui voit leur pièce ne peut que rire de leur général, de même qu'un diplomate doit s'amuser de leur diplomate ; il me semble que, si j'étais prince, je prendrais un plaisir extrême à cette parodie d'une petite cour.

— Très-fin, dit une voix.

En même temps, celui qui avait parlé salua le colonel de la main.

— Bravo ! continua-t-il ; on ne saurait mieux dire, c'est cela même.

Celui qui applaudissait ainsi, comme s'il tenait à se mettre en avant et à se faire connaître du colonel, était un homme de cinquante-huit à soixante ans, à barbe noire, beaucoup trop noire, à physionomie souriante et caressante, s'exprimant avec un accent italien très-prononcé.

Quelques personnes entrèrent dans le salon et vinrent serrer la main de Raphaëlle.

Le colonel profita de ce mouvement pour quitter la place en vue qu'il occupait et rejoindre son ami.

— Eh bien ! dit celui-ci en l'emmenant dans un petit salon, vous voyez, mon cher Édouard, quel est votre prestige : vous a-t-on reçu en épicier, comme vous vous qualifiez, ou bien en puissant de la terre ?

— Oh ! dans ce monde...

— Je ne dis pas que nous soyons dans le meilleur, mais nous ne sommes pas non plus dans le pire. Avez-vous vu l'effet que vous produisez sur les femmes ? Vous n'avez qu'à jeter votre mouchoir, si le caprice vous en prend : il n'y en a pas une ici qui ne soit prête à se précipiter à plat ventre ou à marcher les pieds en l'air, pour l'aller ramasser. A commencer par Raphaëlle, toutes n'attendent qu'un signe. J'avoue que je serais curieux de voir la jolie guerre que cela produirait. Tenez, regardez dans l'embrasure de la porte : quels yeux elles attachent sur moi! Avant le souper, toutes m'auront demandé de vous les présenter. Le puis-je?

— Sans aucun danger.

— Elles ne vous plaisent point?

— Il ne leur manque qu'une chose pour être irrésistibles, mais pour moi cette chose est décisive : la jeunesse. Est-ce que ces femmes d'un âge raisonnable ont pour unique fonction de montrer les bijoux qu'elles ont gagnés?

— Il n'y a ici que des célébrités, et, dans toutes les carrières, il faut longtemps pour acquérir la gloire ou simplement se faire un nom.

— Alors c'est leur célébrité qui leur impose cette gravité? On dirait que nous sommes chez des puritaines : pas de gaieté, pas de laisser-aller. Je croyais le demi-monde plus amusant, en tout cas plus libre. Que fait-on ici? Il y a un pianiste bien embarrassé devant son instrument : quand il joue de la musique sérieuse, personne n'écoute; quand il joue des valses ou des quadrilles, personne ne bouge. Encore un coup, que fait-on?

— Voulez-vous que nous partions?

— Pas du tout, je ne suis pas ennuyé; je suis étonné, ce qui n'est pas la même chose. Et puis, si les femmes me laissent indifférent, j'ai remarqué des hommes que je désire connaître. Je ne suis pas venu en France uniquement pour m'amuser, j'y suis venu aussi pour m'instruire; une tête ravagée et vieillie ne produit pas le même effet sur les épaules d'un homme que sur celles d'une femme. Il me semble qu'il n'y a pas que des célébrités féminines ici. Mais d'abord dites-moi donc, je vous prie, quel est ce personnage à l'accent allemand qui a paru surpris que j'aie ri des plaisanteries dirigées contre les militaires, et cet autre aux manières italiennes qui s'est cru obligé de me couvrir de son approbation.

— Deux célébrités précisément. L'une est le baron Lazarus, un financier, un agent politique, diplomatique, je ne sais trop ; en tous cas, un homme plein d'activité, d'habileté et de finesse, de ruse sous son apparente placidité. Il a des affaires partout, à Francfort, à Vienne, à Berlin, à Paris, à Londres, et partout il y mène avec lui une fille ravissante, sa fille Ida, le type de la poésie allemande. L'autre est le prince Mazzazoli, un Italien, un faiseur ruiné, qui a lancé de grandes entreprises pendant les premières années de l'Empire et qui, malgré son astuce, s'est laissé rouler par ses associés. Aujourd'hui il ne compte plus pour se refaire que sur une nièce qui est une merveille ; si la brune Carmelita n'épouse pas un empereur, un grand-duc ou un roi de la finance, le prince Mazzazoli est un homme à la mer. Je trouve très-caractéristique la façon dont il a voulu se faire remarquer de vous : défiez-vous de lui.

— Pourquoi donc?

Mais Pompéran ne put pas répondre : plusieurs de ses amis s'étaient approchés, et il avait dû abandonner les confidences intimes pour le cérémonial des présentations.

En quelques instants, le colonel avait entendu une dizaine de noms qu'il était habitué à lire dans les journaux de sport et de *high-life :* le duc de Charmont, Chicot-Paluel, Sainte-Austreberthe, d'Espoudeilhan, d'Ypréau, Montrévault; et la conversation était devenue générale entre ces hommes du même monde, parmi lesquels quelques-uns, le duc, d'Ypréau, d'Espoudeilhan, Montrévault, de Pompéran, se traitaient en amis.

Tout à coup il se fit un mouvement dans le grand salon.

— Ah ! voici Amenzaga qui arrive, dit Gaston.

Puis, se tournant vers le colonel :

— Vous vous plaigniez, mon cher Édouard, de la froideur de cette soirée; il est possible que vous vous plaigniez bientôt de sa chaleur. Amenzaga est l'artificier qui va allumer l'incendie. Je parie vingt-cinq louis qu'avant cinq minutes on va jouer un jeu d'enfer.

— Pourquoi a-t-on invité cet individu ici? demanda le duc de Charmont.

— Il va partout, répondit Sainte-Austreberthe.

— Si c'est une raison pour vous, mon cher vicomte, répliqua le duc, ce n'en est pas une pour moi.

VI

Comme le duc de Charmont et le vicomte de Sainte-Austreberthe s'étaient tournés vers de nouveaux arrivants, le colonel put demander à Gaston de Pompéran quel était au juste cet Amenzaga.

— Un joueur, un Péruvien, un Brésilien, je ne sais trop ; il est célèbre pour avoir fait sauter les banques du Rhin. Il est diversement jugé : pour les uns c'est un grec ; pour les autres, un honnête homme. Tout ce que je peux affirmer, c'est que je l'ai vu perdre de très-grosses sommes.

A ce moment, un domestique vint avertir le colonel que son valet de chambre l'attendait.

— Voilà une curieuse coïncidence, dit Gaston en riant.

— Quelle coïncidence ?

— Votre argent arrive au moment où Amenzaga fait son entrée.

— Cela ne m'oblige pas à jouer.

— Non, mais cela vous rend le jeu facile. Au reste, je vous avoue que pour moi j'en suis enchanté; j'aurai ainsi plaisir à vous voir lutter contre le terrible Amenzaga, qui nous a tous plus ou moins plumés, et, comme vous n'avez pas moins de calme que lui, comme, d'un autre côté, j'ai la conviction que finalement la victoire appartient toujours aux gros bataillons, j'espère que vous nous vengerez. Allez donc chercher le convoi de munitions que vous apporte Horace.

Le valet de chambre du colonel était un jeune nègre magnifique, qu'un créole lui-même, malgré le préjugé de la couleur, devait admirer, tant il y avait de force et de souplesse dans sa taille athlétique, de bonté dans ses yeux, aussi doux que ceux d'un terre-neuve, de joyeuse humeur dans son sourire. Beau, on ne pouvait pas dire qu'il le fût en le jugeant d'après les principes d'esthétique établis pour les blancs et par les blancs; mais en tous cas superbe de puissance et de vie, sans rien de ce qui si souvent constitue l'infériorité de la race noire : le front déprimé, les mâchoires en saillie, les jambes arquées, les genoux fléchis, le cou tendu en avant, tous ces caractères qui rapprochent l'homme du singe.

Assis dans l'entrée, il attendait tranquillement son maître, et les invités qui arrivaient s'arrêtaient curieusement devant lui pour regarder cette admirable statue de bronze.

Lorsqu'il vit son maître sortir du salon, il se leva vivement, et son visage noir s'éclaira d'un sourire qui découvrait ses dents blanches.

— Tu m'as apporté ce que je t'ai demandé? dit le colonel en l'attirant dans un angle.

— Voici les billets, dit Horace en tirant de ses poches plusieurs paquets noués en liasses d'égale épaisseur, et puis je vous ai apporté aussi votre revolver.

Disant, il sortit de sa poche de côté un revolver à crosse d'ivoire dont le canon nickelé, frappé par la lumière, jeta des reflets argentés.

— Veux-tu bien cacher cela tout de suite, dit le colonel en riant; crois-tu que nous sommes dans une ville neuve du Far-West, et que je vais jouer avec des *rowdies*?

— Il n'y a pas de voleurs à Paris?

— Je n'en sais rien, mais on ne se défend pas d'eux avec un revolver; emporte.

— C'est égal, si mon colonel veut bien le permettre, je vais l'attendre.

— Mais non, va-t'en.

— Je vous en prie, maître; et puis, je vous assure que j'étais très-bien à ma place : les femmes blanches qui passent n'ont pas à Paris le même regard que les femmes blanches à Boston ou à New-York.

Haussant doucement les épaules, le colonel rentra dans les salons.

En son absence, un changement s'était fait dans le grand salon; les siéges avaient été poussés contre les murs et au milieu un espace était resté vide.

Dans cet espace, deux domestiques apportèrent une longue table en bois qu'ils avaient été chercher dans la cuisine.

Au milieu de ce salon tout chargé de dorures, au milieu de ces tentures et de ces meubles de satin, sur ce tapis dont les fleurs roses et le fond blanc avaient tout l'éclat du neuf, cette table sur laquelle on voyait des taches de graisse mal lavées et des brûlures produisait un singulier effet.

Mais bientôt le bois brut disparut sous un grand rideau bleu dont on couvrit la table, et, sur ce rideau, Amenzaga, tenant dans ses doigts un morceau de craie, dessina des lignes comme on en voit sur les tables de trente et quarante.

A ce moment, la maîtresse de maison s'approcha.

— Ah! messieurs, je vous en prie, dit-elle, ne jouez pas chez moi.

Mais ces paroles furent accueillies par une explosion de murmures et de cris.

— Tu veux donc qu'on se regarde comme des chiens de faïence?

— Pourquoi nous as-tu invitées?

— Jouez au whist, dit-elle.

— Mettons Raphaëlle à la porte.

— Eh bien! alors, si vous jouez malgré moi, au moins promettez-moi de ne pas jouer gros jeu.

— Raphaëlle est un ange; c'est la providence des familles.

— Petit jeu, c'est entendu; c'est juré, mère de famille.

— M. Amenzaga a la banque.

Celui-ci se fit prier un moment, mais bientôt il s'assit à la place du banquier. Alors, en quelques secondes, la table fut entourée : les femmes, tout à l'heure si calmes, « si chiens de faïence », s'étaient subitement animées ; les attitudes voulues avaient été oubliées, le naturel avait reparu, les bouches s'étaient ouvertes : on parlait, on criait, on se querellait, pour obtenir les bonnes places autour de la table.

— Mesdames et messieurs, dit Amenzaga en mettant des rouleaux et des billets sur le tapis, il y a cinquante mille francs à la banque.

Cependant le pianiste continuait de frapper sur son instrument et de jouer l'*Invitation à la valse.*

Il était bien question de valse : on alla lui dire de se taire.

Les femmes s'étaient assises autour de la table et les hommes se tenaient debout, à côté d'elles ou derrière leurs chaises. Bien entendu, ce n'était point le hasard qui avait disposé ce groupement, mais le choix : chacune s'était arrangée pour avoir son ou ses banquiers à portée de la main.

— Faites votre jeu, dit le banquier, le jeu est-il fait ?

Le baron Lazarus vint se placer derrière le banquier. L'or et les billets ayant été placés sur le tapis, le jeu commença.

Debout, à une certaine distance de la table, le colonel regardait, mais l'idée ne lui vint pas de jouer lui-même.

Plusieurs coups furent joués, gagnés ou perdus, et il remarqua que le baron pointait toujours pour la banque, comme s'il avait eu une foi aveugle dans la chance du banquier ou bien comme s'il avait été son associé.

Ce banquier trichait-il? Rien ne l'indiquait, car il perdait et gagnait alternativement. Quand les femmes gagnaient, elles mettaient une partie de leur gain dans leur poche.

En venant à cette soirée, le colonel avait été animé par une véritable curiosité. Qu'y verrait-il, que s'y passerait-il? Il n'en savait rien, mais enfin il avait le pressentiment qu'il devait s'y passer quelque chose. Il était chez une des comédiennes célèbres de Paris, avec des femmes dont les noms étaient connus de tous; il lui semblait qu'il ne devait pas assister à une soirée bourgeoise.

Jusque-là son attente avait été trompée. Au lieu de la maison d'une courtisane telle que son imagination la lui avait montrée, un intérieur d'honnête femme meublé avec un certain luxe, mais sans rien d'extravagant ou d'insolent; au lieu de femmes provoquantes, entraînantes, belles ou étranges, de vieilles comédiennes et des cocottes flétries, qui jouaient la dignité et le comme il faut. Eh quoi! c'était là Paris? c'était là cette vie parisienne? Une table de cuisine et une banque de 50,000 francs! Dans tous ces regards, la soif du gain ; dans aucun la passion du jeu!

Comme il allait s'éloigner pour s'asseoir dans un coin, la maîtresse de la maison s'approcha de lui.

— Comment, dit-elle, vous ne jouez pas, monsieur le colonel? Vous allez vous ennuyer ; voulez-vous que je vous tienne compagnie?

Il aimait mieux jouer.

— Je jouerais volontiers, dit-il, si j'avais une associée et si j'avais charge des intérêts d'une autre ; vous plaît-il d'être la mienne ?

S'il lui plaisait d'être l'associée du colonel ! Elle lui prit le bras et alors ils s'approchèrent de la table.

Bien que les joueurs soient ordinairement peu sensibles à ce qui se passe ailleurs que sur le tapis où leurs yeux sont attachés, l'entrée au jeu du colonel produisit une certaine sensation. Une femme qui avait passé près de lui, au moment où Horace lui remettait des liasses de billets et lui tendait un revolver, avait raconté cette histoire en l'arrangeant. On savait que l'habit du colonel était doublé de billets s'élevant au moins à un million, et que dans ses poches il portait deux revolvers.

Qu'allait-il se passer ?

S'il perdait, brûlerait-il la cervelle à Amenzaga ?

Plus d'une joueuse se disait que cela pouvait arriver, car chacun sait que c'est l'habitude des Américains.

Cependant cela n'arriva point.

Il est vrai que le colonel, au lieu de perdre, gagna, et qu'alors il lui était vraiment difficile de trouver un prétexte pour loger quelques balles dans la poitrine du banquier.

— Voulez-vous jouer pour moi ? avait-il dit à Raphaëlle.

Et il s'était contenté de lui tendre les billets et de ramasser ceux qu'ils gagnaient.

Dégagé de toute préoccupation, il s'était amusé à regarder les joueurs. Au premier coup, il n'y avait rien eu de particulier, chacun avait suivi son inspiration propre. Ce coup, il l'avait gagné. Alors il s'était produit un curieux changement : tout le monde, même le baron Lazarus, s'était mis à jouer le jeu qu'il jouait lui-même ; aussitôt qu'il avait fait placer sur la table ses billets par Raphaëlle, on le suivait.

Au septième coup, Amenzaga se leva et déclara que la banque avait sauté.

Alors il y eut un tonnerre d'applaudissements, auxquels Raphaëlle ne prit pas part. Peut-être cette réserve lui fut-elle imposée par sa qualité de maîtresse de maison, ou peut-être plus simplement par l'embarras où elle aurait été de se servir de ses mains, qui toutes deux étaient pleines de billets.

On vint féliciter le colonel, comme s'il avait remporté une glorieuse victoire.

— Un calme admirable, dit le baron Lazarus, et non moins de promptitude dans la décision.

— Je le savais bien, s'écria Gaston de Pompéran, que vous seriez notre vengeur.

Les femmes aussi l'avaient entouré pour le complimenter ; il y en avait qui tournaient autour de lui, l'examinant curieusement, cherchant sans doute si elles ne découvriraient pas dans ses poches les canons de ses revolvers.

— Il me semble qu'il serait convenable d'adresser quelques paroles bien senties au vaincu, dit une voix.

— Raphaëlle, consolez donc M. Amenzaga.

Mais Raphaëlle, penchée sur la table, comptait les billets et en faisait deux tas.

— Gardez tout, dit le colonel lorsqu'elle lui tendit sa part ; nous compterons plus tard.

Libre alors de reprendre son rôle de maîtresse de maison, elle voulut s'occuper du vaincu, mais elle ne le trouva point ; on lui dit qu'il était sorti.

— Il s'est sauvé, cria une voix.

— Il a eu peur.

Mais, à ce moment même, il rentra dans le salon, et se dirigea vers le colonel.

— Vous plairait-il de m'accorder ma revanche? dit-il ; seulement j'ai été si malheureux au trente-et-quarante que je vous propose le baccarat.

— Volontiers, répliqua le colonel.

De nouveau on entoura la table, les raies de craie furent effacées sur le tapis ; le colonel et Amenzaga se trouvèrent placés en face l'un de l'autre ; celui-ci ramassa les cartes éparses çà et là, et les arrangea devant lui.

La véritable bataille allait commencer ; la curiosité de tous était vivement surexcitée : qui serait vainqueur ?

Si cette curiosité s'était portée moins passionnément sur cette question, elle aurait pu faire une remarque intéressante.

C'étaient les cartes qui avaient servi au trente-et-quarante qu'Amenzaga avait arrangées ; cependant, dans le paquet entassé devant lui, toutes ne paraissaient pas avoir fait le même usage : il y en avait qui formaient une tranche un peu plus blanche

VII

— Je tiens ce qu'on voudra, dit Amenzaga en levant le bras droit.

Alors le jeu commença.

Chacun s'était placé selon le hasard ou selon ses sympathies, et le plus grand nombre des joueurs ou des curieux s'était entassé autour du colonel, les uns à ses côtés, à droite, à gauche, les autres derrière son fauteuil.

Amenzaga, au contraire, qui habituellement avait près de lui une galerie nombreuse, se trouvait presque abandonné : il était le vaincu, et le colonel le vainqueur. Cependant le baron Lazarus lui était resté fidèle, et, debout derrière lui, il semblait le couvrir de sa large protection ; en tous cas, par l'emplacement qu'il occupait, en se tenant les jambes écartées et les coudes en dehors, il empêchait qu'on serrât le banquier de trop près et qu'on lui enlevât la liberté de ses mouvements.

Le colonel ne jouissait pas du même avantage ; littéralement on l'étouffait en le serrant et en se penchant sur ses épaules : Gaston de Pompéran, tout le premier, qui, sans jouer lui-même, voulait être en bonne place pour jouir de la victoire de son ami et de la défaite de son ennemi ; puis quelques femmes qui, enviant la bonne chance de Raphaëlle, voulaient être à même de profiter d'une occasion favorable, si elle se présentait.

— Pourquoi ne me prendrait-il pas pour associée ? se demandait chacune d'elles ; il a bien pris Raphaëlle, et assurément il n'y a pas de comparaison à établir entre nous. Il est vrai que nous sommes du même âge ; mais, pour tout le reste, quelle différence entre elle et moi ! Et tout le monde sait de quel côté est l'avantage : cet Américain n'est pas assez niais pour ne pas s'en apercevoir.

En réalité, l'Américain ne pensait nullement à cela.

Autant il avait montré d'insouciance en jouant au trente-et-quarante, autant maintenant il paraissait attentif et réfléchi.

A qui resterait la victoire ?

Les premiers coups ne permirent pas de préjuger le résultat, ils s'étaient partagés à peu près également, et si le colonel avait l'avantage, c'était de peu.

Encore cet avantage le devait-il bien plus à sa façon de jouer qu'à la chance elle-même.

On sait que le baccarat consiste à chercher le point de neuf, ou tout au moins le chiffre le plus rapproché de ce point ; le banquier donne deux cartes à son adversaire et deux à lui-même : on peut se contenter de ces deux cartes ou en demander une nouvelle. Cela fait, chacun déclare son point, et celui qui est le plus près de neuf gagne.

Le système du colonel était de s'en tenir généralement à ses deux cartes, et de n'en prendre une nouvelle que lorsque son point était extrêmement faible; c'était quelquefois pousser la hardiesse jusqu'à l'imprudence, mais au jeu les témérités sont souvent heureuses. En cette circonstance, celles du colonel lui avaient réussi.

Après être passé en différentes mains, le talon était revenu dans celles d'Amenzaga, et le premier coup qu'il avait joué, il l'avait gagné.

La mise du colonel était de dix mille francs, il l'avait alors doublée.

Amenzaga avait donné les cartes et il avait de nouveau gagné.

— Quarante mille francs, dit le colonel d'une voix tranquille.

— Je mets dix mille francs dans votre jeu, dit le baron Lazarus à Amenzaga, voulez-vous?

— Volontiers.

Tous les yeux étaient attachés sur les mains du banquier; le silence s'était fait dans les salons, on ne remuait plus.

Lentement Amenzaga donna les cartes l'une après l'autre.

Il y eut un moment d'attente qui, bien que très-court, parut long à toutes ces impatiences.

Le colonel, comme de coutume, déclara se contenter de celles qu'il avait reçues.

Le banquier en fit autant.

On compta les points.

Six pour le colonel.

Huit pour le banquier.

Un seul mot s'échappa de toutes les poitrines, gonflées par l'émotion :

— C'est trop fort.

Seul le colonel avait conservé son calme et sa sérénité, car les mains du banquier étaient agitées par un léger tremblement.

— Quatre-vingt mille, dit-il.

— Je mets vingt mille francs dans votre jeu, dit le baron Lazarus à Amenzaga.

— Volontiers.

Comme le banquier donnait les cartes avec lenteur, s'assurant bien avec les doigts qu'il n'y en avait pas deux collées l'une sur l'autre, quelques voix l'excitèrent à se hâter :

— Allez donc !

Le colonel se tint à son point, le banquier au contraire se donna une carte nouvelle.

— Cinq, dit le colonel.

Amenzaga avait neuf.

Il y eut une explosion de cris et la partie se trouva un moment interrompue par les commentaires : on remarqua que si le colonel avait demandé la carte que le banquier avait prise, elle n'eût point amélioré son jeu, tandis qu'elle avait donné à celui-ci le point le plus élevé.

Alors on se regarda dans les yeux, et l'on échangea quelques propos à voix basse.

Mais le colonel rétablit le silence en annonçant qu'il faisait cent soixante mille francs.

Comme le baron Lazarus ne disait rien, le banquier se tourna vers lui.

— Eh bien! monsieur le baron, ne vous intéressez-vous plus dans mon jeu? demanda-t-il.

— Non, monsieur; c'est assez.

— Alors banco! dit Amenzaga.

Les deux adversaires présentaient alors un contraste curieux : tandis que le vaincu était impassible, calme sur son siége, respirant librement, promenant autour de lui des regards souriants, le vainqueur au contraire paraissait sous l'impression de l'inquiétude et de la gêne, il s'agitait sur son fauteuil, et, pendant qu'il serrait fortement dans sa main gauche le talon qui lui restait, il introduisait souvent sa main droite entre sa cravate et son cou comme pour respirer ; ses yeux couraient sur la table, allant de l'un à l'autre furtivement.

Comme il se préparait à donner les cartes, le prince Mazzazoli, qui s'était approché de Raphaëlle, prit celle-ci par la main.

— Madame, lui dit-il à l'oreille, il faut que je vous parle.

— Tout à l'heure, prince.

— Non, venez tout de suite; tout à l'heure il sera trop tard.

Alors, écartant les personnes qui gênaient leur passage, il l'entraîna malgré elle à l'extrémité du salon.

Pendant ce temps, le banquier avait donné les

cartes, et un grand cri, poussé par toutes les bouches, avait annoncé que de nouveau il avait gagné : sept points pour le colonel, huit pour lui.

Les exclamations se croisaient, et le tumulte était tel qu'on ne s'entendait plus, tout le monde criant en même temps.

Cependant, au milieu du désordre, on voyait Raphaëlle courir vivement çà et là.

Après quelques secondes d'entretien avec le prince, elle avait quitté celui-ci pour venir prendre par le bras un monsieur à l'air vénérable qu'elle avait tiré à l'écart, et d'une voix haletante, avec des gestes précipités, elle lui avait adressé quelques paroles.

Mais le patriarche avait paru ne pas comprendre ou tout au moins ne pas vouloir faire ce qu'elle lui demandait.

Alors, l'abandonnant, elle avait couru à un autre qu'elle avait emmené dans un coin opposé.

Mais, comme le premier, celui-là avait secoué la tête et s'était retiré.

Elle s'était retournée vers un troisième, qui, après quelques secondes d'hésitation, avait fait comme le second ; puis enfin à un quatrième, sans être plus heureuse.

Une de ses amies l'avait alors arrêtée au passage et vivement elles avaient échangé quelques explications ; Raphaëlle paraissait exaspérée.

— Aucun ne veut intervenir, dit-elle, pas un seul n'ose se mettre en avant.

— Amenzaga n'est pas terrible.

— Ce n'est pas d'Amenzaga qu'ils ont peur, c'est

de l'éclat, c'est du monde : l'un de sa femme, celui-là de sa fille. Ah! si Anatole pouvait être là!

Le duc de Charmont, qui avait remarqué les allées et venues de la comédienne et qui l'avait suivie des yeux, s'approcha d'elle.

Alors elle parut lui répéter les explications qu'elle avait déjà données.

— Bon, dit-il, je m'en charge; bien que je ne sois rien dans la maison, je vais prendre leur rôle. Vous allez voir.

Et il se dirigea vers la table.

Le silence s'était peu à peu rétabli, et les adversaires étaient toujours en face l'un de l'autre.

— Trois cent vingt mille francs! dit le colonel.

— Banco! répondit le banquier.

Mais, au moment où il prononçait ce mot, une main se posa sur la sienne, — celle qui tenait les cartes.

— Un moment, dit le duc de Charmont sans se presser et gardant sa nonchalance habituelle.

— Qu'est-ce à dire, monsieur le duc! s'écria Amenzaga, voulant dégager sa main.

— Je vais vous l'expliquer, mais ne dérangez pas votre main.

Le banquier, au contraire, fit un brusque mouvement; sa main s'échappa de celle du duc, et les cartes s'éparpillèrent sur le tapis.

— Que personne ne touche à ces cartes, s'écria le duc.

— Et pourquoi donc? cria le banquier.

— Puisque vous voulez que je vous le dise, je vais

vous donner satisfaction; il n'est pas besoin pour cela de longues paroles; ces cartes sont préparées, et vous êtes un voleur !

Amenzaga voulut s'élancer sur le duc, mais celui-ci l'arrêta du regard.

— Monsieur le duc, s'écria le joueur, vous m'outragez; je suis gentilhomme comme vous.

— Vous êtes un voleur, et vous allez rendre l'argent que vous avez empoché ou j'envoie chercher la police.

— Je vous affirme sur l'honneur que j'ai joué loyalement.

— Allons donc! Vous avez ajouté au talon un paquet de cartes préparé à l'avance; tenez, on reconnaît ces cartes à la blancheur de la tranche.

— Je vous donne un démenti formel, je n'ai pas apporté de cartes. Tous ceux qui me connaissent vous diront que je joue loyalement. Monsieur le baron, dites donc à ces messieurs qui je suis.

— Mais je ne vous connais pas, dit le baron Lazarus.

— Vous vous êtes associé à mon jeu.

— Oui, mais je me suis retiré quand j'ai vu que la chance était trop fidèlement avec vous.

— Allons, continua le duc, restituez; comme je n'ai pas joué, ce n'est pas pour moi que je parle, mais pour ceux que vous avez volés : c'est pour M. le colonel Chamberlain.

Le colonel avait quitté son fauteuil et il avait été s'adosser à la cheminée, d'où il regardait cette scène sans y prendre part.

A ce mot, il intervint :

— Je ne demande rien, dit-il.

— Oui, mais moi je demande mes trois mille francs, s'écria une femme.

— Et moi, mes dix-sept mille.

— Et moi, mes douze mille.

Pendant plus d'un quart d'heure, ce fut une confusion de réclamations, de cris et d'explications. Amenzaga était tiraillé de tous les côtés, son habit était déchiré; cependant il continuait à tenir tête à tous tant bien que mal, répétant à chaque instant qu'il était gentilhomme, qu'il n'avait pas triché.

— Refaisons nous-mêmes son paquet avec ses cartes, dit le duc.

On eut bientôt retrouvé les cartes dont les tranches étaient plus blanches.

Mais il ne se rendit pas et se défendit encore longtemps : la sueur tombait de son visage et la voix lui manquait.

Enfin il vint vers le colonel.

— C'est à vous que je fais appel, dit-il; et, pour vous prouver ma loyauté, je consens à rendre ce que j'ai gagné, mais alors vous me donnerez la main.

— Je vous donne mon argent, dit le colonel en riant; mais ma main, non.

Et, lui tournant le dos, il passa dans un autre salon, d'où il entendit pendant longtemps les cris et les réclamations.

Quand il sortit enfin de cette maison, il trouva Horace qui l'attendait.

— Je n'avais pas eu tort d'apporter le revolver, dit le nègre; si mon colonel l'avait posé sur la table de jeu, je crois qu'on ne l'aurait pas volé. Il y a des *rowdies* à Paris.

VIII

Le colonel avait su par Raphaëlle le rôle important que le prince Mazzazoli avait joué en cette affaire.

En réalité, s'il n'avait pas perdu le coup de trois cent vingt mille francs et peut-être le suivant, qui eut été de six cent quarante mille francs en doublant toujours l'enjeu, c'était à l'intervention du prince qu'il le devait.

Cela, à coup sûr, méritait bien quelques mots de remercîment.

Il l'avait donc cherché pour s'acquitter de ce devoir de politesse, mais inutilement ; sans attendre la fin de la discussion, le prince s'était retiré.

Il avait alors demandé l'adresse du prince, afin de pouvoir lui faire une visite le lendemain.

Il est vrai que, cette journée du lendemain, il en avait disposé pour aller voir son oncle ; mais, en faisant visite au prince d'assez bonne heure, cela ne changerait rien à son plan. Il lui resterait ensuite tout le temps nécessaire pour se rendre rue de Charonne, où demeurait Antoine Chamberlain, et étudier tout à son aise celle qui deviendrait peut-être sa femme.

Il était convenable de ne pas différer la visite au prince ; car, en réalité, c'était quelque chose comme un million que celui-ci lui avait épargné.

Mais, le lendemain ou plus justement le matin, lorsqu'il se leva, les choses ne se présentèrent point comme il les avait arrangées en se couchant.

Horace, en entrant dans sa chambre, lui remit une lettre qui avait été apportée par M. le baron de Lazarus, avec grande recommandation de ne pas l'égarer.

Puis il le prévint qu'un monsieur attendait son lever depuis deux heures.

— Je t'avais dit que je ne voulais recevoir personne.

— J'ai exécuté fidèlement la consigne vis-à-vis de tous ceux et toutes celles qui se sont présentés : celui-ci pour vous entretenir d'une affaire importante, celui-là pour autre chose ; tous, j'en suis certain, pour vous demander de l'argent. Mais je n'ai jamais pu me débarrasser de ce monsieur, très-aimable d'ailleurs ; il m'a fait causer, et, de son côté, il m'a conté des histoires très-amusantes. Enfin, ne pouvant pas le renvoyer, je l'ai gardé. J'ai vu dans ma vie des gens habiles et entreprenants à forcer les portes, mais jamais plus que ce monsieur : il m'a remis sa carte.

— Il se nomme.

— Méline.

— Je ne le connais pas.

— Je pense que monsieur fera bien de le recevoir ; c'est, je crois, le seul moyen de le renvoyer.

— Alors tu feras entrer ; mais voyons cette lettre d'abord.

Disant cela, le colonel déchira l'enveloppe qui renfermait une lettre et une petite feuille de papier lithographié et ressemblant à un chèque.

La lettre était courte.

« Monsieur,

» Vous trouverez ci-inclus un chèque de trente
» mille francs. Cette somme est celle que je vous ai
» gagnée cette nuit chez mademoiselle Raphaëlle.
» Quand je dis gagnée, je me sers d'un mot impro-
» pre, car on ne peut pas considérer comme gagné
» ce qui est le produit d'un vol, alors même qu'on
» était d'une entière bonne foi en s'associant avec le
» voleur. Je vous prie donc de reprendre ces trente
» mille francs qui vous appartiennent. Ce serait, aux
» yeux de ma conscience, me faire le complice de
» M. Amenzaga que de les conserver. C'est bien
» assez qu'une imprudence, que je regrette, m'ait
» donné la fâcheuse idée de m'intéresser dans le jeu
» de ce malheureux.

» De cette déplorable soirée il me restera cepen-
» dant, un bon souvenir, puisque j'ai eu le plaisir d'y
» faire la connaissance d'un parfait gentleman.

» Agréez, monsieur, l'assurance de mes senti-
» ments de haute estime.

» LAZARUS,
« rue de Colisée, 58. »

— C'est le baron Lazarus qui a apporté cette lettre?

— Lui-même; il est venu ce matin de bonne heure; il a demandé si vous pouviez le recevoir; je lui ai répondu que j'avais ordre de tenir votre porte fermée. Alors il a écrit cette lettre.

— Bien; maintenant fais entrer ton monsieur très-aimable, je le recevrai en m'habillant.

Méline ne se fit pas attendre.

— Vous avez voulu me voir? demanda le colonel, répondant légèrement au salut du reporter.

— Oui, monsieur le colonel, et, si j'ai été indiscret, je vous fais mes excuses.

— Vous permettez que je m'habille?

— J'aurai plaisir à assister à votre toilette.

— Ah! vraiment? fit le colonel étonné.

— Mon Dieu, monsieur, dit le reporter tout en allant çà et là dans la chambre, je m'aperçois que vous trouvez ma visite étrange.

— Ce n'est pas seulement la visite.

— Le visiteur aussi, n'est-ce pas?

Le colonel se mit à rire.

— Vous avez ri; je crois le moment favorable pour vous donner toutes les explications que vous pouvez désirer. Le but de ma visite est de vous voir dans votre intérieur, et de pouvoir ainsi offrir à mes lecteurs le portrait d'un gentleman sur qui tout Paris a les yeux fixés en ce moment.

— Eh bien! regardez-moi, mais je vous serai reconnaissant de faire vite; d'ailleurs, à parler franchement, je désire que mon portrait ne soit point offert à vos lecteurs. Je ne suis point un personnage public, et, par suite d'indiscrétions maladroites, on ne s'est déjà occupé que trop de moi à Paris. Si, malgré mon désir, vous persistez dans votre portrait, vous me rendrez service en disant que je suis bourru et mal accueillant pour toutes les demandes qu'on m'adresse. Si vous me débarrassez des demandeurs et des visiteurs, vous m'aurez rendu grand service.

— Je vous en débarrasserai, mais à condition que j'inspirerai confiance par la façon dont je parlerai de vous. Comment voulez-vous qu'on me croie si, aux premiers mots, il est évident que je ne vous connais pas. Et puis, permettez-moi de vous dire que la seule manière d'en finir avec des visites dans le genre de la mienne, c'est de vous livrer à moi sans résistance.

— Vous arrangez les choses à votre convenance.

— C'est vrai, mais votre intérêt est d'accord avec le mien : laissez-moi faire de vous un portrait ressemblant, complet, et il n'y aura pas à le recommencer. Si, après moi, des confrères se présentent, vous n'aurez qu'à les renvoyer à mon étude.

— Alors, monsieur, interrogez-moi ; que voulez-vous que je vous dise ?

— Ne craignez rien, je ne vais pas vous demander l'histoire de vos campagnes. D'ailleurs, en causant avec vous depuis cinq minutes, j'ai appris à peu près ce que j'avais besoin de savoir ; et puis j'ai passé deux heures dans la compagnie de votre valet de chambre qui ne m'ont pas été inutiles.

— Il m'a dit que vous l'aviez fait parler.

— De lui et sur lui, non de vous, colonel ; je laisse

à d'autres cette besogne de rapporter des propos de domestiques. C'est par induction que cette conversation avec votre beau nègre a pu m'instruire ; le valet bien souvent explique le maître. Le vôtre est une personnalité ; c'est un type, ce nègre, qui est convaincu de la supériorité des noirs et qui prend plaisir à chercher les faiblesses et les vices des blancs pour en triompher. Je me promets de le revoir avant son départ de Paris ; il sera alors bien curieux à entendre si, pendant son séjour ici, il a continué ses observations. Je lui achèterai ses mémoires, qui seront, je crois, fort drôles ; son admiration pour les blanches promet des aventures.

— Horace est un grand enfant, il a des enfants la curiosité et la naïveté.

— Paris le vieillira. Mais pour revenir à ce qui vous est personnel, je dis que les sentiments qu'il éprouve pour son maître jettent une vive lumière sur le caractère de ce maître. Être aimé de sa femme, de ses amis, c'est assurément une belle chose ; mais être aimé de son domestique, voilà qui est prodigieux. Et ce n'est pas une affection ordinaire, ce n'est pas seulement du dévouement, du respect ; c'est une véritable adoration.

— Les circonstances m'ont permis de lui sauver la vie.

— C'est beaucoup, et cela explique sa reconnaissance ; mais il y a plus chez lui : sa tendresse pour vous n'est pas tout à fait celle qu'on éprouve pour ceux qui nous ont donné la vie, mais bien plutôt celle qu'on trouve dans son cœur pour ceux à qui on l'a donnée, je veux dire celle d'une mère pour son enfant. Sans doute il est assez ridicule de dire que ce grand garçon, si beau de force, si vital, vous aime comme une mère, et cependant c'est le seul mot juste. Avec quel orgueil il parle de vous! Il n'a pas besoin, je vous assure, d'énumérer vos qualités pour faire comprendre à ceux qui l'écoutent qu'à son sens vous les avez toutes.

Tout en parlant ainsi, il ne s'était point assis; mais il marchait doucement par la chambre, examinant chaque chose.

Tout à coup il s'interrompit pour ramasser une paire de gants, sur laquelle il avait failli poser le pied.

Mais, avant de la remettre sur la table, il entr'ouvrit pour regarder le numéro.

— Vous gantez 7 1/4?

— Cela fait partie du portrait?

— Assurément; la main a son importance.

Continuant son examen, il alla à la table de toilette.

— Ah! vous vous servez de parfumerie française, mais vos brosses sont américaines.

Puis, revenant vers un fauteuil sur lequel Horace avait déplié une chemise :

— C'est de la toile de Hollande, cette chemise, n'est-ce pas? dit-il.

— La parfumerie, les brosses, la chemise, tout cela fait partie du portrait?

— Mais sans doute. Si vous étiez chez vous, au lieu d'être à l'hôtel, je descendrais à votre cuisine et compterais vos casseroles; il ne me reste comme *accessoires* que vos objets corporels, il faut bien que je les utilise de mon mieux. Par bonheur, j'aurai deux détails qui feront contraste : dans une armoire, j'ai vu douze paires de bottes et douze paires de bottines, ce qui est bien yankee ; puis, sur votre table de nuit, vous avez un volume de Musset, ce qui est bien français. Je crois que mon étude sera réussie ; cependant il y a une chose qui lui donnerait un fameux relief, mais je n'ose trop vous la demander brusquement.

— C'est maintenant que vous avez de ces scrupules ? Ne vous gênez donc pas, je vous prie.

— Alors, puisque vous le permettez, voyons, franchement, vous n'avez pas quelque vice caché ?

Le colonel se mit à rire.

— Oh ! avouable : un petit vice caractéristique, qui soit un plumet. Ça ne nuit pas dans le monde, bien au contraire. Non, pas de vice. Eh bien ! alors une manie ? Une manie originale, curieuse ? Pas de manies. Alors un tic ? Quel est le mot que vous répétez le plus souvent dans la conversation ?

— Je n'ai jamais eu le temps de me regarder vivre et je ne m'écoute pas parler : demandez cela à Horace.

— Oh ! pour lui, vous êtes la perfection. Enfin je sens que je ne peux pas vous confesser malgré vous, et il ne me reste plus qu'à me retirer après vous avoir remercié. Je tâcherai de vous prouver ma reconnaissance en vous débarrassant des importuns et des demandeurs ; seulement, c'est une race qui ne se rebute pas facilement.

Le reporter parti, le colonel put achever sa toilette.

Par le fait de la lettre du baron Lazarus, ses dispositions pour la journée se trouvaient une fois encore modifiées.

Non-seulement il devait une visite au prince Mazzazoli, mais, de plus, il en devait une au baron.

Heureusement, la rue du Colisée n'est pas éloignée du rond-point des Champs-Élysées, où demeurait le prince; il ferait les deux visites l'une après l'autre.

Ensuite il irait au faubourg Saint-Antoine.

Car enfin elle avait aussi son importance, cette visite qui pouvait décider sa vie.

Comment était-elle cette petite Thérèse?

Ce n'était pas de ce jour qu'il se posait cette question et qu'il l'examinait.

Le moment était venu de la résoudre.

IX

L'hôtel que le baron Lazarus habitait, rue du Colisée, était bâti au milieu d'un jardin.

En devanture sur la rue, on trouvait une grande maison à cinq étages; puis, après avoir passé sous la porte cochère de cette maison et traversé une cour, on arrivait devant la grille d'un petit jardin parisien, c'est-à-dire frais et vert pendant les mois d'avril et de mai, poussiéreux et brûlé pendant tout le reste de la belle saison.

Lorsque le colonel sonna à cette grille, ce jardin était dans toute sa splendeur; le gazon était d'une verdure veloutée, les arbustes commençaient à ouvrir leurs feuilles printanières, et, en bordure le long des massifs, courait un long cordon de myosotis en fleurs. Ce myosotis n'était pas le fameux *vergisz-mein-nicht* d'au delà du Rhin, mais l'espèce cultivée en France, qui lui ressemble jusqu'à un certain point, au moins de loin. Pour qui n'était pas botaniste ou jardinier de profession, il pouvait y avoir illusion; pour le Parisien habitué aux romances et aux *lieder*, c'était l'Allemagne toute pure. De même pour celui qui avait fait le voyage des bords du Rhin, l'hôtel, enguirlandé de vignes vierges et de glycines, était aussi la maison allemande.

A la demande du colonel, on répondit que M. le baron Lazarus était en ce moment occupé, mais qu'il recevait.

— Veuillez remettre ma carte à M. le baron, dit le colonel en entrant dans un salon d'attente; si ma visite le dérange en ce moment, je reviendrai.

Presque aussitôt le domestique revint dire que M. le baron serait libre dans quelques minutes.

Dans le salon où le colonel était assis, se trouvaient déjà deux personnes qui attendaient, deux jeunes gens qui s'entretenaient en allemand.

Pendant que le colonel parlait au domestique qui l'avait introduit, ils s'étaient tus; mais bientôt ils avaient repris leur conversation en se contentant de baisser la voix.

Le colonel s'était exprimé dans un français si pur d'accent, que ces jeunes gens l'avaient pris pour un Français qui, comme tous ses compatriotes, ne devait pas entendre un mot allemand.

Malheureusement ce raisonnement ne se trouvait pas juste : le colonel, élevé dans un pays où il y a autant d'Allemands que d'Irlandais, parlait la langue allemande aussi bien que la langue anglaise.

Il put donc suivre la conversation des deux jeunes gens, et cela sans l'écouter, presque malgré lui.

— Je tiens de source certaine que c'est le baron qui a fait publier la dépêche fausse relative aux armements de la France et à l'achat des quinze mille chevaux par des agents français en Hongrie.

— Et moi je vous affirme que c'est lui qui a fait publier dans les journaux français les correspondances pour démentir l'armement des forteresses du Rhin.

— Alors il joue double jeu?

— C'est probable.

— La hausse dans un pays, la baisse dans l'autre : cette question du Luxembourg lui donne la partie belle.

— Réussira-t-il?

— Je le pense. Il a appliqué à l'Allemagne le système financier mis en pratique en France pendant les premières années de l'Empire, et je crois que ce système, qui fait appel aux petites bourses, à l'économie du paysan et du bourgeois, produira de bons résultats.

— Pour lui.

— Bien entendu. Il est incontestable que l'Allemagne est mûre pour la spéculation, et qu'avant peu elle sera prise de la fièvre de l'agiotage.

— Le baron ira-t-il jusque-là?

— Je le pense.

— On dit sa situation bien embarrassée.

— Il a tant de ressources et sait si bien se retourner!

— Enfin, pour revenir à l'histoire de la dépêche, je vous affirme ce que je vous ai dit. Au reste, il vous est facile de constater vous-même les relations du baron avec les correspondants de plusieurs de nos journaux. Allez un jour, entre quatre et cinq heures, au café qui fait le coin de la rue Notre-Dame-des-Victoires et de la rue Brongniart : vous verrez Karl Miller, le secrétaire du baron, donner le mot d'ordre. Retournez-y entre onze heures et minuit : vous verrez le même Miller apportant les dernières nouvelles.

A ce moment, on vint prévenir le colonel que M. le baron l'attendait.

— Voilà une visite, s'écria le baron Lazarus, qui me surprend bien agréablement.

Et, avec toutes les démonstrations d'une véritable satisfaction, il prit la main du colonel et la serra longuement.

— Vous avez reçu mon petit mot?

— Et le chèque qu'il renfermait : c'est précisément ce chèque qui m'amène près de vous.

— Vraiment! Ai-je oublié quelque formalité?

— Je vous le rapporte ; vous comprenez, monsieur le baron, que je ne puis pas reprendre cet argent.

— Vous refuseriez cette restitution?

— Assurément ; je ne puis pas accepter un argent que vous avez loyalement gagné.

— C'est bien le mot, loyalement gagné; mais ce mot n'est vrai que si vous le complétez en ajoutant que ce que j'ai loyalement gagné l'a été malhonnêtement par celui qui tenait les cartes. Or, ce n'est point avec moi que vous avez joué, c'est avec lui;

donc vous n'avez pas perdu cet argent, qui vous a été volé.

Et le baron se mit à rire d'un rire formidable qui fit trembler les vitres.

— Je vous défie, s'écria-t-il, de réfuter ce raisonnement.

— Cependant...

— Je sais d'autant mieux ce que vous m'allez dire que je me le suis dit moi-même, et voilà pourquoi je ne vous ai point restitué cette somme hier soir. On nous accuse, nous autres Allemands, d'avoir l'esprit lent. Cela est possible, et il est bien certain que tout d'abord, sous l'impression que me causait mon gain, — car je ne cache pas que j'aime à gagner, — je me suis donné les raisons que vous voulez m'opposer, et j'ai trouvé que ces trente mille francs m'appartenaient. Mais j'ai une habitude journalière à laquelle je ne manque jamais : c'est, avant de m'endormir, de faire mon examen de conscience. Cet examen m'a éclairé ; car, grâce à Dieu, ma conscience ne me trompe jamais, et ce matin je vous ai reporté un argent qui ne m'appartenait pas.

— Comme il ne m'appartient pas davantage, à mon tour, je vous l'apporte.

— Je ne l'accepterai point.

— Et moi, je ne le reprendrai pas.

La discussion dura assez longtemps sur ces deux mots qui revenaient sans cesse.

— Cet argent n'est pas à moi.

— Ni à moi.

— Je ne peux pas l'accepter.

— Ni moi non plus.

Mais, tandis que le colonel mettait de l'animation dans cette dispute, le baron riait d'autant plus fort qu'elle se prolongeait davantage; on voyait ses larges épaules secouées par son rire, qui résonnait dans sa poitrine.

Enfin il cessa de rire.

— Je crois que j'ai trouvé un moyen de nous donner satisfaction à tous deux, c'est que ni l'un ni l'autre nous ne prenions cette somme : offrons-la aux malheureux. Cela vous convient-il?

— Parfaitement.

— Mais, bien entendu, ce sera en votre nom que le don sera fait.

— Pas du tout, ce sera au vôtre.

— Ne recommençons pas, dit le baron, et pour cela, convenons que le don sera anonyme. Maintenant, comme il s'agit de savoir à qui il sera fait, je vous propose que ce soit au profit de mes compatriotes. Nous avons à la Villette une colonie de pauvres Allemands. Voulez-vous qu'ils héritent de vos trente mille francs?

— Volontiers.

— Alors je m'entendrai avec qui de droit pour la distribution de cette somme, et vous rendrai compte de ce qui sera fait.

Les choses étant ainsi réglées, le colonel se leva pour se retirer; mais le baron ne voulut pas y consentir, il le retint à deux mains. Il éprouvait pour le colonel une véritable sympathie, une grande estime.

Puis, pour lui prouver cette sympathie, il voulut lui présenter sa fille.

— On ne voit en moi que l'homme d'affaires, mais il y a un autre homme que je dissimule ; car, dans ce Paris si charmant, il n'est permis d'afficher que ses vices. C'est l'homme de la famille, le père : je ne vis que par ma fille, et toutes mes joies me viennent d'elle : je veux que vous la connaissiez, je veux surtout qu'elle vous connaisse. Passons chez elle ; nous allons la surprendre.

Disant cela et sans attendre la réponse du colonel, il le prit par dessous le bras et lui fit traverser deux ou trois pièces du rez-de-chaussée.

Arrivé devant une porte, il s'arrêta.

— Entrons sans frapper, dit-il, pour mieux la surprendre.

Et il ouvrit la porte.

Assise devant une table et occupée à écrire, une jeune femme leur tournait le dos ; on ne voyait que ses épaules sur lesquelles tombaient deux grosses nattes de cheveux blonds, noués à leur extrémité avec des rubans bleus.

Au bruit de la porte, elle se retourna.

— Oh ! *papa*, dit-elle, *lieber papa*.

Le baron alla vivement à elle, et, se penchant sur son front, il l'embrassa.

Puis la prenant par la main :

— Ma chère Ida, dit-il en français, j'ai voulu te présenter à mon ami M. le colonel Chamberlain, et voilà pourquoi nous sommes venus te surprendre dans ta retraite de jeune fille.

Cette retraite présentait une singulière réunion de meubles et d'objets qu'on ne voit pas souvent ensemble.

Devant une fenêtre ouvrant sur le jardin, se trouvait un aquarium où couraient dans la lumière des cyprins dorés ; devant une autre, était placée une volière pleine d'oiseaux des îles. Sous le portrait d'une femme blonde, était un piano ouvert, avec une partition sur le pupitre ; sur un chevalet à crémaillère, était exposé un petit tableau en train, mais sur le point d'être achevé, représentant un paysage alpestre, dans le genre de Calame. Sur un fauteuil, étaient entassés quatre ou cinq torchons en grosse toile écrue, dont l'un n'était pas fini de marquer ; l'aiguille, enfilée de coton rouge, était piquée dans un coin. Enfin, sur la table de travail, était ouvert un livre de comptes où se montraient des colonnes de chiffres ; d'un côté de ce livre, un trousseau de clefs ; de l'autre, une boîte à monnaie, dans laquelle les pièces étaient scrupuleusement rangées d'après leur valeur.

Assurément une jeune fille à marier ne pouvait pas être surprise en un moment plus favorable ; car toutes les qualités qu'on peut exiger d'une femme se montraient dans cet intérieur, qui parlait d'une façon si claire. Dans l'aquarium et la volière, on reconnaissait une amie de la nature ; dans le piano et le chevalet, une artiste ; dans le livre de comptes et le trousseau de clefs, une femme de ménage.

Que demander de plus ? la beauté de la femme.

Cette jeune fille, que son père tenait par la main, avait mieux que la beauté.

C'était une vierge de Van Eyck ou d'Hemling : mince, svelte, avec des cheveux d'un blond pâle qui encadraient une tête d'une beauté gracieuse ; les yeux étaient candides, le regard était naïf.

— Vous voyez, dit le baron en montrant le livre de comptes, nous avons apporté l'Allemagne à Paris. Ma fille n'est pas une Parisienne ; elle ne trouve pas qu'elle s'avilit en ordonnant ma maison et en veillant aux soins du ménage : ce qui, bien entendu, ne l'empêche pas de cultiver ses talents. Il y a temps pour tout dans une vie bien ordonnée.

Puis, après quelques paroles de politesse, qui s'échangèrent entre le colonel et la jeune fille sur la peinture, sur la musique, sur Paris, le baron se leva et ouvrit la porte-fenêtre qui donnait sur le jardin.

— Voilà mon intérieur, dit-il en reconduisant le colonel jusqu'à la grille de sortie. Quand vous serez las de Paris, de son bruit et de ses plaisirs ; quand vous aurez besoin de vous retremper dans la vie de famille, venez nous voir.

Ils se séparèrent à la grille après avoir échangé de longues poignées de mains.

Mais avant de s'éloigner, le colonel se retourna : elle avait vraiment quelque chose de patriarcal, cette maison au milieu des fleurs et de la fraîche verdure.

5.

X

Un jour, un de ces sportmen de hasard, que le fumier de cheval fait de temps en temps pousser comme un champignon sur le turf parisien, s'était trouvé riche. Sa vie jusque-là s'était passée dans les Champs-Élysées à aller d'une écurie à une autre, et bien souvent, en ses années de misère, il s'était choisi la maison qu'il habiterait, si jamais la chance lui souriait. Quand la chance lui était arrivée, il n'avait eu rien de plus pressé que de réaliser son rêve, et, dans un entre-sol du rond-point, il s'était fait arranger un appartement avec toute la prodigalité d'un parvenu que la fortune a enrichi d'un coup. Naturellement il s'était pris au sérieux, et il s'était si bien cru quelqu'un, qu'il avait voulu que le mobilier qu'il s'offrait enfin, après l'avoir si longtemps vainement désiré, portât la marque de sa personnalité : le bois des meubles, les tentures, les rideaux, les tapis, le cuir des chaises, la vaisselle, la verrerie, tout avait reçu ses initiales sculptées, imprimées, gravées, tissées aux endroits les plus apparents.

Malheureusement cette fortune s'en était allée comme elle était venue; et un jour, celui-là ressemblait peu au premier, le sportman ruiné avait trouvé prudent de passer la Manche, pour s'éviter l'ennui de rencontrer des créanciers indiscrets.

Que faire d'un mobilier si riche en initiales? Le vendre, cela n'était pas facile. Heureusement le propriétaire de l'appartement l'avait acheté en bloc, et, le laissant en place, il avait loué son entre-sol meublé, au lieu de le louer non meublé. Qu'importait à un étranger de passage à Paris d'avoir sans cesse sous les yeux des objets marqués d'un nom inconnu? il n'était pas chez lui et ces objets ne lui appartenaient pas.

C'était cet appartement qu'habitait le prince Mazzazoli avec sa sœur, la comtesse Belmonte, et sa nièce Carmelita.

Au temps de sa splendeur financière, c'est-à-dire après le coup d'État, le prince avait acheté un riche hôtel du quartier de la Chaussée-d'Antin, où il avait donné de belles fêtes; mais, lorsque les désastres étaient arrivés, puis la ruine, puis la misère, l'hôtel avait été mis en vente et le prince n'avait plus eu que son cercle pour domicile : où couchait-il, on l'ignorait; c'était au cercle qu'il recevait sa correspondance, et c'était au cercle que le trouvaient ceux qui avaient affaire à lui. Chaque jour, sans jamais une minute de retard, il arrivait à onze heures, après avoir déjeuné, disait-il, et chaque soir, il partait à sept heures, « pour aller dîner. » Où? C'était un mystère. Jusqu'au lendemain, il était invisible.

Tout à coup il avait disparu, et il était resté absent une dizaine d'années, sans que personne pût dire, d'une façon précise, ce qu'il était devenu, ce qu'il faisait, s'il reviendrait ou ne reviendrait pas à Paris.

Cependant des bruits vagues avaient de temps en temps rappelé son nom à ceux qui, en France, se souvenaient encore de lui.

On racontait qu'il était en Italie, retiré dans un vieux château de l'Ombrie ou des Abruzzes,, enfin dans des montagnes sauvages. Que faisait-il là? Les propos différaient. Pour les uns, il ne faisait rien; pour les autres, il faisait de faux billets de banque. Ceux qui se prétendaient bien informés disaient qu'il vivait là tout simplement avec deux femmes, une vieille et une jeune, qui le nourrissaient.

D'autres, sans nier cette histoire de femmes, l'expliquaient : ces deux femmes étaient la mère et la fille, l'une sœur, l'autre nièce du prince. Ce n'était pas seulement pour vivre tranquille, sûr de son gîte et de son pain quotidien, que le prince était venu habiter le château patrimonial des Belmonte. Rejeté du monde parisien comme une épave, incapable de reconquérir une situation dans les affaires, même médiocre, il s'était tourné d'un autre côté, et, dans cette nièce, il avait trouvé une mine nouvelle à exploiter.

Que voulait-il en faire?

Une danseuse.

Une chanteuse.

Ceux qui ne voient pas les choses en beau disaient qu'il voulait la vendre.

Ceux au contraire qui admettent moins facilement le mal, disaient qu'il voulait la préparer à un grand mariage, sur lequel il bâtirait pour lui une position inexpugnable.

Où était le vrai dans toutes ces hypothèses?

Il y avait cependant un fait certain, attesté par des gens qui savaient ce qu'ils disaient, c'est qu'il s'était vraiment établi à Belmonte chez sa belle-sœur, auprès de sa nièce, et que, pendant sept années, il n'avait pas eu d'autre occupation que l'éducation de cette enfant. Le grand seigneur ruiné, le spéculateur qui, un moment, avait tenu la fortune dans sa main, s'était fait précepteur. Ce qu'il ne savait pas, il l'avait appris pour l'enseigner.

La tâche pour lui avait été d'autant plus rude que cette admirable tête de jeune fille ressemblait à celle de la fable : une beauté éclatante, d'une pureté de dessin irréprochable, et point de cervelle, ou plus justement un esprit rétif à tout ce qu'on voulait lui apprendre. Combien de fois le maître, se sauvant exaspéré d'auprès de son élève, s'était-il écrié : *È una sciocca* (c'est une oie), *una sciocca, una sciocca!*

Et puis, quelle existence dans ce vieux château perdu au milieu des montagnes et des bois; comme il avait été bâti pour durer aussi longtemps que le monde, ses derniers propriétaires avaient jugé inutile de l'entretenir et de le réparer; les dalles de pierre du grand escalier étaient si creusées, si usées, brisées par places, qu'il fallait poser son pied avec une certaine adresse pour ne pas rouler jusqu'au bas ; dans le pavage en poterie étrusque qui formait le parquet de tous les appartements, on suivait des passages creux usés par le frottement des pas ; sur la toiture, les chevrons avaient cédé en plus d'un endroit, et il s'était fait des trous par lesquels entraient et sortaient les nombreux oiseaux de nuit qui habitaient les greniers ; point de carreaux à la plupart des fenêtres, plus de fenêtres même à quelques baies ; cinq ou six pièces seulement, au milieu de ces enfilades de chambres et de salles, étaient à peu près habitables : c'étaient celles où, pendant sept années, avaient vécu le prince, la comtesse et Carmelita.

Un jour enfin ils avaient quitté cette triste maison. Carmelita venait d'atteindre ses dix-huit ans ; elle était à point ; il n'y avait qu'à promener d'exposition en exposition cette belle fleur sauvage.

Tout d'abord on les avait vus dans les villes d'eaux d'Allemagne ; puis, au commencement de l'hiver 1866-1867, ils étaient venus s'établir à Paris, dans l'appartement des Champs-Élysées. Paris allait recevoir la visite du monde entier : le moment était favorable aux desseins du prince, quels qu'ils fussent.

Pendant que le prince habitait le château de sa sœur, il avait, dans ce pays, riche en antiquités de toutes sortes, réuni jour par jour, pièce par pièce, une collection qu'il avait apportée avec lui à Paris, et, dans l'appartement de l'ancien sportman, loué pour raisons forcées au nom de la comtesse Belmonte, il avait exposé cette collection de bronzes et de poteries étrusques, de faïences italiennes, d'ivoires, de verreries antiques, de monnaies et de sceaux conventuels.

Cela avait été le premier appât tendu à la curiosité parisienne. On ne pouvait pas dire : « Venez voir ma nièce, qui est un chef-d'œuvre, » tandis qu'on pouvait inviter les gens à venir « visiter ma collection. »

Toutes les mains, qui se seraient fermées devant celles du prince demandant quelque chose, s'ouvrirent lorsqu'on fut bien certain qu'il ne demandait rien et qu'il avait renoncé aux affaires. Ses anciens amis le reconnurent, et des relations, pendant dix années brisées, se rétablirent.

Carmelita, conduite par sa mère et son oncle, fit son début sur la scène parisienne. Il fut éclatant : il n'y eut qu'une voix dans tout Paris pour parler de la jeune Italienne.

Quel changement ! et combien était grande la distance des Apennins aux Champs-Élysées.

Cependant cette vie nouvelle, en apparence si brillante, tenait encore par plus d'un côté à l'ancienne, et, pour les curieux qui veulent tout savoir, il y avait sous cet éclat des points mystérieux et, par cela seul, intéressants à chercher.

Chaque jour, vers midi, on voyait la comtesse et sa fille aller à Saint-Philippe du Roule ; la mère faisait allumer un cierge et s'agenouillait ; ses lèvres s'ouvraient et se fermaient, ses mains se joignaient avec un élan passionné ; tandis que, debout près d'elle, sa fille se tenait droite, immobile, les lèvres closes, les yeux calmes.

A l'heure où Paris élégant va faire son éternelle promenade au bois, on voyait les deux Italiennes, assises à l'une de leurs fenêtres, en toilette, regardant le défilé des voitures ou plutôt exposées devant ce défilé. Au moment où les voitures commencent à revenir, elles montaient dans un landau découvert, et, à leur tour, elles allaient au bois, croisant les équipages qui descendaient.

Le soir, on les voyait dans quelque salon ou au théâtre.

C'était là leur vie au grand jour, mais quelle était celle de l'intérieur ?

Pour avoir réponse à cette question, il aurait fallu interroger ou écouter les gens de la maison, alors que le soir, chez le concierge, on s'occupait des Italiennes.

— Jamais on n'a monté de vin chez elles. — Jamais on n'a vu un os dans le seau d'ordures que leur vieille Marietta vide tous les matins. — Elles n'ont pas de blanchisseuse. — Quand on monte chez elles le matin, on sent, dans les appartements, le roussi des fers à repasser. Un jour, en montant une lettre, j'ai vu des chemises étendues dans la cuisine pour sécher.

Quand le colonel Chamberlain sonna à la porte de l'appartement des Champs-Élysées, ce fut la vieille Marietta, vêtue de son costume de paysanne des Abruzzes, qui vint lui ouvrir.

Elle le fit entrer dans un parloir, et, ayant pris sa carte, elle la porta au prince, qui se trouvait dans le salon.

Lorsque celui-ci lut le nom du visiteur, il se mit à rire silencieusement; puis, entr'ouvrant rapidement la porte d'une pièce voisine, qui était la chambre de Carmelita :

— Vite, dit-il, à ta toilette, en un tour de main ; ton peplum blanc, le collier de camées, les cheveux bouffants. Tu entreras dans le salon, tu paraîtras surprise de me trouver en compagnie ; je te présenterai, tu salueras, ne diras rien, et tu te retireras aussitôt.

Ces instructions, données d'une voix rapide, il se retourna vers Marietta et lui dit d'introduire le colonel.

Ce n'est point un vain mot que la bonne grâce italienne, et il est bien entendu que, lorsqu'un Italien a un intérêt à être aimable, il l'est plus que personne.

Le colonel fut reçu d'une façon charmante, et cette visite, qui s'était présentée comme une corvée désagréable, fut un plaisir pour lui.

Le prince était occupé à lui montrer quelques pièces de sa collection, lorsque tout à coup la porte du salon s'ouvrit devant une jeune fille vêtue de blanc.

En apercevant le colonel, elle montra une légère confusion et fit un pas en arrière.

Mais le prince alla au-devant d'elle, et, la prenant par la main, il la présenta au colonel.

Après s'être inclinée, elle continua son chemin et traversa le salon pour sortir par une porte opposée : sa démarche était celle d'une déesse sur les nues.

Ce fut une apparition lumineuse dans ce salon sombre.

Et quand le colonel, après avoir quitté le prince, se trouva dans les rues, en route pour le faubourg Saint-Antoine, il ne vit rien de ce qui l'entourait, ni gens ni choses ; ses yeux avaient été éblouis et ils gardaient encore les impressions troublantes de leur éblouissement.

XI

Bien que la course soit longue des Champs-Élysées à la Bastille, le colonel avait voulu la faire à pied.

Heureux de se trouver enfin dans Paris, il ne voulait pas qu'une voiture, l'emportant plus ou moins rapidement, l'empêchât de voir ce qui se rencontrerait sur son chemin.

Le plaisir pour lui était de marcher, de s'arrêter, de flâner et de regarder tout à son aise ce qui lui plaisait dans ces rues qu'il parcourait pour la première fois.

Au moins tel avait été le plaisir qu'il s'était promis.

Mais, une fois en route, il ne pensa guère à regarder autour de lui, ni à flâner, ni à s'arrêter.

Son esprit était resté dans l'entre-sol du prince, et c'était machinalement qu'il marchait, insensible à ce qui l'entourait.

Quelle admirable créature que cette jeune fille!
Et il se surprit à répéter son nom :
— Carmelita, Carmelita.
Quels beaux cheveux noirs! quel pur profil!
Mais se trouvait-il quelque chose dans ce front bas, dans ces yeux clairs, sans profondeur?
Que cachait cette physionomie calme et froide?
Est-ce que cette froideur apparente était réelle? n'était-elle pas démentie par ces nuances rosées qui couraient sous la peau brune?
Elle n'avait pas seulement la beauté, cette Carmelita; elle avait encore l'étrangeté, le mystère.
Ce que son ami Pompéran lui avait dit revenait à sa mémoire : « Si Carmelita n'épouse pas un empereur ou un roi, c'en est fait du prince Mazzazoli. » Et pourquoi n'en épouserait-elle pas un? Assurément personne plus qu'elle n'était digne d'un pareil mariage. Reine, elle l'était.
Levant les yeux, il fut tout surpris de trouver devant lui une haute colonne en bronze, que dominait une statue dorée, s'envolant dans les airs.
C'était la colonne de Juillet; il arrivait à la place de la Bastille.
Ainsi il avait parcouru tous les boulevards, sans en avoir conscience.
Alors il haussa les épaules par un geste involontaire, il avait honte de lui-même. Quelle folie!
Puis, voulant secouer l'impression qui pesait sur son esprit, il se mit à regarder la colonne et à promener ses yeux aux quatre coins de la place.
C'était donc là cette place célèbre, dont le nom

était tant de fois revenu dans les récits de son père. Cette ouverture à gauche était l'entrée du faubourg Saint-Antoine ; cette maison dont la façade était bariolée de couleurs voyantes, c'était celle de l'épicier Pépin. Son père avait été un de ces combattants républicains qui, dans cette maison (en juin 1832), s'étaient si bien défendus, qu'il avait fallu le canon pour les en déloger.

Ce souvenir chassa celui de la jeune Italienne ; ses yeux et son esprit s'ouvrirent à ce qu'il voyait.

Combien souvent son père lui avait-il raconté ces batailles des rues ! L'exilé aimait à revenir en France de cœur et d'esprit, et, pendant les soirées d'hiver, il n'avait pas de plus grand plaisir que de parler à son enfant, qui l'écoutait bouche béante, de son fameux faubourg, le *faubourg de la Gloire*, comme on l'appelait autrefois, le *faubourg* pour tout dire en un mot.

Son histoire était la leur.

Jacques Chamberlain, le premier dont on parlât, avait été un des vainqueurs de la Bastille ; plus tard, avec Westermann, son ami, et l'Américain Fournier, il avait été aux Tuileries, le 10 août, et il avait jeté à bas la royauté ; plus tard encore, en 1830, combattant entre ses deux fils, malgré ses soixante-seize ans, il avait été tué par la balle d'un soldat de la garde royale.

Les fils avaient continué le père, et le nom de Chamberlain était depuis 89 resté vivant dans le faubourg.

Il s'arrêta un moment devant la maison qui fait

le coin de la rue de la Roquette et du faubourg Saint-Antoine, et, avec ses souvenirs d'enfance, il reconstitua le combat de 1832 tel qu'il s'était passé : à la fenêtre d'angle, son père avait vu trois de ses amis successivement blessés près de lui.

Rue de Charonne, il s'arrêta encore devant la maison où l'on avait porté son grand-père frappé à mort.

Puis il continua son chemin ; son esprit n'était plus aux Champs-Élysées, et il eut des yeux pour voir des gens qui passaient près de lui, descendant la rue en portant sur leur tête ou sur leur dos des meubles neufs. Combien de fois son père lui avait-il parlé de la *trôle !* Dans ces gens, il reconnut des ouvriers qui, en cette journée du samedi, allaient tâcher de vendre aux marchands en gros ou aux Auvergnats le meuble qu'ils avaient fabriqué dans leur semaine. Il fallait de l'argent, on ne pouvait pas attendre.

Par les récits de son père, il connaissait assez bien la maison où avait vécu son grand-père, et où vivait maintenant son oncle, pour la trouver sans numéro ; de loin il la reconnut comme s'il l'avait déjà vue ; il reconnut la porte cochère flanquée de deux appentis, les enseignes peintes sur les bossages des pilastres, la grande cour pleine de ferraille d'un côté, et de l'autre de billes de bois des îles ; puis, au fond de cette cour, la vieille maison à façade sculptée, qui autrefois dépendait de l'hôtel Mortagne, qu'habita Vaucanson, et qui depuis a été appropriée tant bien que mal à des usages industriels et à des logements d'ouvriers.

Entrant par cette grande porte, et tournant à droite sans hésitation, comme un vieux locataire, il frappa à la fenêtre du concierge. Mais les concierges de la rue de Charonne ne ressemblent pas à leurs confrères des beaux quartiers de Paris; ils ont souvent autre chose à faire qu'à garder leur loge. Personne ne lui ayant répondu, le colonel traversa la cour et monta l'escalier qui dessert l'aile gauche de la maison.

Il connaissait son chemin : au quatrième étage, la porte en face. Le nom de Chamberlain avait été gravé dans le bois, par les deux frères, à la pointe du couteau, et, pour cette œuvre d'art, ils avaient reçu en payement une correction, également partagée entre eux, par la main paternelle.

Mais il eut beau frapper à cette porte, elle était fermée; personne ne répondit. Il écouta et n'entendit aucun bruit à l'intérieur.

Que voulait dire ce silence?

Un samedi, pas de travail; il y avait là quelque chose d'inexplicable pour lui.

Il frappa de nouveau.

Alors une porte s'ouvrit sur le palier, et une femme parut, tenant dans ses bras un enfant chétif; tandis que deux autres enfants, non moins pâles et non moins chétifs, se pendaient à sa robe, qui semblait devoir leur rester aux mains par lambeaux.

— Vous demandez les Chamberlain? dit-elle.

— Est-ce qu'ils ne demeurent plus ici?

— Oui, mais ils sont tous partis à l'exposition, rapport à ce qu'Antoine est délégué; et puis le manchot est sorti pour promener ses oiseaux.

— Et savez-vous s'ils vont rentrer ?

— Le manchot, pour sûr, et il ne va pas tarder.

A ce moment, on entendit un pas traînant dans l'escalier et le pépiement d'oiseaux.

La femme se pencha par-dessus la rampe et regarda dans la cage.

— Voilà le manchot, dit-elle; il vous renseignera.

Bientôt arriva sur le palier un homme qui portait deux cages attachées sur un bâton ; non-seulement il était manchot, mais encore il boitait.

— Voilà un monsieur qui demande après vous, dit la femme.

Alors le manchot, ayant posé ses cages sur le palier, tira une grosse clef de sa poche, et, ayant ouvert la porte, il fit entrer le colonel.

— Excusez, dit-il, si vous avez attendu, mais j'étais sorti un moment pour promener les petits.

Disant cela, il montra ses oiseaux, tout en s'occupant à accrocher les cages à la fenêtre. Dans l'une de ces cages, se trouvaient deux moineaux parisiens, deux pierrots, et dans l'autre un seul.

— Vous savez, continua le manchot, au printemps, ces petites bêtes, ça s'ennuie, ça a envie de courir; alors je vas, de temps en temps, quand je peux, les promener dans le terrain de la fabrique; il y a de l'herbe déjà verte, ça leur fait plaisir. Seulement je suis obligé de les mettre dans deux cages, parce que je vais vous dire : il y a deux mâles et une femelle, et si les mâles étaient ensemble ils se tueraient, jaloux qu'ils sont comme des Turcs. N'est-ce pas, Pistolet?

Il prit le moineau qu'il appelait Pistolet et le posa sur sa tête, puis il continua d'aller et venir. Sa boiterie balançait l'oiseau comme s'il eût été sur une branche secouée par le vent.

— Est-ce que M. Chamberlain sera longtemps sans revenir? demanda le colonel.

— Je ne crois pas, mais je ne peux pas vous dire au juste. C'est la première fois qu'il va à l'exposition, et vous pensez bien qu'il aura eu des choses à examiner, et de près; mais vous pouvez l'attendre. Seulement, si c'est pour un travail pressé, je peux vous dire qu'il ne lui serait pas possible de s'en charger, pour le moment j'entends.

— Il y a de l'ouvrage?

— On ne peut pas le dire, et il y a bien à se plaindre; seulement, pour Antoine, il y a toujours de l'ouvrage. Quand on ne peut pas se passer des gens, il faut bien les faire travailler. Ah! s'ils pouvaient se passer de lui...

C'était dans un atelier que l'homme aux moineaux avait fait entrer le colonel, et, tout en parlant, tout en écoutant, celui-ci regardait autour de lui.

Au plafond, étaient suspendues des pièces de bois, placées là pour sécher, sans gêner le travail; sur les établis, étaient posées les pièces en train; contre les murs, étaient accrochés des modèles dessinés sur le papier ou des plâtres, des gouges, des ciseaux, des outils de toute sorte; on marchait sur des copeaux de toutes couleurs: blancs, rouges, noirs.

— Est-ce qu'il n'y avait pas autrefois plus d'établis dans cet atelier? demanda le colonel. Il me semble qu'on avait peine à y circuler.

— Autrefois? Ah! oui, du temps de Jacques Chamberlain, c'est vrai. Mais Jacques Chamberlain était ébéniste, il avait des aides, et Antoine est sculpteur, il n'a que Michel avec lui. Voilà comment vont les choses: le père était menuisier, le fils est sculpteur. Vous l'avez connu le grand Jacques?

Disant cela, le manchot porta sa main ouverte à son front en faisant le salut militaire, sans doute pour honorer le grand Jacques.

Puis, regardant le colonel avec plus d'attention :

— Mais non, dit-il; vous n'avez pas pu le connaître, Jacques a été tué en 1830, et pour sûr vous n'étiez pas encore né. Ça vous ferait trente-sept ans, et vous n'avez pas cet âge-là.

— Je l'ai connu par mon père, qui me parlait de lui.

— Ah! votre père le connaissait?

— Et l'aimait, l'admirait.

— Tout ça ce n'est pas étonnant; votre père était un homme juste, voilà tout.

— Mon père était son fils.

— Son fils, son fils? mais alors... alors vous, si c'est ainsi, vous êtes le fils d'Édouard, vous êtes le colonel. C'est Antoine et Thérèse qui vont être contents, depuis si longtemps qu'ils parlent de vous.

Les exclamations du manchot avaient été si bruyantes, ses mouvements avaient été si brusques, que Pistolet, inquiet, avait quitté son perchoir chevelu, pour aller se poser sur un morceau de bois, où il pépiait avec colère.

Sans s'inquiéter de lui, son maître s'approcha du colonel, et lui tendant la main :

— Et moi aussi, je suis content, dit-il ; donnez-moi une poignée de main.

Comme le colonel le regardait avec surprise :

— Donnez, donnez ; j'ai été l'ami de votre père.

XII

— Est-ce que votre père ne vous a jamais parlé de moi? demanda le manchot.

— De vous? seriez-vous le beau-frère de mon oncle?

— Moi, je serais Sorieul?

Sans doute, la question était bien étrange, car elle provoqua chez le manchot une longue hilarité.

— Que vous me preniez pour Sorieul, reprit-il enfin, lorsqu'il eut recouvré la parole, Sorieul si gros, si gras, tandis que moi je suis si maigre, si chétif, si cocasse, car enfin, il n'y a pas à dire, je suis cocasse avec ma jambe cassée et mon bras coupé : voilà ce qui me fait rire. Non, ce que je vous demandais, c'était si votre père n'avait jamais prononcé devant vous le nom de Denizot.

— Le petit Denizot?

— Eh! oui, le petit Denizot. Au temps où il a quitté Paris, j'étais le petit Denizot, c'est vrai; tandis que maintenant je suis le manchot : ça rime, mais ce n'est pas la même chose. Enfin il vous a parlé de moi, je suis bien aise de savoir ça. S'il ne vous a pas dit que le petit Denizot était devenu le manchot, c'est qu'il ne l'a pas appris. Antoine est si cachottier.

Comme le colonel avait fait un mouvement de surprise :

— Ne croyez pas, continua vivement Denizot, que ce que je dis là c'est pour mal parler de votre oncle. Si quelqu'un pouvait mal parler de lui, ce ne serait toujours pas moi; car, si je suis encore de ce monde, c'est à lui que le dois; si j'ai du pain, si j'ai un lit, c'est à lui que je les dois. Et voilà précisément pourquoi il n'aura rien dit de moi à votre père, tout simplement pour ne pas raconter ce qu'il avait fait. Voilà votre oncle : quand il se tait, c'est qu'il a du mal à dire des gens ou du bien de lui.

— Vous travaillez avec lui?

— Travailler, moi! Vous ne m'avez donc pas regardé, que vous m'adressez pareille question? A quoi voulez-vous qu'on soit propre quand on a une jambe plus courte que l'autre et qu'il vous manque un bras, le bon encore, le droit? Ça a commencé par la jambe, une balle en 48. Heureusement les mains me restaient, et, sans être un artiste comme Antoine, j'étais encore assez bon ouvrier pour gagner ma vie. Mais, aux journées de décembre, c'est le bras droit qui est emporté par un boulet. Que faire quand j'ai été guéri? Mourir de faim. Il n'y pas d'hôtel des Invalides où l'on reçoive ceux qui se battent pour leur idée : il n'y a que Cayenne. C'est alors qu'Antoine m'a dit : « Venez chez moi, mon pauvre Denizot. » J'y suis venu et depuis j'y suis resté. Mais pour travailler, ce qui s'appelle travailler de mon métier, non; je fais ce que je peux, pas grand'chose, la cuisine, les commissions. Mais qu'est-ce qu'on peut attendre d'un boiteux et d'un manchot?

Puis se frappant le nez en riant :

— Et d'un bavard? ajouta-t-il; car enfin, je suis là à causer avec vous, au lieu de mettre mon souper sur le feu. Excusez si je vous laisse seul.

— Mais il me semble que nous pouvons aussi bien causer dans la cuisine que dans l'atelier, dit le colonel que ces détails sur son oncle intéressaient vivement.

— Pour cela, bien sûr; c'est facile, si vous voulez.

Et ils passèrent dans la cuisine, dont la porte ouvrait sur l'atelier.

Ceux qui ont eu l'occasion d'entrer dans les logements des ouvriers du faubourg Saint-Antoine savent ce que sont les cuisines de ces logements : une cheminée de chambre dans laquelle est placé un petit fourneau en fonte ou en terre. Il n'en était point ainsi chez Antoine Chamberlain; la cuisine n'était point une chambre pleine de lits, mais une pièce dans laquelle on préparait et l'on mangeait le repas de la famille.

Dans un coin, on voyait un poêle en fonte dont le corps et les tuyaux étaient noircis à la mine de plomb; à côté, sur un buffet, des casseroles en fer étamé et en poterie; sur les planches de ce buffet, des assiettes en faïence à fleurs et des verres en verre; au milieu, une table en hêtre lavée à l'eau de savon; dans l'angle opposé au poêle, un pupitre, et au-dessus une petite étagère, sur les rayons de laquelle étaient rangés des brochures et une vingtaine de volumes dont le dos était fatigué et noirci.

— Souvent, dit le colonel, voulant reprendre l'entretien où il avait été interrompu, mon père m'a parlé du bon cœur de son frère.

— Votre père vous a dit ce qu'il savait avant de quitter Paris, mais c'est depuis cette époque qu'il faut avoir vu Antoine pour le connaître. Il y a des gens qui soutiennent que plus on vieillit, plus on s'endurcit : eh bien, Antoine, en vieillissant, est devenu encore meilleur. Il ne faut pas croire qu'il n'y a qu'à moi qu'il a tendu la main : nous sommes des centaines qui lui devons tout; encore présentement nous sommes trois ici, chez lui, comme si nous étions ses enfants.

— Trois?

Tout en parlant, Denizot avait empli le poêle de charbon, et il s'occupait à l'allumer, soufflant avec ses lèvres, car il lui aurait été impossible de manœuvrer un soufflet.

— Oui, trois, continua-t-il : moi, Sorieul et Michel. Sorieul, vous me direz que c'est le mari de la sœur de sa femme; mais où en trouverez-vous des gens qui nourriront leur beau-frère pendant des années et des années? Dans ce que je dis là, il n'y a rien contre Sorieul. Il est vrai qu'il a été un temps où je lui en voulais de ne pas travailler; mais à ce moment les affaires allaient mal, Antoine ne gagnait pas grand'chose, et on comptait les morceaux de pain à la maison. Depuis, j'ai compris qu'il avait des raisons pour rester enfermé dans sa dignité.

— Pour tout ce qui est de l'enfance de mon oncle Antoine et de sa jeunesse, je sais beaucoup de choses, car mon père avait plaisir à en parler; mais mon oncle n'était pas marié quand mon père a quitté la France, et je ne sais presque rien de ce qui s'est passé depuis cette époque. Aussi je ne comprends pas très-bien que M. Sorieul ait des raisons de dignité pour ne pas travailler.

— Vous savez que Sorieul est un penseur, n'est-ce pas? Eh bien! comment voulez-vous qu'il écrive ce qu'il pense avec un gouvernement comme celui que nous avons? Quand on n'a pas la liberté de tout dire, on ne dit rien. C'est ce qu'il appelle montrer la dignité du silence.

— Ah! je comprends.

— N'est-ce pas? C'est là ce qui l'empêche d'écrire dans les journaux; il serait obligé de faire des concessions et il n'en veut pas faire. Il est vrai qu'il y a des gens qui soutiennent que c'est simplement la paresse qui le tient; de même qu'autrefois il y en avait qui prétendaient, du temps de son mariage, que s'il avait épousé une ouvrière, lui un bourgeois, lui un monsieur, c'était pour se faire nourrir par elle. Mais tout ça, c'est injuste. S'il a épousé une ouvrière, c'est que c'était son idée; si maintenant il n'écrit pas, c'est que ce n'est pas son idée : voilà tout. Quant à être paresseux, un homme qui ne se couche jamais avant une heure du matin, non. Au reste, Antoine le comprend bien aussi, car jamais il ne lui a adressé la plus petite observation. Vous me direz : c'est son beau-frère. Bon! Mais Michel?

— Qu'est-ce que c'est, Michel?

— C'est un enfant qu'Antoine a adopté. La mère avait été enlevée à Lambessa, l'enfant restait tout seul sur le pavé de Paris ; Antoine l'a pris avec lui, comme il m'avait pris moi-même, et voilà comment nous sommes trois de plus autour de la table.

— Est-ce que le jeune Michel..., car il est jeune, n'est-ce pas?

— Vingt-quatre ans.

— Est-ce que le jeune Michel a aussi des raisons pour ne pas travailler?

— Ah! non, par exemple. Allez à l'exposition, et vous verrez les sculptures d'une bibliothèque qui vous diront si Antoine a su faire de Michel un vrai artiste et un bon ouvrier. Ce que je vous raconte là, je voudrais le raconter à tout le monde, parce que ça prouve qu'il y a une justice dans les choses, et que quand on fait le bien, c'est le bien qui vous vient, tandis que quand on fait le mal, c'est le mal. Ainsi qu'est-ce qui est arrivé avec Michel? C'est que le pauvre enfant abandonné est devenu le meilleur sculpteur de tout le faubourg, et que si aujourd'hui Antoine peut s'occuper de toutes ses commissions ouvrières, de ses fondations de sociétés, et de tout le reste, c'est parce qu'il a Michel avec lui.

— Ils travaillent ensemble?

— Michel n'a jamais voulu nous quitter et ne nous

quittera pas ; il ne serait pas un homme, s'il faisait ça. Vous voyez donc qu'Antoine n'a pas à se plaindre d'avoir tendu la main à Michel ; c'est la même chose pour Sorieul. Si Sorieul n'avait pas été à la maison, qu'auraient fait les enfants, Anatole et Thérèse? Ils auraient été aux écoles tout simplement ; tandis que Sorieul s'est occupé d'eux, il les a instruits, et tout ce qu'il sait ou plus justement tout ce qu'ils devaient apprendre, il le leur a enseigné. Vous me direz qu'avec Anatole, ça n'a servi à rien et ne l'a pas empêché de mal tourner.

— Anatole ?

— Vous ne savez pas que depuis deux ans il a quitté la maison? Eh bien ! retenez-le pour ne pas en parler au père : c'est son grand chagrin, c'est notre chagrin à tous.

— Mais enfin qu'a-t-il fait ?

— Il ne veut rien faire justement, et voilà le mal. S'il avait voulu, il aurait été l'égal de Michel ; mais le métier l'a ennuyé, il n'a pas voulu rester ouvrier, il a voulu être artiste, et il n'a été rien du tout.

— Où est-il?

— Ici, à Paris. Il vit avec des femmes, des comédiennes, des cocottes, comme il dit, et, comme c'est le plus beau garçon qu'on puisse voir, il n'en manque pas. Mais, si Sorieul n'a pas réussi avec Anatole, vous verrez tout à l'heure ce qu'il a fait de notre Thérèse : il est vrai que le frère et la sœur, ce n'est pas la même nature. Mais enfin, si Thérèse n'avait pas eu son oncle, elle ne serait pas devenue toute seule ce qu'elle est aujourd'hui, une perfection.

Au reste je n'ai pas à vous en parler, vous allez la voir, et si par malheur vous pouvez être honteux de votre cousin, vous ne pourrez qu'être fier de votre cousine.

Le feu bien allumé commençait à ronfler et Denizot avait placé sur la plaque une poêle dans laquelle il avait disposé des tranches de foie.

Tout à coup, en cherchant dans le buffet, il se frappa le nez d'un coup de poing, ce qui était son geste habituel.

— Allons, bon! s'écria-t-il, voilà que j'ai oublié la grillade de Sorieul. Qu'est-ce qu'il va dire? Il ne plaisante pas là-dessus. Bien que gros et gras, il a l'estomac délicat; notre nourriture lui fait mal, elle l'empêche de penser. Il lui faut des côtelettes, des grillades, du vin cacheté. Ça se comprend, n'est-ce pas? c'est un monsieur. Je vas lui chercher sa grillade. Voulez-vous, pendant ce temps-là, me surveiller mon foie? Si vous voyez qu'il brûle, tournez-le tout bêtement à la fourchette, sans essayer de le sauter.

Et il sortit en se hâtant; dans l'escalier, on entendit son pas inégal.

Qu'eût dit Gaston de Pompéran, l'homme correct, s'il avait vu son ami, qu'il voulait marier à « l'une des trente jeunes filles qui sont à la tête du monde européen », enfermé dans une cuisine du faubourg Saint-Antoine et suivant attentivement, la fourchette à la main, la cuisson d'un morceau de foie.

Quelle curieuse « indiscrétion » pour Méline le reporter, s'il avait su quel personnage jouait en ce moment le propriétaire des mines de pétrole de la Pensylvanie.

Comme le colonel riait à cette idée, il entendit un grand bruit de pas et de voix dans l'escalier.

C'était son oncle qui rentrait.

C'était Thérèse.

XIII

En sortant, Denizot avait tiré la porte de la cuisine sur lui, et elle s'était fermée. Mais la cloison était assez mince pour que le colonel entendît cependant ce qui se disait dans l'atelier.

— Entrez, monsieur, dit une voix grave ; je vais vous remettre votre mémoire, il est dans le tiroir de mon établi.

Le colonel ne voyait pas ceux qui venaient d'entrer dans l'atelier, mais ces paroles lui disaient que son oncle n'était pas seul. Aussi, au lieu d'aller au-devant de lui, comme il en avait eu tout d'abord l'intention en entendant la porte du palier s'ouvrir, resta-t-il devant le fourneau.

Il attendrait que le visiteur fût parti ou bien que Thérèse entrât dans la cuisine.

Mais le visiteur ne partit point immédiatement, et un bruit de serrure lui indiqua que Thérèse, au lieu de venir dans la cuisine, était passée dans une autre pièce.

— J'ai lu votre mémoire, continua la voix grave ; je l'ai lu avec toute l'attention dont je suis capable, et depuis j'y ai longuement réfléchi.

— Et vous ne voulez pas le présenter à vos camarades ? demanda une voix plus jeune.

— Je ne le peux pas.

— Cependant vous reconnaissez qu'il renferme de bonnes idées.

— Oui, mais il en renferme aussi de dangereuses, dont je ne veux pas accepter la responsabilité.

— La responsabilité serait pour l'auteur seul, il me semble ?

— Moi, il me semble le contraire ; d'ailleurs, si vous trouvez que ma responsabilité ne serait pas engagée, mon concours vous est inutile.

— Et vous le refusez.

— Je le refuse.

— Mais vos raisons, ne voulez-vous pas au moins me les faire connaître ?

— Je vous les ai données ; mais, puisque vous insistez, je ne refuse pas de m'expliquer franchement. Peut-être cela vaut-il mieux d'ailleurs. Malgré toutes ses habiletés de rédaction, le but de votre mémoire se montre clairement : au fond, c'est l'excitation à la guerre contre les patrons. Eh bien ! ce n'est pas la guerre que je veux, c'est l'accord. C'est facile de pousser l'ouvrier contre le patron, et l'on ne s'en est pas fait faute ces dernières années. On est sûr d'être écouté par un grand nombre de travailleurs quand on leur dit qu'ils ont tous les droits et que les patrons ont tous les torts. C'est un moyen presque certain d'acquérir une popularité qu'on exploite ensuite au profit de tels ou tels intérêts. Il a été un temps où nous nous laissions prendre à ce jeu, mais maintenant nous commençons à y voir clair. Pour mon compte, je n'ai jamais voulu flatter mes camarades, j'ai cherché à leur dire la vérité, voilà tout. Vous voyez donc bien que je ne peux pas soutenir votre mémoire. Voilà ma première raison.

— La première? Alors vous en avez une seconde?
— Non moins grave; car votre mémoire poursuit encore un autre but, moins clairement indiqué celui-là, mais non moins dangereux : c'est de remettre la direction du mouvement social aux mains du gouvernement, afin que celui-ci s'en fasse un instrument d'action politique. Il y a déjà quelque temps qu'on cherche à nous amener là et qu'on nous fait des avances pour nous attirer. Eh bien ! je vous le dis en toute sincérité, pour nous, ces avances sont des menaces. Vous me connaissiez mal, monsieur, en me croyant capable de tout sacrifier à la question sociale; pour moi, cette question est solidaire de la question politique. Il est vrai que depuis 1862, malgré certaines calomnies de nos ennemis, comme malgré certaines inquiétudes de nos amis, j'ai cru devoir mettre à profit toutes les facilités qui résultaient pour nous des circonstances, mais je n'ai jamais entendu sacrifier le citoyen à l'ouvrier. Si l'on a pu se tromper là-dessus, je vous le dis aujourd'hui pour que cela soit bien su.

L'entretien en resta là.

Après quelques paroles insignifiantes, le colonel entendit la porte du palier s'ouvrir et se refermer : l'homme au mémoire était sorti.

Le moment était venu d'entrer dans l'atelier, mais aussitôt la voix d'Antoine reprit :

— Vous voyez, mon cher Hermann, quelles tentatives on fait auprès de nous. Dites-le à nos frères d'Allemagne ; car tous les gouvernements agissent de même façon, tous comprennent qu'il est de leur intérêt d'utiliser à leur profit le mouvement social, et c'est seulement dans l'emploi des moyens qu'ils diffèrent. Vous avez le tort là-bas d'user en ce moment vos forces sur un point exclusif, c'est-à-dire dans ce que vous appelez la lutte des classes. On vous détourne de la politique et on vous égare. Expliquez à vos compatriotes que c'est une faute. On se trompe, ou bien on les trompe. La tactique est partout la même, mais partout aussi la vérité est la même : c'est la liberté politique qui vous donnera la liberté sociale. Prêchez cette vérité dans vos congrès, comme je la prêche et comme je la prêcherai toujours.

A ce moment la porte de la cuisine s'ouvrit devant une jeune fille vêtue d'une robe de laine grise.

En apercevant le colonel devant le fourneau, la fourchette à la main, elle recula instinctivement d'un pas.

— C'est Denizot qui m'a chargé de surveiller sa poêle, dit le colonel en souriant ; mais je commence à être inquiet, car je ne sais pas si je n'ai pas laissé tout brûler.

Elle restait indécise, se demandant sans doute quel pouvait être ce grand diable barbu et chevelu qui avait plutôt l'air d'un croquemitaine que d'un cuisinier.

— Mais, monsieur... dit-elle, en restant les bras à demi tendus en avant et les mains ouvertes dans l'attitude de la surprise.

— Si vous n'avez pas confiance dans un ami de Denizot, au moins n'ayez pas peur de votre cousin.

— Ah! père, s'écria-t-elle en tournant la tête vers l'atelier, mon cousin Édouard!

Il fit quelques pas au-devant d'elle, tandis que de son côté elle venait au-devant de lui.

Alors tous deux, en même temps, ils se donnèrent la main.

— Père, père! cria-t-elle.

Mais, tout entier à son entretien, Antoine ne répondit pas.

— Ne dérangez pas mon oncle, dit le colonel; j'ai tout le temps d'attendre.

Sans avoir égard à cette recommandation, elle alla vivement à la porte de l'atelier.

— Père, répéta-t-elle.

— Eh bien! quoi? répondit enfin Antoine, levant la tête.

— Mon cousin Édouard.

— Édouard?

— Eh bien! oui, Édouard, s'écria Denizot, qui rentrait à ce moment même, le fils de votre frère, votre neveu. Je lui ai donné mon foie à soigner ; je parie qu'il l'a laissé brûler.

Abandonnant son interlocuteur, Antoine Chamberlain s'était dirigé vers la cuisine.

— Ah ! mon garçon, dit-il en tendant les deux mains au colonel.

Puis se reprenant lorsqu'il eut vu ce garçon :

— Monsieur...

— Monsieur... interrompit le colonel en souriant.

— Mon cher neveu, acheva Antoine, je suis heureux de vous voir.

— Et moi aussi très-heureux, mon cher oncle, de me trouver enfin dans cette maison, qui a été celle de mon père.

— Il y a longtemps que nous vous attendions, dit Thérèse.

— Si longtemps que nous ne comptions plus sur vous.

— Les affaires m'ont retenu.

— Je savais bien que le foie serait brûlé, interrompit Denizot. C'est votre faute, Édouard ; si vous le trouvez dur en mangeant, il ne faudra vous en prendre qu'à vous.

En regardant ce foie cuire dans la poêle, le colonel n'avait pas eu l'idée qu'il en mangerait sa part ; mais, puisqu'il paraissait tout naturel qu'il partageât le souper de ses parents, il ne voulut pas répondre par un refus à cette invitation indirecte.

— Je ne m'en prendrai qu'à moi, dit-il en riant, et ne me plaindrai pas, soyez tranquille.

— Je vous avais pourtant bien recommandé... continua Denizot.

— Assez, interrompit Antoine ; nous avons mieux à faire qu'à parler de ces niaiseries. Si mon neveu Édouard veut bien partager notre souper, il le prendra tel qu'il est.

— Mon couvert à la place qu'occupait mon père, répliqua le colonel : c'est tout ce que je demande.

En entendant ces paroles, Thérèse avait ouvert une armoire pour atteindre une nappe.

D'un geste le colonel l'arrêta.

— Mon père mangeait-il sur une nappe? demanda-t-il avec un sourire.

— Non, dit Antoine.

— Eh bien ! ma cousine, laissez ce linge dans l'armoire ; le fils n'est pas plus grand seigneur que ne l'était le père.

Elle n'insista pas, et, refermant l'armoire, elle se mit à disposer le couvert sur la table, tandis qu'Antoine passait dans l'atelier pour congédier son ami Hermann.

Pendant qu'elle allait et venait du buffet à la table et de la table au buffet, le colonel la regardait.

Ce n'était pas encore une femme, mais ce n'était déjà plus une enfant. Ce qui restait enfant en elle était bizarre : une tête trop grosse, des bras trop maigres et trop longs, des mouvements trop brusques. Mais ce qui déjà était femme modifiait cette impression première, et à l'étudier d'un peu plus près, il devenait certain, pour qui savait voir, qu'avant peu elle serait vraiment belle, avec ce charme parisien qui se trouve surtout dans la physionomie, et qui bien souvent rend séduisantes des femmes sans nulle beauté.

Bientôt Antoine rentra ; le couvert était préparé, le souper cuit ; le moment était venu de se mettre à table.

— Là était la place de votre père, dit Antoine, voulez-vous la prendre ?

— N'attendons-nous pas M. Sorieul ? demanda le colonel.

— On n'attend jamais Sorieul, car on serait exposé à attendre toujours. Sorieul n'est pas un régulier ; peut-être arrivera-t-il dans deux minutes ; peut-être au contraire ne rentrera-t-il que demain ou après-demain. Thérèse, appelle Michel, je te prie.

Et le colonel vit entrer le jeune ouvrier dont Denizot lui avait parlé.

C'était un homme au visage énergique, auquel le colonel eût donné une trentaine d'années, s'il n'avait su son âge, assez beau garçon, mais avec des yeux noirs trop petits, dont l'éclat et la mobilité produisaient une impression de trouble, quand on voulait les fixer.

Le colonel n'eut pas le loisir de savoir s'il avait bien ou mal soigné la cuisine ; car, pendant tout le temps que dura le souper, il dut répondre aux questions de son oncle.

Malgré leur affection, les deux frères n'avaient point eu le temps de s'écrire fréquemment ni longuement. C'était la vie entière de son père, depuis l'arrivée de celui-ci en Amérique, que le fils devait reconstituer et raconter.

La soirée s'écoula sans que personne eût conscience du temps, et minuit sonna, qu'ils étaient encore les coudes sur la table.

— Savez-vous ce que vous devriez faire? dit Antoine à son neveu ; ce serait de venir passer la journée de demain avec nous. Non pas ici, mais à la campagne. Il faut que vous sachiez que j'ai une passion, la pêche à la ligne, et c'est lundi que ferme la pêche. Il ne me reste donc que la journée de demain. Dans une demi-heure, je vais prendre le train de minuit et demi, à la Bastille, pour aller coucher à Gournay, et me trouver à ma place demain au jour levant. Thérèse, accompagnée de Denizot, viendra me rejoindre demain matin. Voulez-vous venir aussi? Nous aurons toute notre journée à nous. Prenez le train à la gare de l'Est, descendez à Chelles, venez à pied jusqu'au pont de Gournay ; suivez la rive de la Marne, en remontant le courant, vous êtes certain de me trouver. Cela vous convient-il? Pour moi, pour nous, ce sera un plaisir.

Le colonel hésita un moment.

— Oh ! mon cousin, dit Thérèse.

— J'irai, dit-il en tendant la main à son oncle.

XIV

Dans son long récit, le colonel n'avait rien dit du désir qui lui avait été exprimé par son père, relativement à un mariage avec Thérèse.

A quoi bon parler de ce projet avant de savoir s'il était réalisable ?

Or sa réalisation dépendait de lui seul, il était donc inutile d'en entretenir les autres avant d'avoir décidé en lui-même le parti qu'il prendrait.

Avant tout il fallait savoir s'il pourrait aimer sa cousine.

Puis ensuite il faudrait voir si celle-ci serait disposée à se laisser aimer par lui et à répondre à cet amour.

Jusqu'au jour où son père lui avait fait part de ses dernières volontés ou plus justement de ses dernières intentions, le colonel n'avait guère pensé au mariage ou tout au moins son esprit avait envisagé cette idée à peu près comme celle de la mort.

Il se marierait un jour, comme il mourrait un jour. Cela arriverait dans un avenir indéterminé, en tout cas lointain.

Mais, depuis cette communication de son père, il avait dû serrer d'un peu plus près cette idée de mariage, et, par le fait seul de l'examen, elle avait pris une forme sensible et s'était rapprochée de lui.

Ce n'était plus à une époque indécise et confuse qu'il devait se marier, mais à une date qu'on pouvait prévoir à peu près et qui ne dépasserait pas quelques années.

A dire vrai, il désirait que cette date fût plutôt éloignée que rapprochée : il ne s'ennuyait point d'être garçon, il était même souvent heureux de se sentir libre, libre dans sa vie, dans son esprit, dans son cœur.

Qui pouvait savoir ce qu'il trouverait dans le mariage ?

Il n'avait point de dynastie à continuer, et le nom de Chamberlain pouvait s'éteindre avec lui, sans que cela fît un vide dans l'humanité.

D'un autre côté, il n'avait point à chercher dans un mariage des arrangements de fortune ou de position.

A la femme qu'il choisirait, il ne devait donc demander qu'une seule chose ; mais cette chose, il y tenait absolument, et il était parfaitement décidé à ne se marier jamais, s'il ne la trouvait pas telle qu'il la voulait.

Cette chose, c'était... l'amour.

Il fallait qu'il aimât celle qu'il épouserait.

Et il fallait qu'elle l'aimât.

L'ambition, la fortune, n'étaient rien pour lui.

La promesse du bonheur était tout.

Il savait parfaitement, — et il n'avait pas eu besoin des paroles de son ami Pompéran pour cela, — il savait que l'éclat de sa fortune adoucissait singulièrement les regards des jeunes filles qui se fixaient sur lui, et que plus d'une était disposée à trouver tous les mérites à ses millions.

Mais justement ce n'était point avec ses millions qu'il voulait adoucir et séduire celle vers laquelle il serait entraîné par un sentiment naissant. Ces millions mêmes ne devaient être pour rien dans cette séduction.

En un mot, il voulait être aimé pour lui-même.

Sans doute cela était bien troubadour, bien ridicule, il en convenait volontiers ; mais il prétendait que sa fortune, qui lui donnait tant de droits, devait encore lui donner celui-là.

Tous les plaisirs, il pouvait les acheter ; tous ses désirs, il pouvait les satisfaire ; mais aimer, être aimé, la fortune n'y pouvait rien.

Jusqu'à un certain point, elle pouvait provoquer l'amour, ou tout au moins un semblant d'amour, dans une âme de jeune fille ; mais à son cœur, à lui, elle ne pouvait pas donner une pulsation nouvelle, plus vive et plus chaude.

Qu'une jeune fille le fît battre, ce cœur, qu'elle allumât en lui un amour sincère, et, quelle qu'elle fût, ouvrière ou princesse, elle devenait sa femme.

Thérèse serait-elle cette jeune fille?

L'aimerait-il?

Elle-même, l'aimerait-elle?

Ce furent les questions qu'il examina en revenant à son hôtel, après avoir conduit son oncle à la gare de Vincennes.

Les boulevards étaient déserts, les omnibus avaient cessé leur service, et seuls quelques fiacres couraient cahin caha sur la chaussée, regagnant leurs dépôts. Sur le trottoir, de rares passants marchaient rapidement, tandis que, le long des maisons closes, des sergents de ville allaient lentement, deux à deux, faisant leur ronde.

Si, pendant la journée, il avait pu, au milieu de la foule et des voitures, s'absorber dans le souvenir de Carmelita, il put encore bien plus librement à cette heure, dans le silence et la tranquillité, penser à Thérèse, qu'il venait de quitter après être resté longtemps près d'elle.

La nuit était calme et douce, étoilée dans un ciel profond, et il y avait vraiment plaisir à aller droit devant soi sur l'asphalte polie : les idées se suivaient sans secousse et sans interruption.

L'aimerait-il?

La question ne se posait plus devant son esprit maintenant dans les mêmes conditions qu'autrefois.

Autrefois, lorsqu'il avait réfléchi à ce sujet, il avait trouvé qu'il n'y avait guère qu'une raison pour amener ce mariage, c'était celle qui résultait du désir exprimé par son père mourant, tandis qu'il y avait toutes sortes de probabilités qui, se réalisant, devaient l'empêcher. Quelle était cette Thérèse que son père, sans la connaître, voulait lui donner pour femme? Un laideron peut-être. Pourquoi ne serait-elle pas une enfant désagréable ou grossière? Dans cet ordre d'idées, tout était possible, et ce n'était point se faire l'esclave de préjugés que de croire qu'une jeune fille, née et élevée dans le milieu où le hasard de la naissance l'avait placée, ne pourrait pas être sa femme.

Maintenant il l'avait vue, et les probabilités dans le mauvais sens ne s'étaient pas réalisées.

Elle n'était pas un laideron, il s'en fallait de tout : déjà charmante au contraire et pleine de promesses.

Elle n'était ni désagréable ni grossière, et, par suite d'un concours bizarre de circonstances, le milieu dans lequel elle avait grandi n'avait point exercé une influence mauvaise sur son éducation.

Par ce qu'il venait de voir, d'apprendre, d'entendre, il avait la preuve qu'Antoine Chamberlain était bien tel que son père le lui avait représenté : homme de cœur, de raison, de générosité et de droiture, et l'on devait admettre que ces qualités, il les avait transmises à son enfant.

Mais, à côté des exemples qu'elle avait trouvés auprès de son père et qui devaient faire d'elle une honnête femme, elle avait en plus reçu les leçons de son oncle, qui lui avait donné l'instruction d'une fille bien élevée ; car, chose curieuse, cet homme, qui avait manqué sa vie et qui enfermait sa paresse « dans la dignité du silence, » avait eu cependant le bon sens et le courage de s'occuper de temps en temps des deux enfants qui grandissaient près de lui, et de les faire travailler quand il était en train. Il est vrai que cette instruction n'était nullement brillante; mais elle avait pourtant une certaine étendue et surtout une solidité qui, pendant cette longue soirée, s'était montrée plusieurs fois.

Telle qu'elle était, cette petite Thérèse, on pouvait donc l'aimer.

Sans doute elle n'avait pas produit sur lui une impression qui ressemblât en rien à l'amour, mais, en tout cas, elle n'avait pas produit non plus le plus léger sentiment de répulsion. Elle avait de sérieuses qualités, et dès maintenant il était évident qu'elle serait bientôt une femme agréable. Il n'était donc pas impossible qu'elle fît naître alors en lui cet amour qu'il voulait avant tout trouver dans son cœur.

Ce jour venu, s'il venait jamais, l'aimerait-elle?

Cette seconde question s'imposait à son esprit, non moins importante que la première et en tout cas plus difficile à examiner.

S'il pouvait analyser et mesurer l'impression que Thérèse venait de produire sur lui, il ne pouvait par contre savoir celle qu'il avait produite sur Thérèse.

Leur rencontre même avait eu un côté grotesque, peu fait pour inspirer l'amour : ne le verrait-elle pas toujours tel qu'il lui était apparu, la fourchette à la main, embarrassé devant un fourneau ?

Resterait-il toujours pour elle un cousin ?

Sur ce point, le doute était entier.

Comme il n'était point de ces superbes vainqueurs

qui croient qu'ils n'ont qu'à paraître pour éblouir, il trouvait tout naturel que Thérèse, dans cette soirée, n'eût point paru troublée et qu'elle fût restée avec lui une bonne petite fille, simple et naturelle, — une cousine.

La seule chose qui eût pu lui fournir un indice eût été de savoir si au moins elle avait le cœur libre, et si cet élève d'Antoine, ce garçon aux yeux sombres, ce Michel qui vivait dans son intimité, n'était pour elle qu'un ami. Mais rien n'avait pu l'éclairer.

Et c'était même un peu pour examiner cette situation qu'il avait accepté l'invitation de son oncle. A la campagne, en tête à tête avec Thérèse, il trouverait bien sans doute l'occasion d'apprendre ce qu'il voulait avant tout savoir. Il l'interrogerait et, si elle ne voulait pas parler, il regarderait.

Comme il rentrait à l'hôtel, il trouva Horace qui l'attendait dans l'attitude impatiente et affairée d'un homme qui a des choses graves à dire.

— Eh bien! qu'est-ce que tu as? demanda le colonel; je te vois ta figure des grands bavardages.

— Mon colonel n'a pas lu les journaux ce soir?

— Non, je n'en ai eu ni le temps ni le désir.

— Alors mon colonel ne sait rien?

— De ce qu'il y a dans les journaux, non assurément.

— Mais il n'a rien appris dans les maisons où il a été?

— Non.

— Eh bien! votre adversaire de l'autre nuit,

M. Amenzaga, votre voleur enfin, a été volé. On lui a pris tout ce que vous aviez eu la...

— La?...

— La bonté, la générosité... exagérée de lui laisser. On s'est introduit dans la chambre de l'hôtel qu'il habite, on l'a bâillonné dans son lit; comme il a été surpris au milieu de son sommeil, il n'a pas pu pousser un cri. Alors on a ouvert ou forcé ses serrures et on lui a enlevé tout ce qu'il vous avait volé; puis on l'a laissé bâillonné dans son lit, on a refermé la porte de sa chambre, et l'on est tranquillement sorti par la grande porte de l'hôtel. Le tour était joué et même, il faut le dire, proprement joué.

— Sait-on qui a joué ce beau tour que tu admires?

— Ce que j'admire, c'est que votre voleur ait été lui-même volé; je suis content qu'il ne profite pas de votre argent. Par malheur, il en profitera peut-être, car on a arrêté un homme qu'on croit le voleur de votre voleur, et, si on retrouve l'argent, on le rendra à votre filou, qui, lui, ne vous le rendra jamais. Au reste, si monsieur veut lire les journaux, je les ai tous achetés pour lui.

Le récit d'Horace était exact ou tout au moins conforme à celui des journaux. Cependant le colonel lut un détail que son domestique avait omis comme insignifiant et qui jeta le trouble dans son esprit :

« Ce qu'il y a de caractéristique dans ce vol, c'est qu'il s'est produit dans des conditions à peu près semblables à celui qui a été commis il y a trois semaines, chez M. d'Espoudeilhan. M. Amenzaga a été volé à la suite d'une soirée dans laquelle il avait gagné une somme considérable. Comment, par qui a-t-on su que ces messieurs avaient gagné ces sommes, et cela assez vite pour les voler dans la nuit même où ils avaient joué ? La justice pourrait bien trouver une réponse à ces questions, car celui qu'elle a arrêté est soupçonné d'avoir fourni les indications nécessaires pour commettre ces vols. C'est un de ces hommes sans profession, qui vivent on ne sait comment, ou plutôt on ne le sait que trop, dans le monde interlope; celui-là se nomme Anatole. Bien entendu, il soutient qu'il est innocent. »

Anatole ! ce fut ce nom qui troubla le colonel.

Mais il s'efforça de chasser cette idée qui avait frappé son esprit.

Il y avait à Paris, « vivant dans le monde interlope, » comme disait le journal, bien des gens sans doute qui s'appelaient Anatole.

XV

Le lendemain, au moment où le colonel allait descendre déjeuner, Gaston de Pompéran entra dans sa chambre.

— Cher ami, dit celui-ci, je viens déjeuner avec vous, puis après je vous emmène à Longchamps.

— Votre idée de déjeuner est heureuse et je vous remercie de l'avoir eue ; celle d'une promenade à Longchamps l'est beaucoup moins, car je ne peux pas vous accompagner.

— Comment ! ne voulez-vous pas venir aux courses ? C'est la seconde journée, elle sera très-intéressante : tous nos grands chevaux de l'année dernière, *Gontran*, *Vertugadin*, *Victorieuse*, sans compter les jeunes, *Patricien*, *Ruy-Blas*. Il y aura beaucoup de monde ; vous trouverez là une partie du tout Paris qui était avant-hier soir aux Variétés et une autre qu'il faut que vous connaissiez.

— Je peux d'autant moins aller avec vous au bois

de Boulogne, que j'ai promis de passer la journée sur les bords de la Marne.

— Comment ! sur les bords de la Marne? Mais, mon cher, un homme de notre monde qui se respecte ne va pas sur les bords de la Marne : cela n'est pas correct.

— Je croyais que les bords de la Marne étaient très-beaux.

— Il ne s'agit pas de cela et je n'en sais rien ; mais ce que vous devez savoir, vous, c'est qu'un Parisien de Paris ne dépasse la rue Richelieu que pour une première aux Variétés ou au Gymnase ; dans l'Ouest, tant que vous voudrez ; dans l'Est, jamais. En tout cas, j'espère que vous allez me sacrifier vos bords de la Marne et venir avec moi. Il le faut, je vous ai promis.

— Mais, de mon côté, je me suis promis moi-même.

— Hier on a parlé de vous chez la marquise de Lucillière ; elle veut vous connaître, et je me suis engagé à vous présenter à elle aujourd'hui. Songez, mon cher Édouard, que la marquise est la reine de notre *high life ;* vous avez dû voir son nom cité souvent dans nos journaux. Une réunion où elle ne va pas n'existe point ; sa cour est composée de tout ce qu'il y a de distingué à un titre quelconque : diplomates étrangers, financiers, grands seigneurs, lord Fergusson, le prince Seratoff, Serkis-Pacha, le duc de Mestosa.

En écoutant cette énumération, le colonel se mit à sourire.

— Vous riez? interrompit Pompéran.

— Je ris de voir qu'auprès de cette reine du monde parisien, il n'y a que des étrangers.

— Peut-être est-ce cette qualité d'étranger qui lui plaît en vous, je n'en sais rien; mais, en tous cas, elle tient à vous voir; elle n'a pas d'Américain dans sa galerie.

— Est-ce galerie ou ménagerie?

— Mon cher Édouard, ne plaisantez pas avec madame de Lucillière. Nos femmes du demi-monde vous ont laissé froid l'autre soir, et jusqu'à un certain point je comprends votre calme; mais vous ne connaissez pas madame de Lucillière. Le baron Hardinge s'est ruiné pour elle, d'Arsac s'est brûlé la cervelle, le petit Moris a été mourir aux Eaux-Bonnes.

— Voilà qui est tout à fait encourageant et qui véritablement doit me décider.

— D'abord vous n'êtes pas ruinable; ensuite vous n'êtes pas poitrinaire : le sort de ceux dont je viens de vous parler ne vous est donc pas réservé. Celui qui vous attend, je ne le connais pas et ne le prévois pas. Ce que je sais seulement, c'est que madame de Lucillière désire vous voir, et que vous ne pouvez pas ne pas vous rendre à ce désir. Que voulez-vous que je lui dise?

— Que je suis pour aujourd'hui engagé ailleurs.

— Cela a l'air d'une défaite.

— Ce n'en est pas une. Hier j'ai été voir mon oncle et ma petite cousine; vous savez, celle dont je vous ai parlé.

— Ah ! mon Dieu ! celle que vous devez épouser si...

— Précisément.

— Affreuse, n'est-ce pas, horrible ?

— Mais pas du tout ; charmante.

— Vous plaisantez.

— Charmante, je vous assure.

— Élevée à la diable ?

— Très-bien élevée par un oncle qui lui a donné une instruction sérieuse.

— Et vous épousez ?

— Ah ! ceci est une question d'un autre genre.

— Pardonnez-moi de vous l'avoir posée ; dans ma stupéfaction, elle m'a échappé.

— Je voudrais y répondre, mais je ne sais ce que je ferai dans l'avenir ; pour le présent, je sais seulement que je passe la journée au bord de la Marne avec cette petite cousine qui n'est ni affreuse ni horrible, qui n'a point été élevée à la diable, et que je désire étudier d'un peu près, pour voir si j'exécuterai ou n'exécuterai pas les volontés de mon père. Vous devez comprendre, cher ami, que toute instance de votre part ne changerait rien à ma détermination. Je vous ai dit que je n'avais qu'une seule affaire sérieuse à régler à Paris, et qu'en dehors de cette affaire je vous appartenais entièrement. C'est de cette affaire qu'il s'agit aujourd'hui, je réclame donc ma liberté. Vous me présenterez à madame de Lucillière un autre jour, demain, quand vous voudrez. Pour aujourd'hui, expliquez-lui ma situation.

— Je m'en garderai bien. Vraiment, mon cher

Édouard, vous êtes un peu trop Huron de croire que je vais aller dire à la marquise que si je ne lui amène pas mon ami le colonel Chamberlain, c'est que ledit colonel va s'ébattre sur les bords de la Marne avec une petite cousine à lui, une jeune ouvrière de la rue Saint-Antoine.

— Rue de Charonne.

— Cela se vaut; mais, mon cher, malgré le prestige que vous donnent vos millions, vous seriez coulé du coup. On n'a pas de cousines ouvrières, on n'en a pas qui demeurent rue de Charonne.

— Dois-je tuer mes parents?

— Non; mais vous êtes assez riche pour les placer dans une position qui ne soit pas déshonorante pour vous. Faites-leur une rente, et expédiez-les à la campagne, loin, très-loin, le plus loin possible.

— Et vous croyez qu'ils accepteraient? Vous nous connaissez mal, mon cher Gaston, eux et moi; eux, en pensant qu'ils cesseraient de travailler pour vivre à mes dépens; moi, en me supposant capable de leur faire une proposition de ce genre. Mais assez là-dessus, je vois bien que nous ne pourrions pas nous entendre; nous n'avons pas les mêmes idées. Que pourriez-vous me répondre, si je vous disais, ce qui est vrai, que je suis fier de mes parents et du nom qu'eux et moi nous portons.

— Dame...

— La politesse vous empêcherait de parler sincèrement, n'est-ce pas? Il vaut donc mieux ne pas agiter ces questions entre nous. Allons déjeuner.

C'était précisément parce qu'il était fier de ses parents et du nom de Chamberlain que le colonel n'osait interroger son ami sur le vol commis chez Amenzaga.

Malgré sa curiosité d'être fixé sur ses soupçons, il avait peur d'apprendre la vérité et de les voir confirmés.

S'ils devaient l'être, il ne voulait point que ce fût par quelqu'un devant qui il aurait à rougir.

Aussi, depuis l'arrivée de son ami, retenait-il les questions qui lui montaient aux lèvres.

Cet Anatole, quel était-il ?

Mais, en déjeunant, Gaston de Pompéran, qui ne pouvait plus parler de madame de Lucillière, la discussion ayant été close par le colonel de manière à ne pas permettre de la rouvrir, se rejeta sur le vol.

N'était-ce pas abominable ? Avait-on jamais vu chose pareille ?

— Ce n'est pas du vol que je parle, s'écria-t-il, et même à vrai dire, personne ne plaint Amenzaga; on est même plutôt disposé à lui rire au nez. C'est de Raphaëlle.

— Qu'a-t-elle donc fait ? les journaux ne parlent pas d'elle.

— Ce qu'elle a fait ! Comment, voilà une fille qui, depuis que nous l'avons lancée, n'a eu pour amants que des honnêtes gens, des hommes de notre monde, qui tous avaient un nom, et vous demandez ce qu'elle a fait ?

— L'accuse-t-on de complicité dans ce vol ?

— S'il n'y avait que cela, on pourrait peut-être lui

trouver des circonstances atténuantes ; car enfin le vol s'explique et se comprend quelquefois. Mais, non ; elle prend pour amant de cœur un faubourien, un pâle voyou.

— On connaît cet amant? demanda le colonel, qui ne put retenir cette question.

— On sait que c'est une vulgaire canaille et c'est bien assez. Au reste, voici comment cela a été découvert ; les journaux n'en ayant rien dit, vous devez l'ignorer. En voyant l'énorme tas de billets qui grossissait à chaque coup devant Amenzaga, Raphaëlle, qui avait quitté la table, a dit : « Ah ! si Anatole pouvait être là ! » Ce mot a été entendu et répété à Amenzaga, ce qui prouve, remarquez-le bien, qu'il avait un ami, c'est-à-dire un complice dans la réunion. Dans sa déclaration à la police, Amenzaga a naturellement commencé par rapporter ce propos, qui était significatif, et naturellement aussi la police a commencé par rechercher quel était cet Anatole. Il ne lui a pas fallu longtemps pour découvrir qu'il était depuis plusieurs mois l'amant de Raphaëlle. Cela fait, il restait à trouver M. Anatole lui-même. Deux heures après, il est arrêté dans un café borgne du faubourg Saint-Honoré, au moment où il allait se mettre à jouer au billard : ce qui, paraît-il, est son unique occupation.

— Quel rôle a-t-il joué dans le vol?

— Ce n'est pas lui qui s'est introduit chez Amenzaga. On en a la preuve par ce fait qu'Amenzaga est certain d'avoir mordu à un doigt celui qui le bâillonnait. Or, tous les doigts de M. Anatole sont intacts, sans trace de morsure. On suppose qu'il a prévenu un complice qu'il y avait un coup à faire chez Amenzaga, et que c'est ce complice qui a exécuté le vol. Ce qui donne une grande force à ces soupçons, c'est que des sergents de ville ont vu ce joli monsieur se promener longtemps sous les fenêtres de Raphaëlle pendant que nous étions chez elle, et qu'on l'a vu aussi s'entretenir avec un individu inconnu. C'est évidemment cet inconnu, bien renseigné par Anatole, qui a commis le vol. Vous voyez maintenant la marche des choses, n'est-ce pas? Raphaëlle disait à son amant ce qui se passait chez elle ou chez ses amies, et celui-ci, opérant sur des renseignements précis, mettait ses complices en action. Voilà comment a eu lieu le vol chez d'Espoudeilhan et celui d'Amenzaga.

— Mais alors, si cela est ainsi, Raphaëlle elle-même serait complice de ces vols?

— Non, au contraire, cela n'est pas probable. Raphaëlle se laissait naïvement tirer des renseignements par son amant : voilà son rôle, et il est assez ignoble. Où allons-nous, mon cher, si nos maîtresses prennent pour amants des gens de cette espèce?

— Et pourquoi vous-mêmes prenez-vous des maîtresses de cette espèce?

— Comment! vous la défendez?

Mais telle n'était pas l'intention du colonel, son observation n'avait été provoquée que par l'indignation de son ami :

— Une femme à nous, un faubourien ! n'est-ce pas abominable ?

Tout ce que voulait le colonel, c'était apprendre quel était ce faubourien ; mais Gaston ne savait rien autre chose que ce qu'il avait déjà dit : « Un pâle voyou, » et c'était tout. Il est vrai que, pour son exaspération, c'était bien assez. Pour lui, qu'importait le nom de cette espèce !

Lorsqu'après le déjeuner Gaston fut parti, le colonel résolut d'aller chez Raphaëlle elle-même et de la faire parler. C'était le parti le plus simple à prendre. Par elle, il arriverait bien sans doute à savoir si ses pressentiments étaient fondés.

Mais, comme il approchait de la maison du boulevard Haussmann, où demeurait Raphaëlle, une victoria s'en éloignait, au trot rapide de deux chevaux enguirlandés de rubans, qui faisaient sonner joyeusement leurs grelots.

Une femme, à demi couchée dans cette voiture, laissait flotter au vent les plumes rouges et les dentelles blanches de son chapeau.

C'était Raphaëlle, en toilette printanière, qui partait pour les courses.

Il était trop tard pour l'arrêter.

Alors le colonel, appelant un cocher qui passait, se fit conduire à la gare de l'Est.

Le lendemain, il serait temps de chercher à savoir si ce « pâle voyou » était bien décidément le frère de Thérèse.

XVI

Lorsqu'en venant de Paris, on descend à la station de Chelles, on trouve, en sortant de la gare, une route qui est coupée par la voie ferrée : celle de ces deux routes qui va vers la gauche conduit à Chelles ; celle qui va vers la droite, au pont de Gournay.

Ce fut celle-là que prit le colonel, et il n'eut pas à marcher longtemps pour arriver au bord de la Marne.

Bien que la distance de Gournay à Paris ne soit pas beaucoup plus grande que celle de Champigny ou de la Varenne, la Marne, à Gournay, n'est pas du tout la Marne de la Varenne, de Champigny, de Joinville ou de Créteil.

Les canotiers, même ceux qui font les voyages de découverte, s'aventurent rarement jusque là ; car rien ne les attire dans ces parages lointains, où rien ne rappelle les plaisirs de l'île Fanac. Pas de bals à Gournay, pas de cafés-concerts, pas de chevaux de bois, pas de galerie devant laquelle on puisse montrer ses bottes et marcher les jambes écartées.

Un vieux château, entouré de vastes jardins ombragés ; une petite église, basse, moussue, telle que n'en voudrait pas le plus pauvre village de la Bretagne ou de la Savoie ; vingt ou trente maisons de paysans : c'est là tout Gournay. A la tête du pont, entre le canal et la Marne, on trouve bien, il est vrai, quelques guinguettes et quelques restaurants, mais sans les splendeurs et le tapage de la *Tête Noire*, de Jullien ou de Jambon.

Lorsqu'on remonte l'une ou l'autre rive de la Marne, à partir de ce pont, on est en pleine campagne. Plus de maisons aux volets verts, plus de jardinets fleuris, plus de berceaux, plus de rocailles, plus de jets d'eau faisant danser des boules dorées ; mais les champs et la culture, du blé, des prairies, des bois et de la terre labourée. L'odeur de la friture est remplacée par celle de l'herbe et des feuilles ; la musique du cor, par le souffle du vent dans les branches ; la chanson de la canotière, par celle de la bergeronnette.

C'est là le charme de ce pays ; à quelques lieues seulement de Paris, il est, pour le plaisir des yeux, déjà loin de Paris.

Par suite d'un bienheureux hasard, les ingénieurs, qui d'ordinaire transforment si désagréablement les pays dans lesquels ils travaillent, sont venus ajouter quelque chose aux agréments naturels de celui-là.

Pour racheter la pente de la Marne, pour éviter ses détours et ses bancs de sable, on lui a creusé un canal latéral dans les prairies voisines; de sorte que la vieille rivière, maintenant abandonnée par la navigation, est revenue à cet état primitif qui devait être le sien avant l'invention des bateaux à vapeur et de la simple batellerie, alors que ses eaux coulaient librement, sans avoir rien à faire qu'à arroser ses bords.

Dans son lit, que ne sillonnent plus les péniches et les trains de bois, les graviers et les vases se sont accumulés où le courant les a poussés, et çà et là ils ont formé de petits îlots cachés sous l'eau pendant la saison des pluies, émergés pendant les beaux jours et couverts alors de la verdure des joncs et des roseaux.

Sur ses bords, les chemins qu'autrefois les chevaux de halage piétinaient, sont devenus des sillons gazonnés où pousse en toute liberté une végétation foisonnante de plantes herbacées et de buissons, qui se mêlent et qui luttent entre eux, les plus forts étouffant les plus faibles pour prendre peu à peu toute la place au soleil.

Lorsqu'on parle des environs de Paris, il faut toujours, bien entendu, faire une distinction entre les jours de semaine et les jours de fête; car tel village, calme et mort le jeudi, change du tout au tout le dimanche.

Si le colonel était venu à Gournay un jour de semaine, il eût trouvé les berges de la rivière désertes, et sur l'eau il n'eût vu, de loin en loin, qu'un vieux bachot amarré à une perche flexible, et dans ce bachot un ou deux hommes occupés à tirer du sable.

Mais la journée du dimanche avait peuplé cette solitude; sur la rivière on voyait çà et là deux ou trois canots montés par des promeneurs pacifiques, qui ramaient tranquillement, et sur les berges, aux endroits propices, des pêcheurs à la ligne plus pacifiques encore, qui, immobiles comme des bonshommes de plâtre, ne quittaient pas des yeux leur flotteur.

Le colonel s'approchait d'eux; puis, après s'être assuré qu'aucun n'était son oncle, il continuait son chemin, marchant doucement, regardant le paysage qui l'environnait. Depuis qu'il avait débarqué à Calais, c'était la première fois qu'il se trouvait en pleine campagne, libre de voir à son aise ce qui lui plaisait; car jusque là la rapidité du train express qui l'avait amené à Paris avait brouillé les objets devant ses yeux; et de la France il n'avait encore vu que ce qu'on aperçoit en chemin de fer, des arbres et des maisons qui passent comme des boulets de canon, et tout au loin des horizons aux lignes confuses.

Maintenant chaque chose qui l'intéressait, l'arrêtait.

Ces grands arbres à feuillage d'un vert jaune, il les reconnaissait pour les avoir vus dans leur patrie: c'étaient des peupliers de Virginie. Au contraire, ces têtards aux troncs creux n'avaient point la même tournure que les saules d'Amérique: par leur feuillage d'un gris cendré, par leurs chatons jaunes, c'étaient des saules; par la forme de leur tronc noueux s'évasant dans le haut, c'étaient des arbres pour lui nouveaux. Ces herbes, il les connaissait pour les avoir rencontrées dans les forêts de son pays natal; celles-là, au contraire, il en ignorait le nom.

Nouveaux aussi étaient les aspects des champs cultivés, nouvelle était la physionomie générale du pays.

C'était la France, et mieux encore, pour lui, fils de Parisien, l'Ile-de-France. Sans doute, cela manquait de beautés nobles et puissantes, de grandes scènes de la nature telles qu'il avait pu en rencontrer souvent dans ses voyages à travers l'autre continent, et cependant cela lui paraissait plein d'une douceur charmante qui lui parlait au cœur et l'émouvait.

Comme ces bois étaient frais et ces gazons verts! comme ces perspectives semblaient ménagées pour la joie de l'esprit! comme il y avait de la grâce dans les contours sinueux de la rivière et dans la teinte grise dont le printemps avait revêtu les lointains! comme tout ce paysage était calme, tranquille, heureux, fait de nuances délicates et de beautés légères qui donnaient des ailes à la pensée!

Il était fier du pays de ses pères.

Il y avait déjà assez longtemps qu'il marchait, suivant le cours de l'eau, lorsqu'il aperçut une sorte de construction en bois, édifiée sur un bateau plat; elle se trouvait placée en face d'une île, sur un petit bras de la rivière, qu'elle barrait entièrement, soit avec sa propre masse, soit avec un batardeau et des vannes. Ces vannes, et surtout une grande roue dont les palettes verdies laissaient pendre dans la rivière de longues traînées d'herbe, disaient que cette construction était un moulin.

Mais ce moulin avait-il jamais tourné pour moudre quelque chose sous ses meules? ou bien n'était-ce pas plutôt une fabrique *paysagesque*, placée là pour produire un effet harmonieux?

Le certain, c'est que cet effet était tout à fait réussi et qu'un peintre bien inspiré n'eût pas trouvé mieux! Au-dessus du toit en planches, recouvert de mousses, de grands peupliers penchaient leurs troncs lisses, et leurs grosses têtes rondes, se joignant d'un bord à l'autre, enchevêtraient leurs branches feuillues. Des aunes, des saules et des osiers, garnissaient les berges de l'île, et de la rive on voyait cette masse de verdure se réfléter dans l'eau, au milieu des larges plaques vertes des nénuphars.

En regardant autour de lui, le colonel aperçut au pied d'un tremble, dont les racines avaient été affouillées par le courant, un pêcheur aussi immobile que le tronc de l'arbre lui-même. C'était son oncle.

Il s'approcha de lui. Mais l'oncle Antoine ne bougea pas et ne leva pas les yeux; seule la main qui tenait la ligne décrivait un mouvement horizontal, allant lentement de droite à gauche, pour suivre le bouchon qu'entraînait le courant.

Ce fut seulement au moment où il allait relever sa ligne qu'Antoine, ayant détaché ses yeux de ce bouchon, aperçut son neveu près de lui.

Mais, de sa main qui était libre, il lui fit signe de marcher légèrement et de parler à voix basse.

La matinée avait été mauvaise, maintenant le poisson commençait à mordre.

Ne voulant pas déranger son oncle dans un pareil moment, le colonel demanda où était Thérèse, qu'il ne voyait pas. N'était-elle pas venue ?

Et, à ce mot, il se dit en lui-même qu'il aurait peut-être bien fait de ne pas venir non plus.

Mais il se trompait : Thérèse était venue le matin, comme il avait été décidé la veille ; elle était là, à deux pas, dans l'oseraie, occupée à cueillir des herbes et des fleurs, ce qui l'amusait beaucoup plus que la pêche.

— Seule ?

— Toute seule. Michel n'a pas pu venir : il s'est trouvé mal à l'aise ce matin ; c'est la première fois que cela lui arrive de manquer une partie de pêche. Pour la pêche comme pour la sculpture, c'est mon élève, et maintenant l'élève vaut bien le maître.

— Et Denizot ?

— Ah ! Denizot est là ; seulement Denizot ne pêche pas, le pauvre garçon : avec son bras, cela ne lui serait pas facile. Et puis il aime mieux s'asseoir à une table et boire une bouteille en chantant des chansons : c'est sa manière de se promener à la campagne ; il ne quitte pas le *Moulin flottant*. Et, puisque nous parlons de lui, je veux profiter de l'occasion pour vous recommander de ne pas le pousser à boire.

— Soyez tranquille, répondit le colonel, souriant à cette recommandation.

— Cela pourrait vous amuser, et il est si facile à

entraîner ; avec cela i_ a la tête faible. C'est là son seul défaut. Tous les hommes aiment à sortir d'eux-mêmes, n'est-ce pas? Quand Denizot a bu quelques verres de vin, il refait sa vie en même temps que celle des autres, et il arrange le monde à son gré : tous heureux.

Mais pour le moment le colonel n'avait pas souci de Denizot; il quitta son oncle et se dirigea vers l'oseraie.

Tout en marchant, une idée préoccupait son esprit.

— Pourquoi Michel n'était-il pas venu? Que signifiait ce malaise subit que rien ne faisait pressentir la veille? Il eût aimé à voir le jeune ouvrier auprès de Thérèse, dans la liberté de la campagne.

Comme il cherchait un passage pour pénétrer dans l'oseraie, il aperçut, accrochés à une branche, une robe grise et un petit chapeau de feutre.

C'était la robe qu'il avait vue la veille sur les épaules de Thérèse; elle se trouvait à l'entrée d'une coulée verte qui devait conduire à l'endroit où Thérèse était occupée à cueillir des fleurs.

Il releva les branches enchevêtrées qui obstruaient le passage, et, à quelques pas devant lui, il aperçut la jeune fille, qui lui tournait le dos; elle était assise sur le gazon, sous le couvert d'un saule, et autour d'elle étaient éparpillées des brassées d'herbes, de fleurs et de roseaux, tandis que dans une petite anse, une grosse gerbe de ces mêmes fleurs, arrangée en bouquet, trempait dans l'eau.

Elle était vêtue d'un corsage blanc à manches, qui

lui montait jusqu'au cou, et d'un jupon court, qui laissait voir ses pieds chaussés de souliers.

Un Parisien eût peut-être trouvé que cette jeune fille, qui accrochait sa robe à un arbre pour ne pas la mouiller, manquait de tenue et de distinction; mais le colonel arrivait d'un autre monde, et ainsi court vêtue, assise au milieu de ses fleurs, sous l'ombre changeante de son saule, elle lui parut charmante. Cette rencontre rachetait celle de la veille.

Au bruit qu'il fit en écartant les branches, elle tourna la tête de son côté.

— Ah! mon cousin! s'écria-t-elle.

Et son visage s'éclaira d'un sourire.

XVII

Le colonel avait rapidement franchi la distance qui le séparait de Thérèse ; mais, en arrivant près de celle-ci, il s'était arrêté, ne sachant où poser les pieds au milieu des herbes et des fleurs étalées sur le gazon.

— Et que voulez-vous faire de tous ces herbages, ma petite cousine? dit-il en riant.

— Des herbages !

— Je veux dire de toutes ces fleurs des champs et des eaux.

— A la bonne heure ! Je veux les emporter à Paris.

— Et à Paris ?

— A Paris, je veux les mettre dans mon jardin.

— Vous avez donc un jardin ?

Elle partit d'un grand éclat de rire qui découvrit ses dents blanches.

— Comment, si j'ai un jardin! Mais certainement j'en ai un, grand comme cela.

Avec un roseau qu'elle tenait en ce moment dans sa main, elle décrivit un carré de deux mètres environ.

— Cela ne vous paraît pas superbe. Je suis moins difficile que vous. Au reste, quand vous viendrez à la maison, je vous le montrerai et je suis certaine que vous changerez de sentiment. C'est sur la fenêtre de ma chambre qu'il est ce jardin, et il va de la fenêtre à la gouttière : c'est une belle caisse en chêne solidement construite par Michel.

— C'est lui qui vous l'a donnée?

— Pour ma fête, l'année dernière. D'abord je voulais y cultiver des fleurs, que je semais moi-même ou que j'achetais au Château-d'Eau. Et c'est par là que j'ai commencé; mais les fleurs poussent mal à Paris, sur les toits. Sans doute, c'est très-agréable de voir grandir une plante qu'on a semée; mais, d'un autre côté, c'est chagrinant de la voir s'étioler et dépérir. A quoi bon avoir des fleurs à soi, si elles sont laides? Je suis ainsi faite, que l'amour de la propriété ne m'entraîne pas à trouver une chose belle par cela seul qu'elle est à moi. J'aime mieux ce qui est beau et ne m'appartient pas, que ce qui est laid et m'appartient.

— Mais c'est très-bien raisonné cela, ma petite cousine.

— N'est-ce pas? Alors voyant que je ne pouvais pas arriver à avoir de belles plantes en les cultivant moi-même sur ma fenêtre, j'ai renoncé au jardinage, et, au lieu de faire pousser mes fleurs, je les ai prises toutes poussées dans les champs. Tous les dimanches, j'en emporte une ou deux gerbes, que je fais vivre tant bien que mal dans l'eau, sur ma fenêtre. Voulez-vous que je vous montre les champs où je fais ma récolte?

Elle avait achevé de lier avec des brins de jonc les herbes et les roseaux étalés autour d'elle; sa gerbe solidement serrée, elle alla la mettre tremper dans la rivière auprès de celle qui s'y trouvait déjà.

Alors ils sortirent de l'oseraie.

— Père, cria-t-elle, je vais me promener sur la berge avec mon cousin.

— Bon, mes enfants, répondit Antoine sans lever la tête; mais ne vous éloignez pas trop du moulin, je crains la pluie.

Alors ils se mirent à marcher doucement sur la berge, côte à côte.

— C'est ici, dit-elle, que tous les dimanches, depuis le printemps jusqu'à l'hiver, je viens faire ma moisson.

— Mais il me semble qu'il n'y a pas de fleurs en toute saison.

— Oh! bien sûr; on ne trouve pas toujours comme maintenant ces beaux iris jaunes, ces reines des prairies, ces jonquilles, ces aubépines, ces prunelliers; mais toujours il y a des roseaux, des joncs, des prêles, et presque toujours aussi il y a des graminées, si jolies lorsqu'elles sont en épi.

— Non-seulement vous aimez les fleurs, ma chère

cousine, mais encore vous les connaissez : voilà qui est rare chez une fille élevée dans une ville.

— Il le faut bien.

— Pourquoi donc le faut-il?

— Vous ne savez donc pas que c'est mon métier?

— C'est votre métier de connaître le nom des plantes?

— Non-seulement leur nom, mais leur forme, leur couleur, et bien d'autres choses encore.

— Vous m'avez fait tant parler de moi hier soir, qu'il ne m'est plus resté de temps pour apprendre quoi que ce soit de vous.

— Alors je veux bien vous dire comment j'ai été amenée à m'occuper des fleurs. Je n'étais encore qu'une petite fille quand mon père me mit un crayon entre les doigts. Vous savez que j'ai perdu ma mère à l'âge de trois ans, et, pour mon père, il ne lui était pas toujours facile de m'amuser; je m'amusais toute seule à dessiner auprès de lui, pendant qu'il travaillait. Tout naturellement, sans y penser, je fis des progrès assez rapides; je voyais les objets sous leur forme vraie, et je les reproduisais assez exactement sur les morceaux de bois qui me servaient de papier. Si j'avais été homme, cela me donnait un métier, j'aurais travaillé avec mon père; mais la sculpture sur bois est trop dure pour une main de femme. Il fallait donc chercher autre chose. Alors mon oncle, qui sait tout et qui connaît tout le monde, décida que j'apprendrais la peinture à l'aquarelle, afin de peindre un jour sur porcelaine. Avez-vous vu des sculptures de mon père?

— Non, je n'ai aperçu dans l'atelier que des pièces ébauchées.

— Eh bien! si vous en aviez vu, vous sauriez que mon père s'est toujours appliqué à travailler d'après nature; c'est là son mérite et ce qui fait sa réputation. Ses animaux, ses plantes, ses fleurs, ses fruits, ne sont point des animaux ou des fleurs de fantaisie, comme on en fabrique tant dans le faubourg : ce sont des copies. Bien entendu, il a tenu à me faire travailler d'après ses principes, et c'est ainsi que chaque dimanche j'ai emporté des plantes et des fleurs qui devaient me servir de modèles pendant la semaine. Quand vous reviendrez nous voir, je vous montrerai ce que je fais. Cela n'est pas aussi bien que je voudrais, mais enfin je commence à comprendre ce qui me manque, et c'est déjà quelque chose; et puis, on ne me donne plus des cornets, des coupes, et tous ces petits objets de pacotille qui se fabriquent pour être vendus dans les fêtes. J'ai en ce moment une commande de six assiettes. Dans un an, quand je n'aurai plus à travailler pour mon oncle, je pourrai, avec ma peinture sur porcelaine, gagner six ou huit francs par jour. N'est-ce pas un bon métier pour une femme?

Ce babillage était intéressant pour le colonel, parce qu'il lui montrait Thérèse sous un certain jour; mais, tout en l'écoutant, il se demandait comment il en arriverait à l'interroger sur les points qui le touchaient plus particulièrement. Ces derniers mots lui offrirent l'ouverture qu'il avait jusque-là vainement cherchée.

— Assurément, dit-il, c'est là un métier excellent, et, à tous les avantages que je lui vois, il en joint un inappréciable : c'est de vous placer au-dessus du besoin, et par là de vous permettre de ne vous marier que comme vous voudrez et quand vous voudrez.

— Me marier, moi? s'écria-t-elle en frappant ses deux mains l'une contre l'autre et en riant.

— Et pourquoi pas? Le mariage n'est-il pas la grande affaire de la vie? n'êtes-vous pas assez jolie pour vous marier?

— Ah! mon cousin.

— Cela vous fâche que je vous dise que vous êtes jolie?

— Cela me fâche si c'est un compliment, parce que je voudrais qu'il n'y eût entre nous ni compliments ni cérémonie.

— Et si c'est la simple vérité?

— Alors... alors cela ne me fâche pas; au contraire, et franchement même cela me fait plaisir, parce qu'il m'est agréable qu'on me trouve jolie.

— Si vous êtes jolie, et vous l'êtes réellement, croyez-en ma sincérité, pourquoi ne vous marieriez-vous pas? Voulez-vous me le dire?

— Parce que je suis une fille difficile à marier, tout simplement, et pas pour autre chose. Que suis-je par ma position? Une ouvrière, fille d'ouvriers, rien de plus. Que suis-je par la manière dont j'ai été élevée? Une sorte de demoiselle. Oh! une bien petite demoiselle, je le sais mieux que personne; mais enfin une espèce particulière qui se rapproche de la demoiselle au moins par certains côtés de son éducation. Qui voulez-vous que j'épouse? Qui voulez-vous qui m'épouse? Vous souriez.

— Je souris de voir une jeune fille de seize ans, vraiment charmante, se dire qu'il n'y a pas en ce monde de mari pour elle.

— Ce n'est pas cela que je pense, et je crois même qu'il y en a plusieurs; seulement ceux qui voudront de moi seront faits de telle sorte que probablement je ne voudrai pas d'eux, tandis que ceux dont je voudrais bien ne voudront certainement pas de moi.

— Vous parlez de cela comme devant n'arriver que dans un avenir éloigné; est-ce qu'il ne s'est pas déjà présenté de ces maris de l'une ou l'autre catégorie, de ceux qui voudraient de vous, comme de ceux que vous voudriez?

— Mais c'est ma confession que vous me demandez là, mon cousin.

Il eut un moment d'embarras, car sa question était vraiment bien directe et franchissait les limites d'une simple conversation.

Mais elle se mit à rire.

— Notez, dit-elle, que je veux bien vous répondre, seulement il est entendu que vous prenez le rôle d'un confesseur.

— Non, ma chère cousine, mais d'un ami, d'un parent qui a vécu jusqu'à ce jour loin de vous, qui ne sait rien ou presque rien de vous, qui a pour vous la plus vive sympathie, et qui désire vous connaître mieux, afin de vous aimer davantage.

Il lui prit la main, et la serra, tandis qu'elle le regardait avec deux grands yeux étonnés et curieux.

— Si je vous ai posé ma question, continua-t-il, c'est parce qu'il m'avait semblé qu'auprès de vous pouvait se trouver un de ces maris.

— Près de moi ? Et où cela ?

— Mais chez vous.

— Chez nous ?

— Michel, par exemple.

Elle eut un geste de contrariété, ses sourcils se plissèrent, et elle se mordit les lèvres.

— Sans doute, dit-elle après un moment de silence. Michel a toutes sortes de qualités et personne ne les connaît et ne les apprécie mieux que moi ; mais Michel, c'est mon camarade, nous avons pour ainsi dire été élevés ensemble ; est-ce qu'on épouse son frère ?

— Je n'avais pas pensé à cela.

— Et puis, ce qui fait que je suis difficile à marier, c'est que je suis très-exigeante : ainsi je veux un mari qui m'aime.

— Cela est très-juste.

— Que j'aime.

— Cela est plus juste encore. Mais quelles qualités doit-il réunir, ce mari, pour que vous l'aimiez ?

— Beaucoup de qualités : d'abord il faut qu'il ne soit pas vieux.

— Cela se comprend.

— Ni trop jeune ; il ne doit pas avoir moins de vingt-cinq ans et il ne doit pas en avoir plus de trente. Ensuite il faut qu'il me plaise.

— C'est aussi très-raisonnable ; mais comment faut-il être pour vous plaire ?

— Ni beau ni laid, cependant plus près de la beauté que de la laideur, avec un point lumineux dans le visage qui attire le regard ; qu'il ait de beaux yeux par exemple, des yeux qui parlent. Ensuite il faut qu'il ait de la bonté dans le cœur, de la générosité dans les idées, de la fierté dans les sentiments. Oh ! pour cela je serai féroce. Enfin, pour tout dire en un mot, il faut qu'il y ait en lui quelque chose de supérieur ; car ce n'est pas seulement de l'amour que je veux avoir pour lui, mais encore de l'estime, du respect.

— Et quelle est cette supériorité que vous exigez?

— Sans doute je m'explique mal et ne trouve pas le mot convenable. Mais, si pendant le dîner vous pensez à ce que nous venons de dire, vous me comprendrez. Mon oncle va venir dîner avec nous. Comparez-le à mon père. Mon oncle sait tout ce qu'on peut savoir, il parle admirablement, il est très-bon : pour moi, ce n'est pas un homme supérieur. Mon père au contraire en est un, bien que pour mille choses il soit au-dessous de mon oncle.

Elle se tut, et il ne poussa pas plus loin ses interrogations.

Alors comme ils marchaient en silence, tout à coup elle s'arrêta.

— Et mon père, dit-elle, qui nous avait recommandé de ne pas nous écarter? Voyez comme le moulin est loin derrière nous.

Elle s'était retournée avec vivacité : la brusquerie de son mouvement fit envoler un martin-pêcheur qui d'un jet traversa la rivière rapide comme une balle ;

sous les rayons obliques du soleil couchant, son plumage d'azur éblouit leurs yeux comme un éclair.

— Voulez-vous revenir sur nos pas? dit-elle.

XVIII

L'interruption de Thérèse était venue distraire le colonel d'une façon désagréable, car ce changement dans leur promenade avait amené nécessairement un changement dans leurs idées : l'esprit se laisse facilement aller à suivre le mouvement des jambes : elles vont, il va ; elles s'arrêtent, il s'interrompt lui-même.

Pour le colonel, il eût volontiers continué l'entretien commencé. Cette confession de Thérèse l'intéressait ; il avait plaisir à entendre la jeune fille expliquer franchement ses désirs et ses croyances, surtout il était heureux de trouver en elle des sentiments analogues à ceux qui étaient en lui.

Mais l'esprit de Thérèse avait sauté d'un sujet à un autre, et il était difficile de la remettre dans le cours d'idées, qu'il lui avait fait prendre un peu malgré elle.

En se retournant, ils s'étaient trouvés en face du

soleil couchant, qui emplissait le ciel de grandes lueurs rouges, que coupaient çà et là des bandes jaunes.

C'était un de ces couchers de soleil comme on en voit souvent à Paris, mais comme on n'en voit que là, et qui sont dus sans doute aux vapeurs et aux poussières qui, flottant au-dessus de la grande ville, décomposent la lumière et séparent ses rayons.

— Aimez-vous la France? demanda Thérèse en étendant sa main dans la direction de l'ouest, par un large geste qui embrassait tout ce que leurs yeux pouvaient apercevoir.

— Ne suis-je pas Français par mon père ?

— Ce n'est pas cela que je veux dire, je vous demande si le pays même vous plaît. Songez que je n'ai jamais été à plus de dix lieues de Paris; qu'en fait de rivière, je ne connais que la Marne et la Seine; en fait de montagnes, que la butte Montmartre ; en fait de paysages, que celui qui se déroule là devant nous. Et, curieusement, je voulais savoir comment vous jugiez ce que moi je trouve très-beau ; car je sais très-bien qu'il faut avoir des termes de comparaison pour se faire une idée juste des choses. Peut-être tout cela vous paraît-il vulgaire et mesquin, à vous qui avez vu les grands fleuves et les solitudes sans nom de l'Amérique.

— Chaque pays a ses beautés propres.

— Vous ne voulez pas vous engager ; mais, c'est égal, je persiste dans mon sentiment. Cette rivière qui coule dans un lit de verdure, ces osiers aux branches d'or, ces peupliers dont les feuilles bruissent, ce vieux moulin couvert de mousse, cet escalier en planches vaseuses qui descend dans l'eau, tout cela me paraît très-beau, et il me semble que je pourrais le faire sentir à d'autres, s'il m'était permis de le reproduire tel que je le vois. Mais pour cela, il faudrait travailler beaucoup plus qu'il ne m'est possible, il faudrait étudier, il faudrait être une artiste, et je ne suis qu'une ouvrière.

Puis, se mettant à rire doucement :

— Vous voyez, dit-elle, c'est un peu comme pour mon mariage : un rêve.

C'était le mot qu'il attendait, il allait pouvoir reprendre la conversation au point où elle avait été interrompue. Mais, à ce moment même, Thérèse agita son mouchoir en l'air, faisant des signes à une personne qui venait au-devant d'eux.

— Mon oncle Sorieul, dit-elle en se tournant vers son cousin.

C'était en effet Sorieul qui arrivait, marchant lentement, gravement, le chapeau à la main, laissant flotter au vent les basques de son habit noir et ses longs cheveux gris.

Il fallut renoncer à tout entretien intime, et répondre sérieusement aux politesses de l'oncle de Thérèse, qui avait quitté Paris exprès pour avoir le plaisir de passer la journée avec « le colonel. »

— Ne croyez pas, dit-il en tendant la main au colonel, que je vous parle ainsi par politesse banale ; ma nièce vous dira que j'ai rarement le temps de quitter Paris pour venir me délasser à la campagne.

Ce que Sorieul n'ajouta pas, bien que cela n'eût

été que conforme à l'exacte vérité, c'est qu'il ne s'était point arraché à ses occupations parisiennes pour avoir seulement le plaisir de passer la journée avec le colonel.

En apprenant le matin par Thérèse l'invitation d'Antoine, il avait poussé les hauts cris. « Comprenait-on une pareille idée ? inviter un homme comme le colonel à venir dans une guinguette ? » Et généreusement il s'était aussitôt décidé à réparer la sottise de son beau-frère. Lui aussi, il viendrait au *Moulin flottant,* et le colonel trouverait au moins quelqu'un à qui parler. Par sa conversation, il s'efforcerait de racheter la vulgarité de la guinguette.

Partant de cette idée que c'était à lui qu'il appartenait de soutenir l'honneur de la famille Chamberlain, il accapara le colonel, « citoyen de la grande république, » et ne permit à personne de prendre la parole.

Pour commencer, il lui expliqua la guerre de sécession dans ses causes, ses incidents et résultats.

Rien ne put l'arrêter, personne ne put l'interrompre.

Quand Antoine, qui avait cessé de pêcher, vint les rejoindre, il continua son récit ; quand Denizot arriva à son tour, il continua de plus belle, heureux d'avoir un plus grand nombre d'auditeurs. Il connaissait mieux que le colonel les batailles auxquelles celui-ci avait pris part ; une fois même, il le colla sur un détail topographique. Il est vrai qu'il le fit avec des ménagements, mais enfin il le colla.

Lorsqu'on arriva devant la passerelle qui met le *Moulin flottant* en communication avec la terre ferme, il en était à expliquer comment Grant avait réussi là où Mac-Clellan avait échoué.

Devant cette passerelle, était un terre-plein qui servait de jardin et de salle à manger au moulin; on y voyait des tables posées sur des pieux, des tabourets en bois brut, des tonnelles, un jeu de boules et une balançoire.

Le colonel crut trouver dans cette balançoire un moyen pour échapper au flot de paroles qui le noyait, et il proposa à sa cousine de la balancer.

— Oh! quel bonheur! s'écria-t-elle.

Et, d'un bond, elle sauta sur l'escarpolette.

Sorieul parut très-surpris qu'un homme tel que le colonel préférât à sa conversation instructive le plaisir de lancer en l'air une petite fille telle que Thérèse; mais, après être resté un moment interloqué, il vint se placer auprès du colonel et reprit son récit au point où il l'avait interrompu.

— Pardonnez-moi, dit celui-ci; mais l'attention que j'apporte à vous écouter m'empêche de suivre le mouvement de la balançoire; d'ailleurs, je suis de votre avis, Burnside a eu tort.

Et il s'appliqua si bien à balancer Thérèse, qui criait toujours: « Plus haut! plus haut! » que Sorieul fut obligé de renoncer à se faire écouter. Ce serait pour plus tard.

Il y avait une dizaine d'années qu'Antoine venait presque tous les dimanches au *Moulin flottant;* aussi y trouvait-il des soins et des égards particuliers. Le samedi soir, ou plus justement le dimanche, lorsqu'il arrivait à trois heures du matin, la porte était ouverte pour le recevoir et l'abriter jusqu'au soleil levant. Pour dîner avec sa fille, Michel et Denizot, on lui réservait dans le moulin même une petite chambre où ils étaient chez eux.

Quand Sorieul se trouvait quelque part avec son beau-frère, c'était lui qui tout naturellement commandait; cela lui revenait de droit en sa qualité d'homme du monde. Il plaça donc le colonel à sa droite. Heureusement celui-ci, dans cet arrangement, eut comme compensation le plaisir d'avoir Thérèse vis-à-vis de lui et de pouvoir ainsi la regarder et l'étudier à son gré; lorsqu'il levait les yeux, son regard se croisait avec celui de sa cousine. Il la voyait manger gentiment, avec l'appétit d'une Parisienne qui a couru toute la journée en plein air; quand elle buvait, il voyait sa tête se pencher en arrière avec un gracieux mouvement de cou et ses paupières s'abaisser à demi sur ses yeux.

Cela lui donna des forces pour supporter la conversation de Sorieul.

Abandonnant l'Amérique, celui-ci félicitait le colonel d'avoir choisi, pour visiter la France, le moment de l'exposition universelle, bien que, quant à lui personnellement, il ne fût pas du tout satisfait de cette exposition. Il y avait trop de canons et d'armes de guerre. Cet entassement était un contre-sens en l'an 1867. Qui pouvait s'intéresser à cela? Pour lui, il avait une manière de visiter l'exposition qui lui évitait la vue odieuse de ces machines de destruction qui dataient d'un autre âge. Il allait s'asseoir au Trocadero, et, en regardant à ses pieds les toitures de l'énorme monument, il pensait ! Il pensait à la tranquillité, à la félicité qui allait commencer pour le monde. En se mêlant, les peuples apprenaient à se connaître, à s'aimer. Le règne des rois guerriers est fini, celui de la charrue et des machines industrielles commence ; l'ère de la fraternité universelle s'ouvre.

Cela dura longtemps ainsi, et ce qu'il y avait d'admirable, c'est que parler ne l'empêchait pas de manger. Les morceaux de pain, de viande et de poisson, étaient les virgules qui ponctuaient son discours ; il avait un art merveilleux pour vider son verre aux passages qui exigeaient un repos.

Alors, dans ces moments de repos, on entendait le clapotement de l'eau sous le moulin.

Si fertile que fût le sujet de l'exposition, il finit cependant par s'épuiser, mais pour cela Sorieul ne renonça pas à la parole : l'heure était venue d'une conversation plus intime, et il éprouvait le besoin d'expliquer le caractère de son beau-frère Antoine et le sien propre.

Antoine était un artiste vraiment remarquable dans son métier, et il s'y connaissait, lui, Sorieul ; Antoine avait toutes les aptitudes, à ce point que, sans instruction première, il était arrivé, poussé par les nécessités de la politique, à exprimer soit par la parole, soit par la plume, ses idées d'une façon nette et précise. Il lui manquait, bien entendu, la forme ; mais comment acquérir la forme, lorsque pendant douze ou quinze heures par jour on est emprisonné dans un travail manuel : le métier tue l'intelligence.

Pour lui, il avait pu, Dieu merci! échapper à ce suicide et garder le respect de lui-même. S'il n'écrivait pas les grandes idées qui bouillonnaient dans son cerveau, c'était simplement parce qu'elles n'étaient pas encore à point, et aussi parce que l'époque n'était pas favorable à leur divulgation. Mais ce temps viendrait. En attendant, il les répandait par la parole, ces idées, et il préparait les esprits à les recevoir; malgré les difficultés qu'il rencontrait, il accomplissait courageusement sa mission d'apôtre. Aussi le craignait-on; la police le filait.

La nuit eût pu se passer dans ces explications, car elle avait la vertu de délier la langue de Sorieul; mais il fallait gagner la station de Fontenay pour prendre le dernier train, c'est-à-dire faire deux lieues à pied à travers la campagne. On se mit donc en route après s'être partagé entre tous, Sorieul excepté, les fleurs de Thérèse.

Il fallut au colonel de la diplomatie pour rester seul avec Thérèse; car Sorieul, qui aimait parler en marchant, tout aussi bien qu'en mangeant, ne voulait pas le lâcher; enfin il parvint à faire prendre les devants aux trois hommes, et à les suivre de loin avec la jeune fille.

Aussitôt qu'ils furent seuls il revint au sujet qui le préoccupait.

— Tantôt, dit-il, nous avons été interrompus; voulez-vous que nous reprenions notre entretien? Vous ne m'avez parlé que des maris que vous ne voudriez pas, et non de ceux dont vous voudriez. Laissez-moi vous dire, ma chère petite cousine, que, s'il en était un qui répondît à cette condition, votre mariage serait maintenant possible et même facile, car je mets à votre disposition la dot nécessaire pour l'assurer.

— Oh ! mon cousin.

— Ne me refusez pas : la fortune de mon père est à ma famille.

— Je ne vous refuse pas, je dis seulement que ce mari n'existe pas.

— Vous n'avez choisi personne?... Oh! en rêve, bien entendu.

— Personne, ni en rêve, ni en réalité; d'ailleurs, vous savez bien que je vous ai dit que je voulais que mon mari m'aimât, et personne ne m'aime... au moins que je sache.

Le colonel se tut, et ils marchèrent assez longtemps, côte à côte, en silence.

La nuit était douce, sans lune, mais dans le ciel brillaient des étoiles scintillantes ; tandis qu'au delà du plateau d'Avron s'étendait un grand nuage rouge, formé par la réverbération des lumières de Paris. Partout, autour d'eux, s'ouvraient des profondeurs insondables, dans lesquelles les choses se brouillaient confusément. Seule, la rivière qu'ils côtoyaient était lumineuse, réfléchissant les étoiles qui la criblaient de trous d'or. Que d'étoiles ! elles éblouissaient.

Tout à coup Thérèse s'arrêta et se retourna pour voir une dernière fois ce coin de pays qu'ils allaient quitter pour entrer dans un village :

— Il semble que le ciel soit ce soir sur la terre, dit-elle.

Sa voix était tremblante.

— Appuyez-vous sur mon bras, dit-il ; nous serons mieux pour marcher.

Et ils restèrent ainsi serrés l'un contre l'autre jusqu'à la station.

XIX

Le colonel ne put rentrer que très-tard à son hôtel; car, en descendant du chemin de fer, Sorieul voulut à toutes forces le reconduire.

Ce n'était pas seulement en belles paroles que Sorieul était riche, en grandes idées, en principes élevés; il avait aussi des connaissances pratiques qu'il trouvait utile de faire partager à son nouvel ami, « au neveu de son brave Antoine. » Un étranger qui arrive à Paris peut quelquefois se trouver bien embarrassé, même avec de l'argent dans sa poche : cela est incontestable, n'est-ce pas? Eh bien! il voulait que son expérience évitât ces embarras au colonel. Ce fut dans ce but qu'il lui indiqua un endroit où l'on pouvait trouver un verre de bonne bière quand tous les cafés de Paris étaient fermés, et un autre où l'on pouvait se faire servir une excellente soupe à l'oignon et au fromage. Il n'y avait que les vrais noctambules qui connaissaient ces bons coins; mais tout le monde, à un moment donné, ne pouvait-il pas devenir noctambule?

Le colonel avait cette qualité du parfait soldat de pouvoir dormir quand il voulait et comme il voulait, autant et aussi peu qu'il lui convenait. En se couchant, il s'était dit qu'il dormirait tard, sa matinée devant être employée à faire visite à Raphaëlle, ce qui ne pouvait pas avoir lieu de très-bonne heure, et il avait prévenu Horace de ne pas l'éveiller.

Aussi sa surprise fut-elle grande de s'entendre appeler le matin.

— Quelle heure est-il donc? demanda-t-il en ouvrant les yeux.

— Huit heures et demie.

— Je t'avais dit de me laisser dormir; va-t'en.

— Ce n'est pas possible : il y a là une jeune fille qui demande à voir mon colonel.

— Au diable, les jeunes filles!

— C'est ce que je lui ai dit, poliment bien entendu; elle n'a pas voulu y aller.

— Donne-lui ce qu'elle demande.

— Elle demande mon colonel, et c'est pour cela que je me suis permis de vous réveiller.

— Tu es insupportable.

— J'ai fait tout ce que j'ai pu pour la renvoyer; à la fin, elle m'a dit qu'elle était votre cousine. Alors je suis entré.

— Ma cousine! Thérèse! Ici!

— Elle est dans le salon, elle attend mon colonel; elle paraît très-émue.

— Que se passe-t-il?

En un tour de main, le colonel fut habillé, et vivement il entra dans le salon.

Thérèse ne s'était point assise, mais elle marchait en long et en large avec impatience; lorsqu'elle vit le colonel entrer, elle accourut.

— Oh! mon cousin, mon cousin! s'écria-t-elle d'une voix tremblante.

Il lui prit les deux mains dans les siennes.

— Qu'avez-vous, chère enfant? votre père...

— Ce n'est pas de mon père qu'il s'agit. Si vous saviez. Mon Dieu! comment vous dire? Anatole, mon frère...

Alors il comprit que ses pressentiments ne l'avaient pas trompé.

— Arrêté? dit-il.

— Vous le saviez?

— J'avais lu les journaux et j'avais eu un mauvais pressentiment.

— Oh! il est innocent! croyez-le, mon cousin.

— Je veux le croire, mais que savez-vous? Ne me cachez rien.

— Je suis venue pour tout vous dire, afin que vous le sauviez.

— Moi, chère enfant! et que puis-je dans ce pays où je ne connais personne?

— Je ne sais pas, mais vous chercherez, vous trouverez; dites-moi que vous trouverez, dites-moi que vous ne l'abandonnerez pas. Je suis sûre qu'il n'est pas coupable.

— Je ne l'abandonnerai pas, je vous le promets.

— Ah! vous êtes bon, j'en étais certaine; aussi je n'ai pas hésité à venir. Tout de suite, c'est à vous que j'ai pensé en apprenant la terrible vérité.

— Mais qu'avez-vous appris? en détail, racontez-moi tout.

Et doucement il la força à s'asseoir près de lui en gardant ses mains dans les siennes. Elle était haletante, l'oppression l'étouffait.

— Calmez-vous, dit-il, et, si cela peut vous donner de la force de penser que vous avez en moi un ami dévoué, soyez assurée que je ferai tout, le possible, l'impossible, pour vous aider.

Elle releva sur lui ses yeux troublés, et longuement elle le regarda avec une émotion qui en disait plus que de longues paroles; en même temps, elle lui serrait les mains.

— En rentrant hier soir, dit-elle, nous avons trouvé Michel dans l'atelier; il avait l'air de travailler, mais j'ai bien vu tout de suite qu'il ne travaillait pas. Il paraissait tout sombre. Pendant que mon père avait le dos tourné, il m'a fait un signe à la dérobée : ce qui m'a bien étonnée. Mais je l'ai été encore bien davantage, lorsque, s'approchant de moi, il me glissa un papier dans la main. Mon premier mouvement fut de jeter ce papier, mais Michel me lança un coup d'œil si expressif que je le gardai. Aussitôt que je fus dans ma chambre, je l'ouvris et le lus. Il ne contenait que ces quelques mots écrits au crayon : « Il faut que je vous parle ce soir même; quand tout le monde sera endormi, sortez doucement, vous me trouverez sur le palier. » Quelques jours plus tôt, je n'aurais pas hésité, si étrange que fût cette demande; mais...

— Mais...

— Mais ce que vous m'aviez dit de Michel me revint à l'esprit, j'eus peur et décidai de ne pas sortir. Mais bientôt j'eus honte de cette mauvaise pensée, et quand je crus que je pouvais ouvrir les portes sans être entendue, j'allai sur le palier. J'y trouvai Michel qui m'attendait assis sur une marche. Alors, avec toutes sortes de précautions, il me dit qu'un grand malheur nous frappait tous et il m'apprit que mon frère était en prison. Il paraît qu'on vous a volé une très-grosse somme au jeu, une fortune.

— Je l'ai perdue au jeu, le soir de mon arrivée à Paris.

— Eh bien! on accuse Anatole de l'avoir fait voler par des gens qui seraient ses complices. Il aurait su qu'un étranger avait gagné cette somme, par une comédienne qui est... sa maîtresse, et alors il aurait combiné le vol. Ici il y a des choses embrouillées que je ne comprends pas ou qui m'ont été mal expliquées par Michel. Enfin, ce qu'il y a de certain, c'est qu'Anatole a été arrêté et qu'il est en prison. Michel l'avait appris dans la journée, et il avait attendu mon retour afin de nous entendre tous les deux pour cacher la vérité à mon père. Tel fut le récit de Michel. Que faire? J'étais bouleversée, car je comprenais comme Michel que cette affreuse nouvelle était pour tuer mon père, s'il l'apprenait. Bien qu'il ne parle jamais d'Anatole, il pense sans cesse à lui; il l'a tant aimé, il en était si fier. Quel coup, s'il lisait dans un journal ou bien si on lui disait que son fils était en prison accusé de vol! Comment empêcher cela? Alors l'idée me vint de m'adresser à vous.

— Bien, ma cousine.

— Je ne vous connais pas beaucoup, mon cousin; mais je suis sûre que vous êtes un homme de cœur et d'énergie. Cela ne s'apprend pas avec le temps, cela se sent tout de suite; je ne me trompais pas, puisque vous nous tendez la main.

— Vous avez eu raison de penser que vous trouveriez en moi un ami dévoué.

— Je fis part de mon idée à Michel; mais il la repoussa. Que pouviez-vous dans un pays qui n'était pas le vôtre? Et puis, si vous interveniez auprès de mon père, cela n'éveillerait-il pas ses soupçons au lieu de les écarter. La discussion dura longtemps entre nous, et je le quittai sans nous être mis d'accord. Les réflexions de la nuit m'ont confirmée dans mon idée, et ce matin, aussitôt qu'il m'a été possible, je suis sortie, en apparence pour aller rue Paradis-Poissonnière, chez le fabricant qui me donne à travailler, en réalité pour venir ici. Je vous en prie, mon cousin, sauvez Anatole.

Cette confiance que Thérèse mettait en lui l'avait vivement touché, mais, d'un autre côté, elle le jetait dans un embarras dont il ne savait comment sortir. Que pouvait-il faire? que devait-il répondre?

Comme il ne disait rien, elle continua, se méprenant sur les causes de ce silence.

— Je vous assure, mon cousin, qu'Anatole est

innocent. Si vous saviez comme il était bon ; il ne pensait qu'aux autres et il n'avait pas de plus grand plaisir que de nous faire des cadeaux. Avec cela, toujours de bonne humeur, prenant tout en riant. Ce n'est pas possible qu'il soit coupable. Il a eu bien des torts envers notre père, c'est vrai ; mais de là à voler, il y a un abîme, et je suis certaine qu'il ne l'a pas franchi. Vous verrez, vous verrez qu'il est innocent. Au reste, ce que je vous demande, c'est d'obtenir la preuve de cette innocence ; car, pour notre père, c'est là ce qu'il faut. S'il apprend que son fils a été arrêté, et cela peut arriver sans que tout ce que nous tenterons réussisse à l'empêcher, il faut qu'on puisse lui dire en même temps qu'il y a eu erreur et lui prouver qu'Anatole est innocent.

Évidemment l'idée était bonne ; mais, pour l'exécuter, il fallait d'abord qu'Anatole fût véritablement innocent ; puis il fallait ensuite réunir les preuves de cette innocence.

Sans parler des difficultés qu'il voyait à l'accomplissement de cette tâche, le colonel dit à Thérèse qu'il allait faire ce qu'elle demandait et, sans perdre un instant, commencer ses démarches.

— Pour l'activité et le dévouement, soyez assurée que je justifierai la foi que vous avez mise en moi.

De nouveau elle le regarda ; dans ses yeux roulaient encore des larmes retenues, mais ils n'exprimaient plus l'anxiété, comme lorsqu'elle était arrivée. Désolée elle l'était encore, mais non plus désespérée.

Elle se leva pour partir.

Mais, avant de s'éloigner, elle adressa une dernière demande à son cousin.

— Voudrait-il la prévenir du résultat de ses démarches? Elle ne pourrait pas revenir au Grand-Hôtel ; mais, le soir, à huit heures, elle pourrait se trouver sous les galeries de la place Royale.

Il promit d'être exact à ce rendez-vous, qui avait cela de bon de ne pas provoquer les soupçons d'Antoine. Place Royale, ils pourraient pendant quelques minutes s'entretenir librement.

— A ce soir !

Et ce fut elle à son tour qui, longuement, à plusieurs reprises, lui serra les mains dans une étreinte nerveuse.

Il n'y avait pas dix minutes qu'elle était sortie, quand Horace vint prévenir son maître qu'un homme, qui n'avait qu'un bras et qui s'appelait Denizot, demandait à voir le colonel, se disant certain d'être reçu.

Lui aussi, Denizot venait d'apprendre qu'Anatole avait été arrêté, et tout de suite il avait eu la pensée de s'adresser au colonel, afin que celui-ci le fît relâcher sans retard.

— Car vous comprenez que si notre pauvre Antoine apprend que son fils est en prison, cela peut le tuer. Combien de fois je lui ai entendu répéter : « Nous autres, nous devons être irréprochables. » Qu'est-ce qu'il dirait, s'il apprenait la vérité? Il faut donc que demain Anatole soit libre.

— Et comment cela?

— C'est vrai, n'est-ce pas, ce qu'on dit de votre

fortune ? Eh bien! il faut l'employer à cela. Vous n'êtes pas un homme à marchander, allez-y franchement.

— Mais, mon brave Denizot, la fortune n'a rien à voir là dedans.

A ce mot, Denizot se mit à sourire silencieusement.

— Bonnes à dire ces choses-là, mais on sait ce qu'on sait; allez-y franchement.

Et il fut impossible au colonel de changer l'idée de Denizot.

— Maintenant, vous savez, dit celui-ci en s'en allant, je n'affirme pas que le garçon ne soit pas coupable. Bon enfant, c'est vrai, bon vivant, mais capable de tout. Quand il était gamin, je l'ai vu en faire de si roides, qu'il peut bien avoir arrangé cette grosse volerie. Seulement, ce n'est pas une raison pour qu'on ne le relâche pas; on en a vu de plus coupables que lui se tirer d'affaire. Je vous le dis, parce que j'en suis sûr, allez-y franchement. Et puis, quand vous aurez réussi, je vous demanderai encore une chose : mettez une grosse somme dans la main d'Anatole, à condition qu'il s'en ira en Amérique, en Australie, quelque part enfin. Voyez-vous, le mieux pour tous, pour lui, pour son père, pour sa sœur, pour vous peut-être...

— Comment ! pour moi ?

— Vous ne connaissez pas le particulier : le mieux, c'est qu'il soit loin d'ici. Croyez-en quelqu'un qui le connaît à fond : bon enfant, mais canaille. Oh! là, là !

10.

XX

Denizot avait des idées si particulières sur la justice, que le colonel trouva tout naturel qu'il se fût adressé à lui pour faire mettre Anatole en liberté; cette libération étant une affaire d'argent pour le manchot, il avait été où il savait trouver de l'argent.

Mais Thérèse?

Ce n'était point à l'homme d'argent qu'elle avait pensé dans son désespoir, et l'idée de fortune n'avait été pour rien dans son inspiration. Si elle était venue à lui, c'était poussée par la sympathie, l'estime et la confiance; elle avait cru à la toute-puissance de son secours, parce qu'elle avait foi en lui.

Ce fut sous cette impression qu'il se rendit chez Raphaëlle aussitôt que Denizot l'eut quitté, car il était indiqué que c'était par la comédienne qu'il devait commencer ses démarches. Si elle ne pouvait pas faire mettre Anatole en liberté, elle devait au moins, mieux que personne, savoir comment rendre évidente l'innocence de son amant, si innocence il y avait.

Mais la femme de chambre qui répondit à son coup de sonnette et vint lui ouvrir la porte lui annonça, avec toutes les démonstrations d'un vif regret, que madame ne pouvait pas recevoir, attendu qu'elle était couchée et souffrante.

— Prévenez votre maîtresse que c'est le colonel Chamberlain qui demande à la voir pour une affaire de la plus haute importance.

— J'ai bien reconnu monsieur le colonel, mais même pour lui, je ne peux pas réveiller madame.

Il mit un louis dans la main de la cameriste; mais, tout en acceptant le louis, celle-ci refusa de manquer aux ordres de sa maîtresse : il s'agissait de la santé de madame.

C'était dans l'entrée que cette discussion avait lieu; tout à coup on entendit une clef grincer dans la porte du palier, et cette porte s'ouvrit devant Raphaëlle elle-même qui rentrait.

— Votre femme de chambre m'assurait que vous étiez au lit et souffrante, dit le colonel en riant.

— Madame sera sortie sans que je l'entende, répliqua la cameriste, qui ne se démonta pas; si madame m'avait prévenue, je l'aurais accompagnée au bain.

Mais ce n'était point une toilette de bain, une toilette du matin, que portait Raphaëlle; c'était une toilette de course, celle que précisément le colonel lui avait vue la veille en voiture.

Sans relever ce détail, qui ne le regardait pas

d'ailleurs, il lui dit qu'il avait à l'entretenir d'une chose très-grave et qu'il la priait de donner des ordres pour qu'on ne les dérangeât point.

— Monsieur le colonel a vu comment je savais défendre une porte, dit la cameriste en souriant ; il peut être tranquille.

Raphaëlle, passant la première, introduisit le colonel dans un petit boudoir attenant à sa chambre à coucher. Le meuble de ce boudoir, dont les murs et la porte étaient capitonnés de lampas de la Chine, se composait d'un large canapé, d'un petit bureau en laque et d'une seule chaise ; mais ce qui attirait surtout le regard, c'était, suspendu vis-à-vis le canapé, le portrait d'un jeune homme, vêtu d'un veston de velours gris, à la boutonnière duquel éclatait une fleur rouge.

Raphaëlle fit asseoir le colonel sur le canapé, et elle resta elle-même debout pour se débarrasser de son mantelet et de son chapeau.

— C'est d'un de vos amis, dit le colonel, qui est mon parent, mon cousin, que j'ai à vous entretenir.

— Anatole ? Vous le reconnaissez ! s'écria-t-elle. Ah ! colonel, vous êtes un homme !

— J'étais venu hier pour vous parler de lui, dit-il sans paraître touché de cet éloge ; mais, au moment où j'arrivais devant votre porte, vous partiez pour les courses.

— Il l'a bien fallu, et vous ne devez pas me condamner en croyant que j'allais là pour m'amuser au lieu de rester à pleurer dans ma chambre. M'amuser ? J'avais bien le cœur à m'amuser ! Et je me suis vraiment bien amusée pendant cette journée et cette nuit. Si vous saviez, si je pouvais tout vous dire... Un seul mot : il l'a fallu. Anatole lui-même m'eût dit de faire comme j'ai fait.

— Vous devez comprendre, continua-t-il, que je n'ai pas à m'occuper de ce que vous avez fait ni à l'apprécier en bien ou en mal; je viens seulement vous demander ce que vous savez à propos de cette affaire.

Pendant qu'il parlait, elle avait ouvert un tiroir à secret du bureau, et elle avait placé dedans une liasse de billets de banque qu'elle avait tirée de la poche de sa robe.

— Ce que je sais, dit-elle en poussant vivement le tiroir, qui se referma seul, c'est qu'il est innocent, oh ! cela, je vous le jure !

— Cependant il y a un mot de vous qui, si vous l'avez dit, fournit une arme à ceux qui l'accusent. On prétend qu'on vous a entendue dire à l'une de vos amies, au moment où M. Amenzaga entassait mes billets devant lui : « Ah ! si Anatole était là ! »

— Ce mot est vrai ; mais ce qui est faux, c'est le sens qu'on lui donne. Vous allez le voir. Il faut que vous sachiez tout et vous le saurez.

Vivement elle vint s'asseoir sur le canapé auprès du colonel.

— Vous alliez jouer votre coup de 160,000 francs; le prince Mazzazoli me prit à part et me dit que, comme vous étiez volé par M. Amenzaga, je devais faire cesser le jeu. Il me donna la preuve de ce vol en me montrant les cartes dont les tranches étaient plus blanches. C'était bien difficile à une femme de faire cesser le jeu dans une pareille circonstance. Je m'adressai à une personne qui avait le droit d'intervenir et de parler haut chez moi, parce qu'elle était chez elle ; mais cette personne eut peur du scandale, en réalité peur de sa femme, et elle refusa de s'interposer entre vous. Je courus à une autre qui elle aussi pouvait jusqu'à un certain point parler ; mais celle-là refusa aussi, par peur de sa fille. Cela me gêne terriblement ce que je vous dis là, mais je sens qu'il faut le dire. Je courus à un troisième, à un quatrième : ils refusèrent, celui-ci pour une raison, celui-là pour une autre. Ce fut alors que, dans un moment d'exaspération devant cette lâcheté, je dis à Balbine, mon amie intime : « Ah ! si Anatole était là. » Ce mot fut entendu par une autre, et depuis répété. Que voulait-il dire ? Une seule chose, qui était qu'Anatole, dans la position de ceux qui venaient de refuser d'intervenir, n'aurait point eu leur lâcheté et aurait su empêcher qu'on continuât de vous voler. Vous comprenez maintenant si ce mot est une charge contre lui.

Il était évident, si les choses s'étaient passées ainsi, que ce mot, qu'on avait faussement interprété, n'avait plus aucune importance ; mais il restait à savoir, pour prouver l'innocence de l'accusé, s'il n'avait pas pu donner à un complice les renseignements qui avaient fait commettre le vol.

Ce fut sur ce point que le colonel interrogea la comédienne.

Celle-ci répondit que la partie de jeu avait eu lieu

entre deux heures et deux heures et demie, qu'Anatole était venu chez elle à deux heures trois quarts seulement, et que, comme il y était resté jusqu'à huit heures du matin, il n'avait pu prévenir personne. Si on l'avait vu s'entretenir sur le boulevard avec un inconnu, c'était avant qu'il entrât, c'est-à-dire quand il ne savait rien.

— Et qui peut prouver qu'il est resté chez vous de trois heures moins un quart à huit heures du matin?

— Moi d'abord et puis le concierge, qui l'a vu monter et qui a dû le voir descendre. Malheureusement le concierge est parti le matin, à neuf heures, pour son pays, au fond de la Nièvre, dans un village perdu, où il n'y avait pas moyen d'envoyer de dépêche; mais il revient demain, et alors nous pourrons prouver l'innocence d'Anatole.

— Vous la donnerez, cette preuve? J'entends que vous affirmerez ce que vous me racontez.

— Si je la donnerai! Et pourquoi donc ne la donnerais-je pas? Parce que ce sera faire connaître la vérité! Eh bien! on la connaîtra. Je la leur ai déjà dite d'ailleurs. Hier ils sont venus me reprocher d'avoir pour amant un faubourien, « un pâle voyou, » comme l'a appelé votre ami Gaston de Pompéran. C'était abominable, honteux, inimaginable, non pas l'amant, mais le faubourien. Sont-ils bêtes!

Elle s'était levée et, debout, adossée à la cheminée, elle parlait avec les gestes dramatiques et la mélopée traînante du théâtre; car si peu comédienne qu'elle fût, elle l'était assez cependant pour ne pas pouvoir se débarrasser de son éducation théâtrale, même lorsqu'elle était entraînée par un sentiment sincère ; les paroles étaient vraies, mais le ton était faux.

— J'ai pour amant un faubourien. Eh bien ! oui, c'est vrai. J'ai pris ce faubourien pour amant, parce qu'il a du sang dans les veines, parce qu'il a un cœur dans la poitrine ; tandis qu'eux, ils n'ont ni cœur, ni sang, ni rien qui vive, et qu'ils ne sont que des marionnettes et des crevés. Ils le méprisent parce qu'il les supporte. Et eux, est-ce qu'ils ne se supportent pas les uns les autres ? Ils veulent une femme connue qui fasse parler d'eux, qui les pose, qui soit leur gloire : la seule, bien entendu, qu'ils acquerront jamais. Mais elles coûtent cher, les femmes connues. Alors, comme on est économe ou bien comme on ne peut pas aller plus loin qu'une certaine somme, on ferme les yeux et les oreilles, on ne vient qu'à des heures bien réglées ; on ne veut rien entendre, rien voir, rien croire. Si vous saviez comme tout cela est lâche, plat, misérable. Et ils veulent que nous les aimions, nous qui les connaissons. Ah ! si l'une de nous voulait raconter tout ce qu'elle sait !

Le colonel examinait curieusement cette femme que la colère et la passion animaient.

Elle continua :

— Voyou, pâle voyou, les imbéciles !...

Puis, s'interrompant tout à coup pour passer dans sa chambre, d'où elle revint aussitôt en apportant un album qu'elle posa sur les genoux du colonel :

— Regardez donc dans cet album, dit-elle, si

parmi tous ceux qui s'étalent là il y en a un seul qui vaille le pâle voyou.

Et de sa main tendue, elle montra le portrait suspendu vis-à-vis le canapé.

— C'est lui? demanda le colonel en regardant avec surprise ce portrait.

— Je l'ai fait placer ici hier, et maintenant il y restera toujours. Le voilà, le pâle voyou; regardez-le.

Le colonel n'avait pas besoin de cet encouragement; il était certain que le pâle voyou était un beau garçon et même un trop beau garçon : la tête fine et couronnée de cheveux noirs arrangés d'une façon prétentieuse, était vraiment jolie, mais avec quelque chose de fuyant dans le front et d'hésitant dans le regard, qui produisait une impression d'inquiétude. On se demandait quel était cet homme, et l'on restait sans trouver une réponse. Le visage sans barbe était efféminé, le torse au contraire était vigoureux. Au reste, nulle ressemblance avec son père ni avec sa sœur.

— N'est-ce pas qu'il est beau, dit Raphaëlle d'une voie émue, et qu'on doit être fière de l'aimer? Et je l'aime; il est à moi, à moi seule. Je ne me suis pas associée avec mes amies pour l'avoir, je n'ai pas besoin de combiner des heures pour lui laisser sa liberté; il est à moi, le jour, la nuit, quand je veux... et il m'aime. Si je ne l'aimais plus, il me tuerait. Si je vous dis que je n'ai vécu que depuis que je le connais, me croirez-vous?

Alors, s'asseyant sur le canapé et prenant l'album, qu'elle ouvrit :

— Lequel de ceux qui sont là peut remuer le cœur d'une femme et lui donner une sensation nouvelle ? Est-ce celui-ci ? est-ce celui-là ?

Tournant les feuillets de l'album d'une main dédaigneuse, elle était arrivée au portrait du duc de Charmont.

— Oui, dit-elle en s'arrêtant, en voilà un qui est un homme ; mais ses maîtresses, il les méprise comme s'il était honteux de les avoir aimées une minute. Tous les autres sont jetés dans le même moule : qui en connaît un les connaît tous. A vivre près d'eux, avec eux, l'ennui vous gagne, l'écœurement, et à la longue on se laisse aller à chercher quelque chose qui vous secoue et vous change.

Puis s'arrêtant et fermant l'album :

— Mais pourquoi vous dire tout cela ? Vous n'en avez pas souci, n'est-ce pas ? et peu vous importe de savoir quelle influence Anatole a pu exercer sur moi. Ce que vous voulez, c'est être certain qu'il n'est pas coupable et que je ferai tout pour prouver son innocence. Eh bien ! cette certitude, vous pouvez l'avoir. Quand une femme comme moi aime un homme comme lui, elle ne l'abandonne pas.

XXI

Anatole était-il innocent?

Il paraissait résulter du récit de Raphaëlle qu'il ne pouvait pas être coupable.

Mais quelle valeur accorder à ce témoignage d'une femme qui voulait sauver son amant?

Serait-il d'ailleurs confirmé par celui du concierge, ce témoignage?

Et puis, quand il le serait, tout cela formerait-il un ensemble suffisant pour faire mettre Anatole en liberté ou, en attendant cette libération, pour affirmer son innocence et la prouver?

En un mot, dans ce que le colonel venait d'obtenir, y avait-il de quoi rassurer Antoine, si celui-ci avait appris l'arrestation de son fils?

Évidemment non. Comment lui dire : « Votre fils n'est pas coupable, et la preuve, c'est que sa maîtresse le soutient innocent? »

Ce n'était pas là ce qu'avait demandé Thérèse.

Il fallait plus.

Il fallait profiter de ces témoignages pour organiser une défense active qui, en peu de jours, fît relaxer Anatole, et prouvât pour tous qu'il était bien innocent.

Mais la tâche ainsi entreprise était grosse de difficultés pour le colonel.

Comment organiser cette défense ? à quelle porte frapper ? à qui s'adresser ? quelles influences mettre en jeu ?

Autant de questions devant lesquelles il restait embarrassé, sans savoir comment les aborder.

Il était depuis trois jours seulement en France, et il n'avait qu'une idée assez confuse des formes et des usages de la justice française. A Paris, il ne connaissait personne, excepté son ami Gaston de Pompéran.

Il était dur d'aller dire à cet ami, si étroitement enfermé dans certains principes : « L'amant de Raphaëlle, le faubourien, le pâle voyou, le voleur présumé d'Amenzaga, est mon cousin, et je viens vous demander aide ou conseil pour le tirer de prison. »

Cependant ce fut à cette résolution qu'il s'arrêta.

La veille, en n'osant point interroger franchement son ami, pour éclaircir ses soupçons, il avait été arrêté par un sentiment de honte ; mais maintenant ce sentiment, si légitime qu'il fût, devait céder devant un autre d'un ordre plus élevé. Ce n'était plus de lui qu'il s'agissait, de son amour-propre et de sa fierté : c'était de son oncle, c'était de Thérèse, c'était de l'engagement qu'il avait pris envers celle ci.

En sortant de chez Raphaëlle, il se fit conduire rue Boissy-d'Anglas, chez son ami Pompéran.

— J'allais chez vous, dit celui-ci en voyant entrer le colonel, car je vous ai arrangé pour ce soir une petite partie à laquelle vous ne pouvez manquer.

— Précisément je ne suis pas libre ce soir, répliqua le colonel.

— Vous reprendrez votre liberté pour moi, ou bien alors il sera démontré que vous ne me traitez pas en ami.

— Mais...

— Il n'y a pas de mais. Au reste, je n'ai qu'à vous expliquer mes arrangements pour que vous compreniez que tout refus de votre part est impossible, ou tout au moins qu'il me placerait dans une situation ridicule. Hier, en arrivant à Longchamps, les premières paroles de madame de Lucillière sont pour me demander de vos nouvelles. Vous ne sauriez croire combien d'amis vous vaut la façon dont vous avez joué contre Amenzaga. « Et votre ami le colonel Chamberlain ? » me dit-elle. Je lui explique que vous avez un devoir de famille à remplir, un vieil oncle à embrasser, et que vous n'avez pas pu venir. Alors l'idée me passe, pour racheter votre absence, de dire que j'ai arrangé avec vous un combat de rats contre mes terriers pour le lundi soir.

— Vraiment ? interrompit le colonel.

— Je sais, c'est absurde, tout ce que vous direz sera juste, mais écoutez la fin pour comprendre que vous ne pouvez pas le dire. Il faut que vous sachiez que j'ai deux terriers comme il n'y en a pas à Paris.

Quand j'ai dû renoncer aux chevaux de courses pour des raisons que vous sentez, sans qu'il soit nécessaire que je les explique, j'ai voulu me consoler de cet abandon forcé par un autre genre de sport moins dispendieux. C'est alors que j'ai rapporté de Londres un bull-terrier avec lequel j'ai organisé des combats de rats comme on n'en avait pas encore vu en France : en vingt-cinq minutes, *Betsy* étrangla cinquante rats pour début. Vous pouvez vous imaginer quel fut son succès, et je puis ajouter quel fut le mien. Depuis, j'ai dressé un autre chien, *the Hangman*, qui est arrivé à tuer jusqu'à soixante-cinq rats en vingt-cinq minutes. La marquise de Lucillière n'a jamais vu mes chiens et bien souvent elle m'avait demandé à assister à l'un de ces combats. C'est ainsi que j'ai été amené à lui proposer la partie de ce soir, et la lui présenter comme organisée avec vous, tandis qu'en réalité elle était improvisée par moi seul. Maintenant, en bonne conscience, pouvez-vous m'abandonner? Je vous ai promis hier, et vous n'êtes pas venu. Je vous promets pour ce soir, voulez-vous me faire encore manquer à ma parole?

— Certes je ne le voudrais pas, mais...

— Ajoutez à tout cela que j'ai fait prendre deux cents rats.

— Mon cher Gaston, dit le colonel d'une voix grave qui montrait que ses paroles étaient sérieuses, je vous prie de m'écouter à votre tour, et vous verrez que j'ai par malheur de trop bonnes raisons pour vous refuser. Vous vous souvenez, n'est-ce pas, que je vous ai demandé hier, en deux mots, si l'on connaissait cet amant de Raphaëlle qui a été arrêté comme complice du vol d'Amenzaga : vous m'avez répondu que c'était un faubourien, un pâle voyou.

— Ah! mon pauvre ami, s'écria Gaston en prenant les mains du colonel, combien je suis désolé !

— Vous savez donc? demanda celui-ci surpris de cette expansion tout à fait insolite chez un homme aussi calme.

— J'ai vu hier aux courses le juge d'instruction qui est chargé de cette affaire, et naturellement nous avons parlé de ce vol qui préoccupe tout Paris ; m'a dit que ce... garçon se nommait...

— Chamberlain?

— Précisément, Anatole Chamberlain, qu'il avait été élevé rue de Charonne ; alors j'ai pensé qu'il pouvait être votre parent.

— Mon cousin germain, le fils de mon oncle.

— Ah! mon ami, combien je suis fâché...

— De quoi? d'avoir dit que ce garçon était un un voyou? S'il est coupable, vous ne l'avez pas qualifié assez sévèrement ; s'il est innocent, comme j'ai quelques raisons de le croire, il n'en est pas moins vrai que sa situation auprès de Raphaëlle permet de parler de lui avec un certain mépris. Vous n'avez donc point à vous désoler, et je me suis senti si peu blessé par vos paroles que j'ai pensé à vous pour me rendre service dans les circonstances difficiles où je me trouve.

— Parlez, que faut-il faire?

— Si M. Anatole est un vilain monsieur, son père est un modèle d'honneur et sa sœur est... sa sœur est la jeune fille dont je vous ai parlé. Vous comprenez donc que je m'intéresse à ce garçon, sinon pour lui, au moins pour sa famille, pour son père, pour sa sœur. J'ai même formellement promis à celle-ci de faire toutes les démarches possibles pour que l'innocence de son frère, innocence à laquelle elle croit, bien entendu, soit reconnue. Dans ce but, j'ai interrogé Raphaëlle, et voici ce qu'elle m'a appris.

Alors le colonel raconta sa visite à la comédienne, mais en ayant soin de ne pas parler des sentiments que celle-ci avait si franchement manifestés, et en se bornant à expliquer les circonstances qui semblaient prouver qu'Anatole ne pouvait pas avoir donné les renseignements au moyen desquels le vol avait été commis.

Puis il continua en disant à son ami comment, dans son embarras, il avait pensé à lui demander conseil.

— En entrant chez vous, dit-il, je ne savais trop sur quoi devait porter votre concours ; mais un mot m'a éclairé. Vous connaissez le juge d'instruction chargé de l'affaire, n'est-ce pas?

— Le Méhauté? Parfaitement, nous sommes liés.

— Eh bien ! présentez-moi à lui.

— Vous voulez vous faire connaître comme le parent de ce... garçon? fit Pompéran avec un soubresaut.

— Je veux lui expliquer les choses telles que je les vois.

— Mais, mon cher ami, je peux lui donner ces explications moi-même, et je vous promets que je le ferai avec chaleur, avec intelligence.

— Je ne doute ni de l'une ni de l'autre.

— Il me semble qu'il n'est pas nécessaire qu'un avocat croie à l'innocence de son client pour le bien défendre.

— Je ne prétends pas cela, mais j'ai pris un engagement et je tiens à l'exécuter.

— Cependant songez combien il serait fâcheux pour vous d'avouer cette parenté; sans doute on pourra dans le monde remarquer que votre nom est le même que celui de ce... garçon, mais cela n'affirme pas votre parenté. Pourquoi voulez-vous qu'on sache que le colonel Chamberlain est le cousin de M. Anatole? Je vous en prie, n'est-ce pas? cachons cela. Vous ne connaissez pas Paris. Le hasard permet que vous vous présentiez dans des conditions extraordinaires; on a les yeux fixés sur vous, et des yeux tendres, ne compromettez pas votre succès par une imprudence, si ce n'est pas pour vous, que ce soit pour moi.

Mais le colonel ne se laissa pas ébranler; il voulait voir le juge d'instruction, et Gaston dut céder à cette exigence.

— C'est bien, dit-il; je vais vous conduire au palais, ou plutôt, non, j'ai mieux à vous proposer. Au palais, Le Méhauté pourrait très-bien s'enfermer dans son rôle de magistrat et ne vous répondre que par des paroles vagues; il vaut mieux que je vous réunisse dans des conditions où vous ayez l'un et l'autre plus de liberté. Je vais l'inviter à venir ce soir à mon combat de rats.

— Et il viendra?

— Pourquoi ne viendrait-il pas? Parce qu'il est magistrat? On voit bien que vous ne connaissez pas Le Méhauté : sachez qu'il aime et pratique tous les sports. Je ne dis pas qu'il n'y ait pas encore des magistrats qui restent confits dans leur austérité; mais, Dieu merci! il y en a d'autres qui savent marcher avec leur époque et ne pas rester des momies d'un autre âge. Le Méhauté est de notre monde; c'est vous dire qu'il n'est point une momie. Nos amusements sont les siens; aussi pouvez-vous être certain d'avance qu'il acceptera mon invitation avec joie. Seulement, à ce propos, un conseil : ne paraissez pas surpris si vous le voyez parier pour ou contre mes chiens.

— Ah! il parie?

— Comment, s'il parie! Mais il a gagné hier une jolie somme avec *Patricien*... Ainsi, à ce soir, neuf heures, rue de Suresnes, n'est-ce pas?

Le colonel, ayant rendez-vous avec Thérèse à huit heures, pouvait très-bien se trouver à neuf heures rue de Suresnes; il accepta donc les arrangements de son ami.

Lorsqu'il arriva à huit heures précises, place Royale, il aperçut Thérèse qui l'attendait sous les galeries; elle vint vivement à lui, et, posant sa main tremblante sur le bras qu'il lui tendait :

— Eh bien? demanda-t-elle.

Alors il lui raconta ce qu'il avait fait et ce qu'il

avait appris, en ayant soin seulement d'approprier son récit aux oreilles qui l'écoutaient.

— Vous voyez bien, s'écria-t-elle, qu'il est innocent !

Comme cette exclamation avait fait retourner des gens qui passaient, ils se mirent à marcher lentement sous la galerie, tantôt dans la lumière, tantôt dans l'ombre : elle, s'appuyant sur le bras qui la serrait doucement; lui, se penchant vers elle.

Les minutes s'écoulèrent rapidement dans cet entretien, et la demie, en sonnant, lui rappela qu'il devait être rue de Suresnes à neuf heures.

— Vous reviendrez demain ici, à la même heure, n'est-ce pas? dit-elle.

— Oui, demain, je vous le promets.

Ils se tenaient les mains dans les mains, les yeux dans les yeux.

Alors ils entendirent une voix qui disait d'un ton moqueur :

— Eh bien! ne vous gênez pas es amoureux !

Thérèse retira vivement ses mains et ils se séparèrent.

XXII

Neuf heures sonnaient à la mairie de la rue d'Anjou, quand le colonel descendit de voiture, à la porte de la maison de la rue de Suresnes, qui lui avait été indiquée par Gaston.

Cette maison, qui était une vieille et mauvaise masure, comme il s'en trouve plusieurs dans cette rue, était occupée par un marchand de fourrages, et avant d'entrer on respirait une odeur de paille et de foin.

Un domestique, celui de Gaston, se tenait sous la porte cochère, pour recevoir les invités de son maître et les introduire dans la salle où devait se livrer le combat des rats contre la célèbre *Betsy* et contre *the Hangman*, plus célèbre encore.

On arrivait à cette salle en descendant les marches d'un escalier tournant, car c'était en réalité une vaste cave voûtée, qui avait été tant bien que mal disposée pour le combat.

Sur le sol, on avait répandu du sable jaune, et le long des murs, verdis par l'humidité, on avait accroché des lampes qui jetaient, dans toute la cave, une vive clarté. Au milieu de cette pièce, on avait construit une sorte d'arène, comme celle qui se voit dans les cirques; elle était en planches bien jointes, d'une hauteur de trois pieds à peu près, se terminant par un grillage en fil de fer qui la couvrait comme un couvercle, destiné à empêcher les rats de s'échapper par quelque bond désespéré. En se penchant par-dessus ce grillage, les spectateurs pouvaient suivre toutes les péripéties du combat, sans craindre qu'un rat leur sautât à la figure ou leur mordît les jambes.

— N'est-ce pas que mon cirque est bien disposé? dit Pompéran en venant au-devant du colonel.

— Très-joliment.

— Le Méhauté n'est pas encore arrivé, mais il viendra certainement; madame de Lucillière viendra aussi.

Les personnes avec lesquelles le colonel s'était rencontré chez Raphaëlle s'approchèrent pour lui serrer la main, et Gaston le présenta à celles qu'il voyait pour la première fois.

La conversation continua, roulant sur les courses de la veille; on regretta que le colonel n'y eût pas assisté.

— Très-jolies courses.

— Mais qu'ont donc les chevaux de Lucillière? Ils ne vont pas.

— Le marquis veut faire un coup.

— Lequel?

— Si je le savais, je garderais le secret pour moi et j'en profiterais.

Puis, tout à coup, l'entretien tourna d'un autre côté.

— Devinez d'où je reviens? dit un nouvel arrivant.

— De Pontoise.

— Quelle bêtise! Je viens de la gare de Lyon, où j'ai mis d'Authevernes en wagon: il va à Rome rejoindre les zouaves pontificaux.

Et ce fut un feu croisé d'exclamations, de dénégations, d'explications.

— Au moment où l'on abolit la contrainte par corps? En voilà une idée!

— Est-ce que madame de Blosseville ira passer l'hiver à Rome?

— Pour moi, dit d'une voix ronflante un vieux beau, qui se tenait roide, la taille serrée dans une redingote courte, j'approuve d'Authevernes et trouve sa détermination digne d'éloges.

— Parce que vous avez dépassé l'âge où l'on se fait zouave pontifical.

— Non, messieurs; mais tout simplement parce que d'Authevernes donne un exemple que je voudrais voir suivre. Où allons-nous, si nous ne nous groupons pas autour du trône pontifical? A la ruine! à la révolution!

— D'Oyat a raison.

— Personne ne dit qu'il a tort.

— Non, seulement il ne faut pas s'exagérer la puissance de Garibaldi; c'est un fantoche.

A ce moment, on entendit une voix claire retentir dans l'escalier ; c'était madame de Lucillière qui annonçait son arrivée.

Elle entra dans la cave comme un tourbillon et en riant aux éclats.

— C'est une descente aux enfers, dit-elle à Gaston en lui tendant la main.

Le colonel, n'étant pas au premier rang, put la regarder attentivement pendant qu'elle répondait à ceux qui s'empressaient près d'elle.

C'était une femme de vingt-six à vingt-huit ans, plutôt jolie que belle, grande et mince, qui, dans sa démarche, avait les mouvements légers et gracieux d'un oiseau. Son teint pâle avait de l'éclat. La tenue, le geste, la voix, le regard qu'elle jetait sur ceux à qui elle adressait un mot, tout en elle affirmait la puissance d'une femme habituée à être traitée en souveraine. Avec cela un air de noblesse et de distinction. Mais ce qui formait un contraste bizarre avec cette distinction, c'était sa façon de s'exprimer. Quelqu'un qui eût fermé les yeux et n'eût écouté que ses paroles, sans avoir égard au timbre de la voix, aurait pu croire que c'était un homme qui causait joyeusement avec d'autres hommes et surtout librement en un langage plus que familier.

Mais le colonel n'eut pas le temps de pousser bien loin son examen. Gaston vint le chercher pour le présenter à la marquise, qui daigna elle-même faire quelques pas au-devant de lui.

Cette présentation se fit sans aucune cérémonie,

au moins de la part de la marquise qui tendit la main au colonel.

— Eh bien, dit-elle, s'adressant à Gaston, est-ce que cette petite fête ne va pas commencer? Sapristi! mon cher, ne nous faites pas droguer.

— Je n'attends plus que Le Méhauté.

— Tiens! vous l'avez invité? Elle est bien bonne. Il m'a gagné hier cent louis avec son *Patricien*. Si je pouvais les lui rattraper, ce serait assez drôle.

Le magistrat ne se fit pas longtemps attendre et presque aussitôt le colonel vit entrer dans la cave celui pour lequel il était venu à cette réunion.

— Mon ami le colonel Chamberlain, dit Gaston; M. Le Méhauté, qui pourra, s'il le veut bien, mon cher Édouard, vous apprendre des choses fort curieuses sur ce Paris que vous ne connaissez pas.

Puis, les ayant mis ainsi en rapport, il s'occupa de sa petite fête.

Tandis que deux hommes apportaient une caisse grillée dans laquelle grouillaient des rats, il sortit un moment et revint bientôt, tenant dans ses bras un petit bull-terrier au pelage tout blanc.

Il le prit par la peau du cou, et l'élevant à la hauteur de la tête :

— Voici *Betsy*, dit-il.

On s'empressa autour de lui pour voir de près la célèbre *Betsy*.

C'était une bête de petite taille, avec une tête énorme, un museau écrasé, au-dessous duquel s'avançait la mâchoire inférieure, dont les crocs faisaient saillie; en tout un horrible animal, dont la physionomie basse et méchante était relevée seulement par le courage qui se montrait dans ses yeux sanglants.

Pendant que ceux qui avaient des connaissances techniques et spéciales discutaient la forme de la chienne, les hommes de service avaient fait glisser le fond à coulisse de la boîte grillée, et les rats étaient tombés dans l'arène, étourdis, ahuris.

— Il faut les laisser se remettre, dit une voix.

— Comme vous voudrez, répondit Gaston, qui avait peine à retenir sa chienne ; seulement *Betsy* sent les rats, elle va m'échapper.

Dans l'arène, les rats couraient çà et là éperdus, se cognant, se mordant les uns les autres; leurs longues queues traçaient sur le sable fin des festons fantastiques.

Pensant à son affaire bien plus qu'à la bataille qui allait se livrer, le colonel s'était placé auprès du juge ; mais celui-ci n'était pas en disposition de parler d'autre chose que de cette bataille.

— Il y a cinquante rats, dit Gaston ; regardez l'heure : dans vingt minutes, il n'en restera pas un seul en vie.

Alors, prenant la chienne par la peau de l'échine, il la laissa tomber dans l'arène.

Poussant deux ou trois hurlements rauques, *Betsy* ne prit pas le temps de se reconnaître; d'un bond elle fondit sur un groupe de rats qui se trouvait à sa portée.

Ceux-ci n'attendirent pas l'attaque de la chienne ; mais, lui tournant le dos, ils cherchèrent leur salut dans la fuite.

Où fuir ? Partout, devant eux, se dressait l'enceinte circulaire de l'arène. Quelques-uns espérèrent s'échapper en sautant par-dessus, mais ils vinrent frapper de la tête contre le grillage, qui, faisant tremplin, les rejeta rudement sur le sable.

Pendant ce temps, *Betsy* continuait sa course autour de l'arène ; elle roulait comme une boule blanche au milieu de cette fourmilière noire, ne s'arrêtant pas pour mordre, et laissant derrière elle, éventrés, ceux qu'elle avait pu attraper.

Les rats, ayant sans doute compris que la fuite était impossible, voulurent enfin faire tête à leur ennemi ; ils se massèrent et se retournèrent.

Mais *Betsy* passa à travers leur groupe comme l'eût fait un boulet de canon.

Cependant ce ne fut pas sans blessures : deux rats lui sautèrent au cou, et d'autres se cramponnèrent à ses flancs et à ses pattes ; sa robe blanche se marbra de plaques rouges.

Le moment décisif était arrivé.

— Bravo ! *Betsy*, cria Gaston ; tiens bon ! hip ! hip !

Allait-elle se débarrasser des ennemis qui s'étaient jetés sur elle et qui la rongeaient ?

Tout le monde était penché au-dessus du grillage.

— Qui veut les rats ? dit la marquise. Je prends la chienne, cent louis pour la chienne à égalité.

Personne ne répondit, mais on regarda l'heure ; douze minutes s'étaient écoulées ; il restait encore plus de vingt-cinq rats en vie.

— Eh bien! messieurs, continua la marquise, personne ne veut des rats?

Le colonel crut devoir intervenir.

— Cent louis contre *Betsy*, dit-il.

Sans se préoccuper des rats qui la tenaient, la chienne mordait à droite et à gauche ceux qui se pressaient autour d'elle; à chaque coup de croc, on entendait les os craquer; elle ouvrait et fermait la mâchoire régulièrement comme une machine.

Bientôt elle put se retourner et casser les reins à ceux qui s'étaient attachés à ses flancs.

Cependant ceux qui la tenaient au cou n'avaient pas lâché prise; alors elle se coucha sur le sable, et, pesant de tout son poids du côté gauche, elle se débarrassa de ce côté! puis, répétant la même tactique, elle força celui qui la tenait à droite à se détacher, et vivement elle lui broya la tête.

Il ne restait plus que trois rats affolés: elle se jeta dessus, et, en moins d'une minute, ils roulèrent sur le sable, le ventre ouvert. Alors, se campant sur son derrière, elle poussa quelques aboiements de triomphe; elle était horrible à voir, pleine de sang et de sable, le museau déchiqueté, la peau crevée à vingt endroits. On l'applaudit furieusement.

Naturellement il y eut un moment de repos; mais les esprits étaient trop surexcités pour que le colonel pût engager l'entretien qu'il désirait avoir avec le juge.

D'ailleurs il avait à payer le pari qu'il avait perdu contre madame de Lucillière.

Celle-ci paraissait radieuse; elle riait et parlait

à haute voix, adressant un mot et un sourire à chacun.

— Mon cher colonel, dit-elle, vous êtes un brave ; sans vous je ne faisais rien. Trop sages, ces messieurs ; ils ne veulent parier qu'à coup sûr.

Puis, caressant la chienne malgré les souillures dont celle-ci était couverte :

— Bravo, la petite bête ! dit-elle.

— Et l'entraîneur, ne l'applaudirez-vous pas ? dit une voix, car cette savante férocité est le produit de l'éducation.

On discuta sur l'éducation que Gaston avait donnée à ses chiens.

— Voulez-vous faire une expérience curieuse ? dit la marquise. J'ai à la campagne un furet que mon garde prétend être féroce pour les rats ; je le ferai venir, et nous le comparerons aux chiens de Gaston. Voulez-vous venir vendredi prochain ?

— Oui, vendredi ! s'écria-t-on.

Mais d'Oyat se pencha à l'oreille de la marquise.

— Pas vendredi, dit-elle ; je n'avais pas pensé tout d'abord que c'est vendredi-saint.

— C'est juste, dirent plusieurs voix.

— Alors mardi, mais dans la journée. Monsieur le colonel, j'espère que vous me ferez l'amitié d'être des nôtres.

XXIII

La seconde partie de la représentation fut, à peu de choses près, la répétition de ce qu'avait été la première.

Au lieu d'avoir le pelage blanc comme *Betsy*, *the Hangman* l'avait tout noir, dur et ras; mais, pour la laideur de la physionomie, il ne le cédait en rien à la chienne, peut-être même cette couleur sombre lui donnait-elle quelque chose de plus horrible encore.

Au lieu de lui jeter cinquante rats dans l'arène, on lui en offrit soixante-quinze, et l'on augmenta de cinq minutes le temps du combat.

Enfin il y eut encore une autre différence, qui affirma glorieusement la supériorité de *the Hangman*.

Betsy avait paru prendre plaisir à ce combat, et elle avait montré un peu de l'ardeur instinctive du chien de chasse; mais par là elle s'était abandonnée à une sorte de passion qui avait failli compromettre son succès.

The Hangman, au contraire, avait été parfait de méthode et de tenue. Il ne s'était point, comme *Betsy*, jeté inconsidérément sur les rats; mais, une fois qu'il avait touché le sable de l'arène, il s'était avancé vers eux d'un pas prudent et sûr, les enveloppant par sa marche savante, qui ne leur permettait pas de s'enfuir ou de se dérober en masse. Une fois arrivé à portée de mordre, il avait commencé à faire fonctionner ses terribles mâchoires, lentement, mais régulièrement; chaque coup de croc était la mort de celui qui était atteint; et il avait continué d'avancer ainsi, sans se laisser troubler par les morsures furieuses de ses adversaires jusqu'au moment où le vide s'était fait autour de lui. Alors, par quelques bonds rapides, il s'était jeté à droite, à gauche, en avant, en arrière, poursuivant son carnage, sans s'interrompre ou se reposer une seconde, sans pousser un cri, sans faire un mouvement inutile. C'était véritablement la perfection mathématique de la boucherie.

— Vingt-trois minutes quinze secondes! s'écria Gaston lorsque tous les rats furent tués.

Et des applaudissements saluèrent ce cri de triomphe.

— Positivement, mon cher, dit M. d'Oyat, qui aimait à parler, voilà un sport qui vous fera honneur; on vous doit des remercîments pour son importation en France.

Et le colonel, qui avait demandé sa revanche à madame de Lucillière, offrit à celle-ci les deux billets de banque qu'il venait de perdre.

Enfin le moment était venu où il allait pouvoir sans doute interroger le juge d'instruction.

Mais ce moment n'arriva pas encore, car pendant longtemps on parla de la qualité des deux chiens et du talent de leur maître. Comment engager un entretien particulier au milieu de cette discussion générale !

Cependant il parvint à rappeler à Gaston dans quel but il était venu à cette représentation, et celui-ci, qui avait tout oublié au milieu de son triomphe, eut la complaisance de s'arranger pour emmener avec lui, quand tout le monde se retira, M. Le Méhauté et le colonel.

En chemin on ne parla que des chiens ; mais, en arrivant devant sa porte, Gaston offrit au colonel le moyen que celui-ci attendait depuis si longtemps.

— Mon ami Chamberlain désire vous demander un renseignement, dit-il au juge ; voulez-vous, si cela est possible, l'éclairer et le guider ?

Puis, leur serrant la main, il rentra chez lui.

— Vous savez, dit le colonel, marchant auprès du juge, que je m'appelle Chamberlain et que je suis d'origine française ; mon père était Parisien. Le jeune homme qu'on a arrêté à propos du vol commis chez M. Amenzaga se nomme aussi Chamberlain : c'est mon cousin, le fils du frère de mon père. Voulez-vous me permettre de vous demander, en cette qualité, s'il s'élève des charges sérieuses contre ce jeune homme ?

Jusque-là rien n'aurait pu donner à supposer à quelqu'un qui n'eût pas connu la qualité de M. Le

Méhauté que celui-ci était magistrat : sa tenue comme sa conversation avaient été celles des amis de Gaston de Pompéran ; un gentleman, rien de plus, rien de moins. Mais la question du colonel fit apparaître l'homme de la loi, sa tête se redressa et sa physionomie s'assombrit.

— Mais, monsieur le colonel... dit-il d'une voix grave.

— Mon Dieu ! interrompit le colonel, je sais combien ma question est délicate et je comprends qu'elle vous paraisse indiscrète; je vous demande donc avant tout la permission de l'expliquer. Avant de venir en France, je ne connaissais ma famille parisienne que d'une façon indirecte. J'ai trouvé dans le chef de cette famille un homme de cœur et d'honneur, et près de lui une jeune fille charmante. Cette jeune fille, en apprenant l'arrestation de son frère, qui, on ne doit pas l'oublier, a abandonné la maison paternelle depuis plusieurs années, s'est adressée à moi, et, me représentant quel serait le désespoir de son père si celui-ci était informé de cette arrestation, elle m'a prié de faire toutes les démarches nécessaires pour prouver l'innocence de son frère, — innocence à laquelle elle croit, bien entendu, — et pour organiser sa défense. J'ai accepté cette mission, et, pour commencer à la remplir, j'ai interrogé ce matin mademoiselle Raphaëlle, qui m'a donné des détails précis, desquels il paraît résulter que ce jeune homme ne peut pas être coupable. Elle prétend que son amant est resté chez elle depuis deux heures quarante-cinq minutes jusqu'à huit heures du matin; elle prétend de plus que son concierge peut confirmer la vérité de son allégation. S'il en est ainsi, Anatole Chamberlain ne doit pas être complice de ce vol. C'était beaucoup d'avoir obtenu ce renseignement, mais ce n'était pas assez pour rassurer ce pauvre père et cette sœur désolée. J'ai voulu plus, et voilà comment j'ai été amené à vous demander s'il s'élevait des charges contre ce garçon, assez sérieuses pour affaiblir et détruire le témoignage de la comédienne ou de son concierge.

— Mais ce témoignage du concierge, nous ne l'avons pas encore, et rien ne prouve qu'il confirmera celui de Raphaëlle. Et puis, quand même nous aurions cette confirmation, l'innocence de l'inculpé ne serait pas prouvée; car, sans avoir quitté la maison, il peut très-bien avoir fait avertir ses complices.

— Alors il me semble que ce serait à l'accusation de montrer comment cet avertissement aurait été donné; jusqu'à présent elle se base, si je suis bien informé, sur ce fait, qu'Anatole Chamberlain a été vu s'entretenant, vis-à-vis les fenêtres de Raphaëlle, avec un inconnu, et elle part de là pour dire que c'est à cet inconnu qu'il a donné les renseignements au moyen desquels le vol a été commis. A cela, le témoignage de Raphaëlle répond que quand son amant s'est entretenu avec cet inconnu, il n'était pas encore entré chez elle, et que, par conséquent, il ne pouvait pas savoir si M. Amenzaga avait ou n'avait pas gagné la somme qui lui a été volée. Si ce témoignage est confirmé, il me semble que la base de l'accusation s'écroule.

Le juge d'instruction resta quelques instants sans répondre, et ils marchèrent côte à côte en silence.

Ils étaient arrivés devant la Madeleine. M. Le Méhauté, au lieu de suivre le boulevard, prit une des allées longeant l'église : l'endroit était désert et l'on pouvait s'y entretenir librement.

Après avoir fait quelques pas dans la direction de la rue Tronchet, il s'arrêta tout à coup, et se tournant vers le colonel :

— Vous vous intéressez beaucoup à ce jeune homme ? demanda-t-il.

— A lui, pas du tout ; je ne le connais pas, et ce que j'ai appris jusqu'ici de sa vie est peu fait pour inspirer la sympathie. Mais je m'intéresse beaucoup à son père et à sa sœur.

— Eh bien ! je peux, si vous le voulez, vous le faire connaître, et vous comprendrez alors qu'avec un pareil sujet, ces preuves d'innocence dont vous parlez doivent être bien fortes pour qu'on les admette. De sa famille je ne veux rien dire, puisque vous déclarez que le père est un homme d'honneur, auquel vous vous intéressez.

— Que j'estime et que je suis tout près d'aimer.

— Cependant il y a un fait qui doit être relevé, c'est que ce père de famille est un incorrigible insurgé ; depuis 1830 jusqu'en 1851, il a joué un rôle actif dans toutes les insurrections parisiennes, et, depuis que Paris est tranquille, grâce au pouvoir fort qui nous gouverne, il s'est placé à la tête du mouvement ouvrier ; on peut même dire qu'il a organisé ce mouvement, ce qui lui a donné une grande autorité sur ses camarades. En un mot, c'est un meneur.

— Ah ! sur cela, interrompit le colonel en souriant, je passe condamnation ; seulement soyez certain que, si Antoine Chamberlain mène ses camarades, c'est dans la bonne voie.

— Ceci est affaire d'appréciation ; ce que je veux dire, c'est que ce père de famille n'a point inspiré à son fils le respect des lois. Il lui a fait donner, il est vrai, une certaine instruction ; mais cette instruction, mal dirigée par celui qui la donnait et mal digérée par celui qui la recevait, a produit les plus tristes résultats : Anatole Chamberlain n'est point une brute ou un sot, c'est un homme intelligent qui n'emploie son intelligence qu'à la satisfaction des mauvais instincts qui étaient en lui et des vices qu'il a acquis. Le premier fait relevé à sa charge est une manœuvre de chantage : à dix-huit ans, il est l'amant d'une femme mariée qui occupe une certaine position dans le commerce parisien, et il exploite la faiblesse de cette femme pour se faire écrire des lettres dont il tâche de tirer profit. Vous voyez qu'il est précoce ; c'est même cette précocité qui l'a sauvé, car dès cette époque il méritait qu'on l'envoyât en prison.

— La prison l'eût-elle amendé ?

— Je ne sais pas ; mais, à coup sûr, elle l'eût mis dans l'impossibilité de nuire, et c'est quelque chose au point de vue social. Après ce beau début, on perd sa trace pendant quelque temps ; puis on le retrouve en relations suivies avec un homme des plus dangereux, un véritable bandit, le *Fourrier*, qu'on appelle ainsi parce qu'étant au régiment, il a volé la caisse et s'est fait condamner aux travaux forcés. Le *Fourrier*, qu'on appelle encore *Grain-de-Sel* parce qu'on ne peut pas le prendre; la *Prestance*, parce qu'il a une belle tenue, et Coulouvret, qui est son vrai nom. Ce *Fourrier* a organisé une sorte de bande, composée de jeunes gens auxquels il demande pour tout mérite d'être beaux garçons. Le rôle de ces jeunes gens consiste à devenir les amants des cuisinières et des femmes de chambre qui veulent bien se laisser tromper par eux. Une fois introduits dans les maisons, ils observent les habitudes des maîtres, ils volent des clefs, ils prennent des empreintes, et un beau jour la maison est dévalisée, sans effraction, sans assassinat, sans aucune circonstance aggravante, par des complices que le *Fourrier* met à l'œuvre; car, pour lui, il n'opère jamais lui-même. Comprenez-vous maintenant combien ces relations avec cet habile voleur donnent de gravité à la liaison d'Anatole avec Raphaëlle? Ayant mis la main sur un jeune homme beau, bien bâti, intelligent, brillant, n'est-il pas présumable que le *Fourrier*, au lieu d'en faire l'amant d'une cuisinière, l'a placé auprès d'une femme à la mode, chez laquelle on peut se procurer toute sorte de renseignements utiles, et, sans que j'entre dans les détails de l'instruction de cette affaire, ce qui ne m'est pas possible, ne voyez-vous pas aussi combien la justice doit être circonspecte avec un pareil personnage, et ne pas se contenter d'apparences de preuves?

— Oui, sans doute.

— Notez bien que je ne dis pas que le témoignage du concierge n'aura pas son importance, mais enfin c'est à voir et à peser. Pour le moment, il me paraît donc difficile que vous calmiez l'inquiétude de ceux qui vous intéressent, autrement qu'avec le témoignage de Raphaëlle. Maintenant je vous promets que, s'il survient quelque incident favorable à ce garçon et que je puisse en parler, vous en serez le premier informé.

Sur ce mot, le juge d'instruction tendit la main au colonel et se sépara de lui ; mais il avait fait à peine quelques pas, qu'il revint :

— Vous m'avez parlé d'organiser sa défense, dit-il, et je m'aperçois que je ne vous ai pas répondu à ce sujet. Ne vous préoccupez pas de cela, d'abord parce qu'il n'y a rien à faire en ce moment, ensuite parce que M. Anatole a des protecteurs qui ne l'abandonneront pas et qui feront tout pour qu'on le leur rende.

Et comme le colonel le regardait avec surprise :

— Ceci est, je crains bien, un autre vilain côté du personnage, dit-il en réponse à ce regard. Au revoir, colonel ; bonsoir.

XXIV

Le colonel eut bientôt la preuve que Raphaëlle avait été sincère en promettant de défendre son amant, car dès le lendemain il vit la comédienne entrer chez lui, légère et radieuse.

— Il sera libre demain ! s'écria-t-elle dès la porte.

Puis, ce premier cri lancé, elle prit le siége que le colonel lui avançait et commença son récit.

— Et je vous assure, dit-elle, que si on le met en liberté, c'est que son innocence crève les yeux, car ils ont tout fait pour le trouver coupable, jusqu'à envoyer un agent de police dans la Nièvre, chercher mon concierge et l'amener devant le juge d'instruction, afin qu'il ne pût communiquer avec personne et se faire faire la leçon. Mais la chose a précisément tourné contre eux. Le concierge a raconté ce qu'il savait, et son récit s'est trouvé en tout conforme au mien.

— Ainsi, il est prouvé qu'il est arrivé chez vous à

deux heures trois quarts et qu'il n'en est sorti qu'à huit heures.

— Absolument prouvé. Il paraît que le juge d'instruction a menacé le concierge de le faire arrêter comme faux témoin ; mais celui-ci, qui était sûr de son fait, a persisté dans sa déclaration, qui démontre jusqu'à l'évidence qu'Anatole n'est pas sorti et que personne n'est monté.

— Alors, pourquoi ne l'a-t-on pas mis en liberté immédiatement?

— Ah! je n'en sais rien, mais il paraît que ce témoignage du concierge, ajouté au mien, n'eût pas encore été suffisant, si la défense d'Anatole n'avait été prise par quelqu'un qui a le bras long.

Ce mot de Raphaëlle, venant après les paroles du juge d'instruction, donna le désir au colonel de savoir quels étaient ces protecteurs du frère de Thérèse.

Il y avait là un point obscur qu'il pouvait être intéressant d'éclaircir, et de Raphaëlle la lumière serait sans doute plus facile à obtenir que de tout autre.

— Vous ne m'aviez pas parlé de cette personne au bras long, dit-il.

— A quoi bon? il n'était pas utile de vous faire savoir que quelqu'un s'occupait d'Anatole.

— Et pourquoi donc?

— Simplement parce que vous auriez pu vous en rapporter à l'influence de cette personne et ne rien faire vous-même.

— Est-ce qu'il est indiscret de vous demander le nom de ce protecteur au bras long?

— Je ne crois pas. D'ailleurs, il ne s'est pas caché, et c'est ouvertement qu'il a pris la défense d'Anatole.

— Et pourquoi se serait-il caché?

— On voit que vous venez de loin, colonel.

— Oh! de très-loin; mettez que je suis un Iroquois qui ne sait rien de rien, un Huron, un sauvage qui sera heureux d'être guidé par vous à travers votre civilisation; et, pour commencer, dites-moi, je vous prie, pourquoi le protecteur d'Anatole se serait caché.

— Mais parce qu'il n'est pas du tout agréable de se présenter quelque part et de dire : « Rendez-moi mon ami, qu'on vient d'arrêter sous une accusation de vol. »

— Ah! cela est juste; je n'avais pas vu cette raison.

— Soit que le comte Roqueblave ne l'ait pas vue non plus, soit que, la voyant, il l'ait dédaignée, il y a un fait certain, c'est qu'il n'a pas ménagé ses démarches en faveur d'Anatole.

— Et qu'est-ce que le comte Roqueblave?

— Un personnage; sénateur, administrateur de grandes compagnies, enfin une puissance.

— Maintenant, une dernière question : en quelle qualité le comte Roqueblave protége-t-il Anatole?

— Ah! voilà précisément le délicat.

— Vous savez, c'est l'Iroquois qui vous interroge, ne voyant pas pour quelle raison un personnage tel que M. le comte Roqueblave, haut placé, âgé, je suppose...

— Une vieille momie.

— Je ne vois donc pas quelles relations peuvent exister entre un personnage ainsi posé et Anatole.

La comédienne parut embarrassée et resta un moment sans répondre.

— Est-ce que vous avez connu la mère d'Anatole? dit-elle enfin.

— Non.

— Elle n'était pas votre parente autrement que par son mariage avec le frère de votre père?

— Non.

— Vous ne vous intéressez donc pas à elle d'une façon particulière?

— Pas du tout.

— Alors cela facilite ma réponse à votre quesion. Il paraît qu'autrefois le comte Roqueblave a connu la mère d'Anatole, à une certaine époque, vous comprenez.

— Allons donc! Je n'ai jamais entendu parler de cela. La mère d'Anatole était une honnête femme, son mari avait pour elle l'affection la plus tendre, et je suis certain qu'ils formaient un ménage heureux.

— Vous savez, cela n'empêche pas les sentiments; en tout cas, je ne puis vous dire que ce que je sais, et ce que je vous répète là, c'est le récit d'Anatole lui-même.

— Comment! Anatole vous a dit que sa mère...

— Comme vous j'ai été surprise de le voir chez le comte Roqueblave sur le pied de l'intimité; je l'ai interrogé en ne lui cachant pas combien cela paraissait étrange, et c'est alors qu'il m'a donné l'explication que je viens de vous répéter. Au reste, il est certain que le comte vient d'agir envers lui comme un père : sans son aide toute-puissante, Anatole serait encore en prison. Cela est si facile d'allonger les formalités; le comte, au contraire, a abrégé les délais, et, après le témoignage du concierge, il a obtenu la promesse qu'Anatole serait mis en liberté demain. Aussitôt que j'ai eu cette bonne nouvelle, j'ai voulu vous l'apporter.

— Maintenant, dit le colonel après l'avoir remerciée, j'ai encore un service à vous demander. Il est probable qu'aussitôt libre, Anatole accourra chez vous.

— Vous pouvez en être sûr.

— Eh bien! voulez-vous me l'envoyer? Je ne puis pas le voir chez son père, où il ne va pas; je ne puis pas aller chez lui, puisque je ne sais pas où il demeure. Je vous prie de l'engager à venir me voir, je désire le connaître.

— Je vous l'enverrai; seulement, pas demain. Demain il est à moi.

Cette nouvelle était bonne à porter à Thérèse.

Malheureusement pour le colonel, elle était gâtée par les circonstances au milieu desquelles elle se présentait.

Quel était ce comte Roqueblave, dont il entendait parler pour la première fois d'une façon si étrange? Était-ce possible que cette paternité fût vraie? était-il possible qu'Anatole l'eût avouée si légèrement, sans craindre de souiller la mémoire de sa mère?

Alors quel homme était-il?

Il y avait là plusieurs questions qui s'agitaient

confusément dans une obscurité qu'il pouvait être imprudent de sonder d'une main trop hardie, car, au fond, on pourrait bien trouver la fange.

« Bon enfant, avait dit Denizot en parlant d'Anatole, mais canaille. » Jusqu'où allait cette canaillerie, et ce mot était-il suffisant pour qualifier un pareil caractère ? Ne ferait-il pas mieux de s'en tenir à ce qu'il avait appris, sans chercher à aller plus loin ?

En tous cas, ce qu'il fallait pour le moment, c'était que Thérèse n'apprît pas comment se produisait la mise en liberté de son frère. Qu'elle le sût libre, c'était assez. Puisqu'elle ne le voyait pas et n'avait aucune relation avec lui, il n'y avait pas nécessité à la mettre sur ses gardes par quelques mots qui lui fissent, sinon connaître, tout au moins pressentir la vérité. Qu'elle gardât ses illusions le plus longtemps possible, la lumière éclaterait toujours trop tôt : c'était son frère après tout ; ils avaient été élevés, ils avaient grandi ensemble.

Comme le colonel se préparait à partir pour la place Royale, on lui remit une lettre de son oncle Antoine, qui ne contenait que ces quelques lignes :

« Si votre temps n'est pas pris, mon cher neveu,
« et si vous pouvez venir passer une heure dans la
« soirée, rue de Charonne, vous me rendrez service.
« Dans le cas où je ne vous verrais pas ce soir, je
« me rendrais chez vous demain matin, avant huit
« heures. J'ai à vous entretenir d'une affaire grave,
« pour laquelle j'ai besoin de votre concours et de
« votre dévouement.

« Antoine Chamberlain. »

Que signifiait cette lettre ? Antoine avait-il appris l'arrestation de son fils ? Quelle était cette affaire grave pour laquelle il demandait un concours dévoué ?

Thérèse peut-être pourrait répondre à ces questions.

En tout cas, après l'avoir vue, il irait rue de Charonne.

Thérèse n'était point encore arrivée, mais il n'eut pas longtemps à l'attendre.

Bientôt il la vit paraître au bout de la galerie, marchant rapidement, et de loin il la reconnut à sa tournure aisée et légère, avant d'avoir aperçu son visage.

Prenant plaisir à la voir s'avancer ainsi, tantôt dans l'ombre, tantôt dans la lumière. selon les caprices du gaz, il ne pensa pas à aller au-devant d'elle, et il attendit qu'elle vînt à lui.

— Eh bien ? dit-elle.

— Demain il sera en liberté.

Alors il lui raconta que l'innocence d'Anatole avait été prouvée par un témoignage décisif, et qu'on avait la promesse formelle de sa libération pour le lendemain.

Puis ensuite il lui parla de la lettre qu'il venait de recevoir, et lui demanda si elle savait ou prévoyait quelle pouvait être cette affaire grave.

Mais elle ne savait rien de précis, seulement son père paraissait sombre et préoccupé. Il était sorti pendant la plus grande partie de la journée, il n'avait pas dîné, et il venait de rentrer, parce qu'il avait chez lui une réunion de camarades et d'amis. Cependant elle ne croyait pas qu'il eût appris l'arrestation d'Anatole.

Ils se mirent en route pour la rue de Charonne, marchant côte à côte.

Mais ils avaient fait à peine quelques pas qu'il s'arrêta.

— Ne voulez-vous pas prendre mon bras ? dit-il.

— Mais si, je veux bien.

Et elle appuya doucement sa main sur le bras qu'il lui tendait.

Pendant quelques secondes, ils marchèrent sans parler.

— Puisque vous n'avez pas peur de prendre mon bras aujourd'hui, dit-il, pourquoi hier avez-vous retiré si vivement votre main, lorsque ce passant nous a crié : « Ne vous gênez pas, les amoureux ? »

Elle ne répondit pas.

— Je comprends très-bien qu'il vous déplaise qu'on croie que nous sommes des amoureux, mais il me semble que cela doit vous déplaire aussi bien le mardi que le lundi.

— Ce n'est pas parce que cela me déplaisait que j'ai retiré ma main hier, et il est facile de comprendre pourquoi aujourd'hui je la laisse sur votre bras.

— Pourquoi cette différence entre aujourd'hui et hier, je vous prie ?

— Parce qu'hier je n'avais pas de raison à donner à mon père, si on lui disait qu'on nous avait vus en tête-à-tête, nous cachant, tandis qu'aujourd'hui j'en ai de toutes naturelles. Nous nous sommes rencontrés, et nous faisons route ensemble pour aller à la maison : est-il étrange que vous me donniez le bras, ne suis-je pas votre cousine?

— Et c'est seulement à votre père que vous avez pensé en retirant votre main?

— Mais certainement; de qui donc voulez-vous que j'aie peur?

— C'est juste, vous avez raison. Je ne suis qu'un sot, tandis que vous, vous êtes une brave petite fille, au cœur droit et franc.

Pourquoi était-il un sot, et elle pourquoi était-elle une brave petite fille? Elle ne le demanda pas; mais, levant la tête vers lui, elle le regarda longuement.

Alors il détourna les yeux et parla de choses insignifiantes.

Bientôt ils arrivèrent rue de Charonne, et en montant l'escalier, ils trouvèrent Denizot assis sur la première marche du palier.

— Antoine est avec les amis, dit-il; alors, vous comprenez, je garde la porte.

— Si vous voulez venir dans ma chambre, dit Thérèse, je peux vous faire entrer sans passer par l'atelier; vous verrez père quand ses amis seront partis.

XXV

Thérèse avait pris le colonel par la main, et, passant la première, elle l'avait introduit dans une pièce obscure.

— Voulez-vous ne pas bouger avant que j'aie allumé une lumière? dit-elle en lui abandonnant la main.

Cette lumière allumée, il vit que ce que Thérèse avait appelé sa chambre était à vrai dire un atelier, car le lit, caché dans une alcôve fermée par des rideaux en perse fleurie, n'était point apparent, tandis que le regard était tout d'abord attiré par une grande table en bois blanc, sur laquelle se trouvaient étalés tous les objets nécessaires au travail de la peinture sur porcelaine; contre les quatre murs étaient attachées avec des clous, à chaque coin, des esquisses et des gravures. Point de glace, point d'objets de toilette. Deux chaises en paille pour tout meuble, et une petite bibliothèque dont les rayons étaient chargés de livres. Mais, contrairement à ce qui se voit dans la plupart des ateliers, on remarquait dans celui-là un véritable luxe de propreté ; le carreau, passé à la couleur rouge, brillait comme un miroir, et les barreaux des chaises semblaient sortir des mains du vernisseur.

Deux portes donnaient accès dans cette chambre ; l'une ouvrait sur l'entrée, l'autre sur l'atelier d'Antoine. Bien que cette dernière porte fût fermée, on entendait de la chambre tout ce qui se disait dans l'atelier ; et, aux premiers mots, le colonel comprit que les amis qu'Antoine avait réunis discutaient en ce moment une question politique. De là, sans aucun doute, la précaution prise par Denizot de monter la garde dans l'escalier.

— Voulez-vous prévenir mon oncle que je suis arrivé ? dit-il ; qu'il ne se dérange pas, mais qu'il sache que je suis là.

— Il a dû nous entendre.

— Cela n'est pas certain, et je serais bien aise qu'il sût que de cette chambre il m'est impossible de ne pas entendre ce qui se dit de l'autre côté, même en me bouchant les oreilles.

Elle fit ce qui lui était demandé et passa dans l'atelier.

Mais presque aussitôt elle reparut.

— Mon père vous prie de l'attendre, dit-elle ; la réunion sera bientôt terminée.

Alors le colonel, voulant s'éloigner de cette cloison trop mince, se dirigea vers la fenêtre qui était restée ouverte.

— Je vous avais promis de vous montrer mon jardin, dit Thérèse; le voilà. Vous voyez que nos fleurs se sont bien conservées.

En effet, les fleurs, arrangées dans des vases qu'on ne voyait pas, n'étaient point défraîchies et les herbes avaient conservé leur verdure.

Le colonel voulut engager une conversation avec Thérèse qui l'empêchât d'entendre ce qui se passait dans l'atelier; mais, après quelques paroles, il comprit que tout ce qu'il ferait dans ce sens serait inutile, et que rien n'empêcherait le bruit des voix d'arriver jusqu'à eux d'une façon nette et intelligible.

— Ainsi, disait la voix qui parlait en ce moment, tu nous refuses, Antoine?

— Je vous répète ce que je vous ai dit, je ne peux pas accepter.

— Tu ne peux pas? C'est la première fois que tu prononces un mot pareil.

— C'est vrai, et je vous promets qu'il me coûte; car vous devez bien penser, sans qu'il soit nécessaire que je fasse des phrases pour vous le dire, que je suis sensible à la confiance que vous mettez en moi. Si j'avais jamais travaillé pour notre cause en vue d'une récompense, celle que vous m'offrez aujourd'hui serait celle que j'aurais désirée. Mais, encore une fois, je ne peux pas accepter.

— Je ferai remarquer, dit une autre voix, que quand nous avons parlé, il y a quelque temps, de notre intention devant Antoine, il n'a pas dit qu'il ne pourrait pas accepter.

— Cela est vrai, mais alors les circonstances n'étaient pas ce qu'elles sont maintenant.

— Allons donc !

— Pour moi, je veux dire.

— Si Antoine ne peut pas accepter, dit une petite voix flûtée, il me semble que nous ne devons pas insister : il est assez grand pour savoir ce qu'il doit faire. Et, d'autre part, je répète à propos de lui ce que j'ai toujours soutenu : c'est qu'il n'y a pas d'hommes indispensables. Ce que l'un ne fait pas, un autre peut le faire.

Il s'éleva quelques murmures qui furent aussitôt couverts par une voix forte qui ne s'était pas encore fait entendre.

— Si Jaccoud parle ainsi, dit cette voix, c'est qu'il n'a pas vu Antoine à l'œuvre.

— Je n'ai pas attaqué Antoine ! cria la voix flûtée.

— Non, seulement vous avez parlé comme quelqu'un qui ne le connaît pas, et c'est tout naturel, puisque vous arrivez de votre province. Moi aussi, en principe, je pense qu'il n'y a pas d'homme indispensable ; mais, quant à l'affaire présente, je soutiens que nous avons besoin d'Antoine, qu'il nous le faut, et je vais vous le démontrer en vous rappelant son rôle dans ces derniers temps. Le coup de 1852 avait été si rude qu'on en était resté comme paralysé, et l'on peut bien dire que pendant dix ans nous avons dormi en France ; d'autres sont peut-être restés éveillés, mais nous autres nous dormions. Est-ce vrai ?

— Oui ! oui ! dirent plusieurs voix.

— Les vieux n'avaient plus le cœur à rien, les jeunes pensaient à autre chose.

— C'est à l'exposition de Londres qu'on a commencé à s'éveiller; on avait un tel besoin de se secouer et de se remuer, qu'on se serait jeté sur n'importe quelle idée. C'était la première fois que des travailleurs de divers pays se trouvaient réunis pour tâcher de s'entendre et de s'organiser. Naturellement on a dit bien des paroles inutiles, et il y a eu plus d'aspirations que d'idées pratiques : les Anglais voulaient traiter le travail par les grèves, qui leur semblaient un remède unique : les Français voulaient tout simplement revenir à la vie. Dans tout ce qui a été entrepris alors, je pourrais, si j'en avais le temps, vous montrer la main d'Antoine, et une main habile tout autant que ferme. Si vous l'aviez vu, si vous l'aviez entendu, à son retour de Londres, vous comprendriez quelle secousse ç'a été pour nous.

— C'est vrai! dirent quelques voix.

— Bientôt arrive la crise des cotonniers. Ce n'est pas inutilement qu'on a reveillé le principe de la solidarité. Des ouvriers, des frères, des Français, souffrent et meurent de faim : que pourrait-on faire pour eux? Vous savez ce qu'on a fait, vous, Jaccoud, puisqu'une partie des secours a passé par vos mains pour vos camarades de la Normandie, et vous aussi, Molh, puisqu'il en a été de même pour vos camarades de l'Alsace. Mais comment on l'a fait, vous ne le savez pas et je veux vous le dire.

— Cela n'est pas nécessaire en ce moment, interrompit Antoine.

— Je ne pense pas comme toi, et je trouve au contraire que c'est en ce moment qu'il convient de le rappeler, d'abord parce que c'est une réponse à Jaccoud, et puis parce qu'il en résulte un enseignement, un exemple bon pour tous. C'était bien de vouloir faire quelque chose; mais avec quoi et comment venir en aide à ceux qui souffraient quand on n'avait rien et que l'on n'était rien? Malgré les difficultés, on ne s'est pas découragé; on s'est réuni comme on a pu, où l'on a pu, en se cachant tantôt dans une salle de marchand de vins, tantôt ailleurs, et l'on a cherché ensemble. C'est alors que se montrent et se font connaître ceux qui ont des idées, de l'activité et du dévouement. Tant bien que mal on arrive à une sorte d'organisation; on fait imprimer des circulaires, et dans l'*Almanach du commerce* on cherche des adresses pour envoyer ces circulaires dans les ateliers. Le premier argent que nous avons obtenu pour ces frais qu'il fallait payer au jour le jour, — car on ne nous aurait pas fait crédit, — c'est Antoine qui nous l'a apporté : cent francs qui lui avaient été donnés non par des travailleurs, mais par un bourgeois, et notez qu'il ne lui avait pas caché à quoi ils devaient servir et le but que nous poursuivions. C'est avec cela et comme cela qu'on s'est mis en marche. Mais le gouvernement avait introduit partout une telle défiance, que beaucoup de ceux auxquels nous nous adressions voyaient en nous des mouchards; le plus souvent, on ne nous répondait pas, on avait peur de nous.

— C'est vrai; si la souscription a donné quelque

chose, c'est par suite de relations personnelles.

— Enfin, de cet effort il est resté une organisation : on s'était groupé, on se sentait les coudes, mais pour cela cependant tout le monde n'était pas d'accord. Combien de luttes entre ceux qui, ayant souffert pour la révolution, ne s'inquiétaient que de la révolution au nom de laquelle ils croyaient avoir seuls le droit de parler, et ceux qui, cherchant tout d'abord une réforme sociale, voulaient bien aider la révolution, mais à condition que cette fois elle ne laisserait pas de côté cette réforme. Si l'on ne s'est pas séparé, si on ne s'est pas divisé, à qui l'a-t-on dû ?

— A Antoine, répondit une voix.

— A Antoine, c'est vous qui le dites, et d'un seul mot vous rappelez son rôle. Mais ce n'était pas tout de mettre l'accord entre nous et d'inspirer assez de confiance aux uns et aux autres pour être écouté par tous : si, d'un côté, il fallait être assez ferme pour résister à ceux qui croyaient qu'ils devaient être tout parce qu'ils avaient combattu pour la République ou parce qu'ils avaient été proscrits, d'un autre côté, il fallait être assez fin pour ne pas se laisser entraîner par ceux qui proposaient aux travailleurs de se jeter sur les patrons, et bien voir que, s'ils nous offraient la bourgeoisie à dévorer, c'était, en fin de compte, pour faire les affaires de l'Empire et non les nôtres. Je ne dis pas qu'Antoine a été le seul à voir cette manœuvre, mais je soutiens qu'il a été l'un des plus habiles à la déjouer, et que, par son attitude, par son exemple, il a empêché bien des esprits de s'égarer. Est-ce vrai encore cela ?

— Oui, oui !

— Eh bien! pour me résumer, je soutiens qu'en ce moment nous devons employer tous les moyens pour décider Antoine à ne pas persister dans son refus. Le gouvernement, voyant l'influence que prend notre association, veut introduire parmi nous des gens à lui, de manière à nous dominer et à nous diriger ensuite dans la voie qui lui conviendra. Dans ce but il provoque des réunions pour discuter nos questions et arriver à une entente. Nous, de notre côté, nous avons intérêt à nous servir du gouvernement et à mettre à profit, dans notre intérêt, certaines facilités qu'il nous offre. Sans doute, s'il s'agissait de rester ferme au poste, en refusant toute entente cela serait bien simple, et pour mon compte j'accepterais bien cette mission : dire non et toujours non, n'est pas difficile, il suffit de ne pas se laisser gagner ou intimider. Mais ce n'est pas ainsi que les choses se présentent, et ce n'est pas là ce que nous devons faire. C'est au plus malin des deux. Voilà pourquoi je veux qu'Antoine soit notre homme, et pourquoi je vous prie de vous réunir à moi pour le décider. Je ne dis pas qu'il est indispensable, je ne dis pas que, si par malheur la mort venait à l'atteindre, nous n'aurions qu'à disparaître nous-mêmes ; mais je soutiens que, présentement, il est l'homme qui me paraît le plus capable de soutenir nos intérêts utilement et habilement, avec fermeté, et aussi avec souplesse.

— C'est notre avis à tous ! dit la voix de Jaccoud avec son accent normand, et si tout à l'heure j'ai fait une observation, elle avait pour but de prendre la défense d'Antoine et non de l'attaquer : il peut avoir des raisons pour refuser, et nous n'avons pas le droit de le contraindre.

— Si, nous en avons le droit! s'écria violemment celui qui venait de parler, et c'est Antoine qui n'a pas le droit de nous abandonner!

— Je ne vous abandonne pas, mes amis! Je reste avec vous; seulement, je demande à ne pas sortir des rangs. Croyez bien que je suis avec vous de tout cœur et que je veux y rester. Ce que je refuse, ce n'est pas de combattre; c'est seulement le poste que vous voulez me donner et qu'il m'est impossible d'accepter en ce moment. Il m'en coûte de répondre ainsi à votre démarche, qui me touche vivement; mais j'ai des raisons pour cela. N'insistez donc pas, et, au lieu de perdre notre temps, cherchons ensemble celui que nous devons choisir.

— C'est toi, Antoine.

— C'est vous que nous choisissons! dirent toutes les voix.

— Encore une fois, je vous dis que cela est impossible; je ne peux pas, je ne dois pas accepter.

— Ah! mon Dieu! murmura Thérèse, mon père sait tout.

XXVI

Ce mot était le premier qu'ils eussent échangé depuis que la discussion s'était sérieusement engagée dans l'atelier.

Si tout d'abord le colonel n'avait pas voulu écouter cette discussion, il avait bien vite compris qu'il ne lui était pas possible de ne la pas entendre, et alors il avait observé le silence que Thérèse gardait elle-même.

Mais, si leurs lèvres étaient restées closes, par le regard ils avaient échangé leurs pensées, se communiquant leurs impressions à mesure que la discussion à laquelle ils assistaient silencieux, suivait son cours.

— C'est mon père, disait le regard de Thérèse.

Et d'un coup d'œil il s'associait à cette fierté filiale.

Mais il arriva un moment où le regard ne suffit

plus pour exprimer les sentiments que le refus persistant d'Antoine provoquait en eux.

Et, en même temps que Thérèse s'écriait à mi-voix : « Mon père sait tout, » elle tendait sa main au colonel, qui la prenait et la gardait dans les siennes.

La voix qui avait si longtemps parlé avait repris de nouveau :

— Si tu as un empêchement, au moins fais-nous-le connaître.

— J'en ai.

— Nous sommes assez tes amis pour que tu t'expliques franchement avec nous. Ce n'est pas une raison à donner à ceux au nom de qui nous parlons que de leur dire : « Antoine n'a pas pu accepter. » Tu ne nous a pas habitués à cela. Tandis que tant d'ouvriers dans ta position se tenaient éloignés de nous, trouvant sans doute que des artistes comme eux n'avaient rien de commun à démêler avec des travailleurs comme nous, tu as toujours partagé nos efforts et nos peines ; comment veux-tu que nous expliquions ton abstention ?

— C'est juste, cela, dit une voix.

— Tu sais aussi bien que nous que ce n'a pas été sans peine qu'on a décidé de voir ce qu'il y avait de bon à tirer des avances qui nous sont faites. Les uns sont entrés en défiance, les autres ont dit que nous nous engagions imprudemment dans des concessions qui nous perdraient. Que veux-tu que l'on pense quand on te verra te retirer et rester à l'écart ? Quelle situation feras-tu à celui qui prendra ta place ? D'avance ton abstention n'est-elle pas une accusation ?

Précisément parce qu'on t'estime et qu'on a confiance en toi, on sera en défiance contre lui. « Pourquoi a-t-il accepté, quand Antoine a refusé ? » dira-t-on. Lui-même se sentira-t-il bien ferme et sera-t-il bien certain d'être dans la bonne voie ?

— Crois-tu que ces réflexions, je ne les ai pas faites ? dit Antoine d'un ton désolé.

— Et cependant tu persistes dans ton refus ?

— Il le faut ; encore un coup, je le dois.

A ce mot prononcé avec un accent désespéré, Thérèse serra la main de son cousin, et celui-ci répondit à cette étreinte : ils n'avaient pas besoin qu'Antoine s'expliquât pour sentir les souffrances de ce malheureux père.

— Certainement, continua la voix, quand tu nous dis que tu dois faire ou que tu ne dois pas faire une chose, cela est grave et donne à réfléchir ; mais précisément pour cela tu te trouves engagé à nous donner les raisons qui te déterminent.

— Et si ces raisons ne regardent que moi seul, si elles me sont personnelles ?

— Il me semble que l'intérêt de tous doit passer avant celui d'un seul, c'est là une vérité qui pour toi n'est pas nouvelle.

— Cependant, dit une voix qui n'avait pas encore parlé, Antoine doit être seul juge pour apprécier s'il doit ou ne doit pas se taire.

— Sans doute, mais alors la question se pose pour lui dans ces termes : son intérêt à se taire est-il supérieur à celui que nous avons, nous, à le faire parler ? C'est de cela que je le rends juge, et j'ai assez d'estime pour lui pour croire qu'il se prononcera en faveur de la seule justice, quand bien même elle serait contre lui.

Il y eut un moment de silence, qui parut éternel à Thérèse. Qu'allait-il dire? Elle tenait ses yeux posés sur ceux de son cousin, et son angoisse se trahissait dans les tremblements de sa main, qui peu à peu s'était refroidie.

— Vous avez raison, dit enfin Antoine d'une voix plus ferme, ce n'est pas à moi que je dois penser; vous avez le droit de me demander les motifs d'une détermination qui vous engage. Pardonnez-moi d'avoir balancé à vous les donner; c'est une faiblesse, une lâcheté de père.

— O mon Dieu! murmura Thérèse.

— Quand j'aurai dit le mot que la honte qui me serre à la gorge m'empêchait de prononcer, vous comprendrez pourquoi je voulais me taire, et alors vous m'excuserez peut-être.

Il y eut un nouveau moment de silence.

— D'ailleurs à quoi bon vouloir cacher la vérité, continua Antoine, quand demain, après-demain, elle sera connue de tous, si elle ne l'est pas déjà? Mais ce qui est vraiment cruel...

Sa voix eut un tremblement.

— Ce qui est contre nature, c'est qu'elle sorte de ma bouche; à l'exception de Jaccoud et de Mohl, vous tous qui êtes ici, vous avez connu mon fils, et vous savez que malheureusement il n'est pas devenu ce que j'avais espéré.

A ce mot, le colonel se leva comme pour se

diriger vers la porte ; mais Thérèse le retint.

— Eh bien ! continua Antoine, mon fils a été arrêté sous une accusation de vol, et en ce moment il est en prison. Vous comprenez maintenant pourquoi je vous refuse, et vous sentez pourquoi je ne voulais pas vous donner les motifs de mon refus?

Il se fit un brouhaha dans l'atelier, un bruit de pas mêlé à des exclamations.

Évidemment on s'était levé pour entourer Antoine et lui serrer la main.

— Mon pauvre Antoine !

— Mon pauvre ami !

Puis, après un moment de trouble, une voix s'éleva et dit :

— Après tout, vous n'êtes pas responsable de votre fils.

— Assurément, dirent d'autres voix.

Mais Antoine coupa court à ces paroles.

— Voulez-vous donc, s'écria-t-il, qu'on dise de moi : « Celui qui parle au nom des travailleurs, c'est Antoine Chamberlain, le père d'Anatole Chamberlain, qui a passé devant la cour d'assises. » Je vous l'ai dit bien des fois, nous devons être irréprochables. Il y a des gens qui, sans nous connaître, se figurent que nous sommes des brigands capables de tout. Voulez-vous justifier leurs croyances en choisissant le père d'un homme accusé de vol? Vous savez que je ne suis pas un voleur, mais que voulez-vous que pensent de moi ceux qui ne me connaissent pas? Croyez-vous que le nom de Chamberlain ne sera pas un épouvantail pour eux ? On mêlerait le fils et le père, de bonne foi ou de mauvaise foi, et les plus bienveillants parmi ceux qui ne nous connaissent pas ne manqueraient pas de dire : « Ils n'ont donc pas mieux parmi eux qu'ils ont choisi ce Chamberlain ! »

— Mais ton fils peut n'être pas coupable, interrompit une voix.

A ce mot, le colonel, qui s'était laissé retenir, s'avança vers l'atelier, suivi de Thérèse, et ouvrant vivement la porte :

— Je puis vous assurer, dit-il, que demain Anatole sera mis en liberté.

Cette brusque entrée et ces paroles produisirent naturellement un mouvement de surprise générale.

On se regarda les uns les autres avec un étonnement dans lequel il y avait même une certaine inquiétude.

Quel était ce nouveau venu qui surgissait ainsi à l'improviste ? D'où sortait-il ? que voulait-il ? comment était-il là ?

Pour des gens qui vivaient dans la crainte incessante de la police, c'étaient là des questions capitales.

Antoine se chargea d'y répondre.

— Mon neveu, dit-il en prenant le colonel par la main, le fils de mon frère Édouard ; ceux d'entre vous qui ont connu le père peuvent donner la main au fils. Heureusement il y a encore en ce monde des fils qui continuent leur père.

Deux des personnes qui étaient dans l'atelier tendirent la main au colonel ; mais celui-ci, ne voulant pas que son oncle restât sous l'impression de ses dernières paroles, se hâta de raconter comment il avait appris la mise en liberté prochaine d'Anatole. Prévenu par Thérèse de l'arrestation d'Anatole, il s'était occupé de celui-ci, et il savait que des témoignages certains avaient démontré son innocence ; il avait été victime d'une erreur et d'un fâcheux concours de circonstances.

On s'entretint un moment de ce sujet, puis bientôt on reprit la discussion au point où l'entrée du colonel l'avait interrompue.

— Maintenant, dit celui qui avait soutenu cette discussion, il me semble que tu n'as plus de raison pour refuser.

Mais Antoine secoua la tête à plusieurs reprises.

— J'ai mon fils, dit-il, et ce qui vient de se passer me montre qu'il m'est interdit de me mettre en évidence. Je suis d'avis que les enfants ne doivent pas supporter les fautes de leurs parents, mais, par contre, je crois que les parents ont une part de responsabilité dans celles de leurs enfants. Un fils n'élève pas son père, tandis qu'un père élève son fils ; je suis responsable de l'éducation que mon fils a reçue près de moi. Autrement élevé, autrement dirigé, Anatole ne serait pas devenu ce qu'il est. Il n'y a donc que justice à ce que je paye maintenant pour lui. Tout ce que je demande, c'est que demain, dans six mois, dans un an, ce payement que j'attends ne me coûte pas trop cher. Laissez-moi donc ma place dans vos rangs, mes chers camarades, et ne mettez en avant que des hommes qui puissent soutenir fièrement les regards de tous. Cela, maintenant je ne le pourrais plus, et la force qui était en moi, vous ne la retrouveriez pas. Dans vos rangs, au contraire, je serai prêt à tout entreprendre, à tout faire, sans épargner mon temps, ma fatigue, ma peine, pour le triomphe de notre cause.

Toutes les instances qu'on fit auprès de lui pour ébranler sa résolution furent inutiles, et sa réponse fut toujours la même : « Soldat, tant que vous voudrez; officier, jamais ! »

Et, à la façon dont il la prononça, il fut bien évident qu'on ne le vaincrait pas.

Alors tous ceux qui étaient là vinrent lui serrer la main, les uns avec un mot d'amitié, les autres avec une étreinte qui valait les paroles les plus éloquentes, et un à un ils s'en allèrent, laissant quelques minutes s'écouler entre chaque départ.

Resté seul avec son oncle et sa cousine, le colonel dut recommencer son récit, qu'il arrangea, bien entendu, sans parler de la protection du comte Roqueblave.

Lorsqu'il se tut, Antoine garda le silence pendant assez longtemps, perdu dans ses réflexions.

— Est-il vraiment innocent? dit-il enfin d'une voix sourde.

Alors le colonel recommença ses explications, puis il dit qu'il avait l'intention de voir Anatole le lendemain ou le surlendemain.

— Je crois qu'il serait bon qu'il quittât Paris où de mauvaises relations ont pu l'entraîner, et s'il veut aller en Amérique, je lui proposerai de lui faire une situation dans l'exploitation de nos puits, qui peut-être le tentera.

— Voudra-t-il quitter Paris? dit Antoine; voudra-t-il travailler? Un fils en qui j'avais mis tant d'espérances!

Et il se cacha la tête entre les mains.

Il était accablé; son visage énergique, calme et ferme, était bouleversé.

La soirée se passa à parler des avantages qu'Anatole pourrait trouver dans la situation qui lui serait offerte.

— L'espérance de faire fortune peut changer sa vie, dit le colonel.

— La fortune elle-même changera-t-elle son caractère? Ne peut-on pas faire plus de mal quand on a la terrible puissance que donne l'argent?

Quand le colonel se retira, Antoine l'accompagna jusque dans la rue, et ils marchèrent côte à côte assez longtemps sans parler.

Enfin Antoine s'arrêta :

— S'il accepte de partir tout de suite, dit-il, tâchez de savoir quel train il prendra; et puis, demandez-lui son portrait... pour sa sœur.

XXVII

Le colonel était curieux de voir Anatole et de rechercher lui-même s'il était possible de tendre la main à ce garçon qui paraissait si profondément enfoncé dans le bourbier parisien.

Mais, d'un autre côté, la pensée de cette entrevue n'était pas sans lui causer un certain embarras.

Quelle attitude prendre avec lui, quel langage tenir?

L'accueillir en cousin? Cela était difficile, pour ne pas dire impossible : il eût fallu ne rien savoir de lui.

Lui parler sévèrement? De quel droit? Aux premiers mots, Anatole pouvait aussi bien se mettre à rire que se fâcher; il était peu probable qu'il fût en disposition d'écouter un discours de morale, et ce serait déjà quelque chose d'heureux, s'il voulait bien permettre qu'on s'occupât de ses affaires. La seule bonne chance était qu'il fût sensible à une offre d'argent, et encore de quel poids une proposition de ce genre pèserait-elle sur lui?

Ce fut seulement le lendemain de sa mise en liberté qu'Anatole se présenta chez le colonel.

Il entra léger, la tête haute, le regard souriant, et il vint au colonel, la main tendue.

— On m'a rapporté, dit-il, la part que vous avez bien voulu prendre à ma libération, et je viens vous remercier de vos démarches, mon cher cousin.

Le colonel resta un moment interloqué devant cette aisance. « Mon cher cousin, » cela était dur et dur aussi était le serrement de main qui avait accompagné ces paroles.

S'il avait mieux connu la vie parisienne, il aurait retrouvé dans l'attitude, le geste et l'accent d'Anatole, une copie à peu près exacte ou plutôt, comme on dit au théâtre, une imitation de Berton le père, quand celui-ci jouait les aimables *gredins*. C'était le même port de tête, le même regard voilé, le même geste sec et anguleux. Mais, tandis que le comédien ne pouvait jamais se débarrasser entièrement de sa distinction native, sa doublure était parfaite des pieds à la tête; en lui, tout était naturellement *gredin*, et c'était la distinction qui était jouée. Avec cela une tenue correcte : une redingote courte boutonnée, serrée à la taille, bouffant aux hanches; un pantalon gris demi-collant, des gants clairs, et dans les mains une petite canne dont la pomme d'écaille était marquée de ses initiales incrustées en or.

Le colonel, heureusement pour lui, n'avait pas

besoin de beaucoup de temps pour se remettre d'une surprise, fût-elle des plus vives.

— Vous a-t-on prévenu, dit-il, que j'avais manifesté le désir de vous voir?

— Parfaitement, on s'est acquitté de cette commission; mais ne l'eût-on pas remplie que je me serais fait un devoir et un plaisir de rendre visite à mon cousin pour me mettre à sa disposition. Si je puis vous être utile, usez donc de moi, mon cher cousin.

Décidément la parenté s'accentuait d'une façon fâcheuse, mais le colonel ne laissa rien paraître du sentiment que cette expansion provoquait en lui.

— Précisément, répondit-il, c'est pour me mettre moi-même à votre disposition que j'ai désiré vous voir.

— C'est ce qu'on peut appeler alors une coïncidence sympathique.

— Vous savez, continua le colonel, que la fortune a favorisé le travail de mon père. Si bien qu'aujourd'hui je me trouve, moi son héritier, à la tête d'un des grands établissements industriels de l'Amérique. Vous étiez le neveu de mon père, vous êtes le fils d'un homme pour lequel mon père avait une affection et une estime profondes. J'ai donc certains devoirs à remplir envers vous. Ceci expliqué, pour justifier un concours que vous ne demandez pas, j'ai une proposition à vous faire : Vous convient-il d'accepter une position dans mon établissement?

— En Amérique?

— Sans doute.

— Ma foi! mon cousin, vous m'avez parlé franchement; je veux vous imiter et tout en vous remerciant de votre proposition, vous dire que je ne peux pas l'accepter.

— Ah!

— Vous savez, c'est très-gentil ce que vous venez de me dire là et je vous donne ma parole que je vous en suis reconnaissant.

— Mais vous n'acceptez point?

— Quitter Paris? Ah! non; vous savez, il n'y a pas moyen, je mourrais d'ennui là-bas, c'est l'exil.

— Mais cet exil, comme vous dites, pourrait ne pas être très-long.

— Il le serait toujours trop; quand même j'en reviendrais, je serais fini. La belle affaire d'avoir une fortune quand on ne peut plus s'en servir. Je vois des gens qui s'exterminent à travailler tant qu'ils sont jeunes, se promettant de s'amuser quand ils seront vieux. Moi, ce n'est pas mon système; le plaisir est fait pour la jeunesse, comme la jeunesse est faite pour le plaisir. Pour manger, il faut des dents; pour sauter, il faut des jambes; pour s'amuser, il faut toutes sortes de qualités qu'on n'a plus quand on est vieux. Voilà, mon cher cousin, pourquoi je ne peux pas accepter votre proposition. Peut-être me donnerait-elle la richesse, mais cette richesse arriverait trop tard pour que j'en profite, ce n'est donc pas la peine de se tuer pour l'acquérir. On a toujours le temps de travailler, tandis que les années où l'on peut jouir pleinement passent vite : il ne faut pas les laisser échapper.

Le colonel ne s'attendait pas à trouver un philosophe dans « son cher cousin; » il fut donc assez surpris de l'entendre débiter ce raisonnement d'un ton moqueur, mais cette fois il ne se laissa pas interloquer.

— Je comprends qu'on veuille jouir de la vie, dit-il; mais encore faut-il qu'elle se présente dans certaines conditions.

— Est-ce pour mon arrestation que vous dites cela?

— Pour votre arrestation d'abord, et puis aussi pour autre chose. Ainsi, je croyais que, après cette arrestation qui a fait un terrible tapage dans Paris, vous auriez intérêt à disparaître pendant un certain temps.

— Pour qu'on croie que je me sauve; ce serait avouer que je suis coupable.

— Ce serait simplement prouver que les propos tenus sur votre compte sont faux. Songez que, pour obtenir votre liberté, Raphaëlle a été forcée à tout dire, tout expliquer, et que ces explications commentées par des gens qui ne vous aiment pas, deviennent de véritables accusations contre vous.

Anatole ne répondit pas, et le colonel crut qu'il l'avait touché en faisant allusion aussi délicatement que possible à sa situation auprès de la comédienne; mais il ne tarda pas à comprendre combien était grande son erreur.

— Pourquoi ne m'avez-vous pas dit, fit Anatole en promenant la paume de sa main sur la boule de sa canne, que vous aviez vu le père, et que c'était lui qui vous avait demandé de m'expédier en Amérique? Ma vie déréglée gêne la sienne.

— J'ai vu votre père, il est vrai; mais c'est moi qui lui ai soumis cette idée, et non lui qui me l'a suggérée.

— Enfin ça l'arrange, n'est-ce pas? Eh bien! mon cher cousin, désolé de vous empêcher de réussir dans votre ambassade; mais, je vous le répète, il n'y a pas moyen. Au reste, je ne vous en veux pas; l'intention n'était pas mauvaise. Seulement, quand vous avez eu cette idée, vous ne me connaissiez pas; mais maintenant que vous me connaissez, dites-moi franchement, est-ce que vous trouvez que j'ai été fabriqué pour l'exportation?

Disant cela, il se leva et pirouetta sur un talon pour retomber légèrement sur son autre jambe.

— Article de Paris tout pur, dit-il en continuant, fait pour être employé et usé à Paris. Je n'irai donc pas en Amérique, et je vous suis reconnaissant de votre proposition. Mais si, comme vous le disiez tout à l'heure, vous croyez avoir certains devoirs à remplir envers moi, je suis tout disposé à me servir de votre bon vouloir dans le cas où il vous conviendrait de me le continuer.

— Voulez-vous vous expliquer?

— Volontiers. Le genre de vie que je mène et auquel vous avez fait allusion tout à l'heure, je ne l'ai pas choisi après délibération et de parti pris; mais j'ai été amené à l'accepter parce que je ne pouvais pas en prendre un autre.

— Voulez-vous me permettre de vous interrompre pour une observation?

— Parfaitement, ne vous gênez pas.

— De ce qu'on m'a dit de vous, il résulte que vous êtes un artiste de talent.

— C'est-à-dire que j'ai un métier aux mains, n'est-ce pas?

— Celui de votre père.

— Mettez que j'aurais pu être un ouvrier de talent, et vous serez dans le vrai; mais voilà précisément le mal. Puisqu'on vous a parlé de moi, vous savez que mon éducation n'a pas été celle des ouvriers du faubourg, si bien que quand j'ai été homme, il s'est trouvé que j'étais trop artiste pour rester ouvrier, et d'autre part, que je n'avais pas assez de talent pour devenir un vrai artiste. Que faire? Deux choses se présentaient: se résigner à rester ouvrier ou bien manger de la vache enragée pendant dix ans; étudier, travailler pour devenir artiste. Malheureusement la résignation, ça n'est pas mon fort, et, d'un autre côté, la vache enragée, je ne l'aime pas; tandis que j'aime le plaisir. C'est donc le plaisir qui l'a emporté, il me semble que c'est bien naturel!

— Cependant...

— Ah! je ne vous empêche pas de penser autrement; liberté entière, je ne parle que pour moi. Seulement je conviens volontiers que ce genre de vie que j'ai été forcé de prendre a ses ennuis, personne ne le sait mieux que moi, et vous ne pourriez m'en dire moins que ce que je vous en dirais moi-même; et puis où ça peut-il conduire? Je n'en puis sortir que par un bon mariage que je ferai un jour ou l'autre, c'est certain, parce que j'ai une tête à ça.

Sur ce mot, il se regarda complaisamment dans la glace, et, du bout de ses doigts, il arrangea une boucle de ses cheveux qui avait pris un mauvais pli.

— Voyez-vous, continua-t-il, il y a des gens qui refont leur vie manquée avec un mariage. C'est comme ça que mon oncle Sorieul s'est marié ; seulement, avec ses idées humanitaires, il a épousé une ouvrière qui a travaillé pour lui. Moi qui ne suis pas dans ces idées-là, j'épouserai une femme qui n'aura pas besoin de travailler et qui m'apportera une existence toute faite, large et facile. Seulement quand cela arrivera-t-il? Je vous concède que ça peut traîner, d'autant mieux que je ne serai pas arrangeant ; j'ai des exigences et je n'en démordrai pas.

— Et c'est pour vous aider dans ce mariage que vous réclamez mon concours?

— Non, non ; je ferai mon choix tout seul et pour mener mon affaire, je n'aurai besoin de personne. Mais, en attendant, je l'accepte ce concours que vous voulez bien me proposer.

— Et pourquoi? que voulez-vous faire?

— Si vous me demandiez ce que je ne veux pas faire, j'aurais plus facile à vous répondre. D'abord, comme vous devez bien le penser, je ne veux pas reprendre mon métier, j'en ai assez, et pour cela, d'ailleurs, je n'aurais pas besoin de vous ; ensuite je ne veux plus devenir artiste. Quand j'étais jeune, j'aurais pu me jeter là-dedans tête baissée; on a des idées, on voit des choses qui vous entraînent. Mais, à mon âge, non ; je ne donne plus dans ces balançoires-là. Je la connais, la vie des artistes, et je sais de quoi est faite leur paresse, dont parlent les bons bourgeois. On m'offrirait dix ans de vie assurée et la gloire au bout que je n'en voudrais pas. Et pourtant ç'a été mon rêve; combien de fois je me suis dit : « Si j'avais seulement deux ans devant moi pour piocher tranquillement! » Mais c'est quand on est tout jeune qu'on rêve.

— Quel âge avez-vous?

— Vingt-deux ans d'après mon acte de naissance, mais en réalité je suis un peu plus vieux pour l'expérience, et c'est précisément pour cela que je ne commettrai point la sottise d'accepter un travail qu'il faut faire soi-même. Il y a assez longtemps que, de père en fils, nos mains se fatiguent; pour moi, j'en ai assez, et ne veux maintenant qu'une position dans laquelle je pourrai faire travailler les autres. Chacun son tour. C'est donc pour cela que j'ai besoin de vous.

— Et quelle position voulez-vous?

— Pour le moment je n'en sais rien, car en venant ici je n'étais pas préparé à votre proposition. Mais je chercherai, et vraiment il faudrait que je fusse bien maladroit pour ne pas trouver, si toutefois vous persistez dans votre offre.

— Je ne me retire jamais quand je me suis avancé; je vous avais proposé un séjour en Amérique, parce que je le croyais salutaire pour vous.

Cela ne vous convient point; je n'ai pas le droit de vous contraindre. Vous souhaitez que je vous aide en France; nous verrons.

— Parfaitement, et soyez certain que vous n'aurez pas longtemps à attendre.

XXVIII

La visite d'Anatole jeta le colonel dans de pénibles réflexions.

Non pas qu'elle lui eût appris sur « son cher cousin » des choses auxquelles il ne devait pas s'attendre.

Prévenu par Denizot, renseigné dans une certaine mesure par Raphaëlle, éclairé par M. Le Méhauté, il savait à l'avance qu'il ne trouverait pas en lui un bon petit jeune homme, simple et naïf.

Cependant la façon dont Anatole avait, dans cette entrevue d'une demi-heure, affirmé son caractère, était bien faite pour lui causer une certaine surprise et en tous cas pour l'inquiéter.

Qu'il fût tel ou même pire qu'il venait de se montrer, cela n'avait pas une importance directe au point de vue de leurs relations personnelles; car ces relations ne s'établiraient jamais entre eux ou, si forcément elles s'établissaient, elles n'iraient pas bien loin.

Mais ce pâle voyou, si justement qualifié par Gaston, ce jeune gredin si réussi, était le frère de Thérèse, et c'était là le fait grave, le fait capital.

Quelle ressemblance existait entre le frère et la sœur?

Physiquement, cette ressemblance était nulle, et, à les voir l'un à côté de l'autre, sans connaître leur parenté, on n'eût jamais imaginé qu'ils étaient frère et sœur.

Mais moralement?

Ce n'était point d'un coup d'œil qu'on pouvait décider cette question, le dedans ne se livre pas comme le dehors.

Sans doute les dissemblances morales paraissaient au premier abord aussi complètes entre eux que les dissemblances physiques.

Mais il ne fallait pas oublier que les femmes ne se livrent pas comme les hommes, et, d'un autre côté, il fallait considérer aussi que Thérèse n'avait que seize ans, tandis qu'Anatole en avait vingt-deux. Que serait-elle, lorsqu'elle aurait l'âge de son frère? Lui-même, qu'était-il, lorsqu'il n'avait que l'âge de sa sœur?

Il n'était pas possible qu'il fût devenu ce qu'il paraissait être depuis sa sortie de la maison paternelle: la fréquentation seule du *Fourrier* ou d'autres gens de même sorte n'était pas suffisante pour expliquer le degré de perfection qu'il avait atteint, et, pour le juger avec justice, il fallait chercher en lui ce qu'il devait à la nature et à son éducation première.

La part de la nature, il était assez difficile de la démêler, après l'avoir si peu pratiqué ; mais celle de l'éducation se laissait plus facilement deviner, alors qu'on connaissait Sorieul.

Évidemment l'influence de cet esprit chimérique avait joué un rôle important dans cette éducation, et l'on retrouvait la trace du maître dans plus d'une des idées de l'élève, notamment dans sa spéculation matrimoniale. Son aveu sur ce point avait été significatif : « Mon oncle Sorieul a épousé une femme qui travaillait pour lui ; moi, j'en épouserai une qui me dispensera de travailler. J'ai une tête à ça. »

De toutes les paroles d'Anatole, celles-là avaient le plus fortement frappé le colonel.

Assurément sa manière d'entendre la vie, en ramenant tout au plaisir, était chose grave, alors surtout que son père lui avait constamment donné l'exemple du devoir et du sacrifice. De même bien grave aussi était ce mépris du travail chez un fils d'ouvrier, qui, depuis son enfance, avait vu le travail pratiqué et honoré.

Mais tout cela, si plein de menaces que ce fût, était encore moins inquiétant pour le colonel que les idées d'Anatole sur le mariage ; car, si Thérèse partageait ces idées, elle ne pouvait pas devenir sa femme.

Arrivé à ce point de son raisonnement, il jeta avec colère son cigare et il l'écrasa d'un violent coup de pied.

Ce mouvement qu'il avait fait sans en avoir conscience, et sous le coup d'une irritation nerveuse, lui révéla combien vive avait été sa contrariété en pensant que Thérèse, elle aussi, pouvait chercher une spéculation dans le mariage.

Depuis le jour où il l'avait vue pour la première fois et où, s'en revenant dans la nuit, il avait agité la question de savoir si elle pouvait ou ne pouvait pas être sa femme, il n'avait plus recommencé l'examen de cette question; mais doucement, sans raisonner, sans chercher à justifier ou à condamner un sentiment qu'il ne s'était même pas avoué, il s'était laissé prendre par le charme que cette petite fille avait exercé sur lui.

Car c'était bien vraiment le charme qui se dégageait d'elle, comme d'une fleur un parfum.

Rien de brillant, d'éclatant, mais quelque chose de subtil qui vous pénétrait et ne s'effaçait plus.

Près d'elle on n'était point ébloui et même, en l'étudiant, on pouvait facilement la critiquer; mais, lorsqu'après l'avoir quittée on revenait à elle par la pensée, on lui trouvait quelque séduction dont on n'avait point été tout d'abord frappé, et qui surgissait du souvenir pour ne plus disparaître. C'était une attitude, un geste, un sourire, un pli de lèvres.

Combien de fois, en fermant les yeux, l'avait-il revue, assise au milieu de ses fleurs, dans son corsage blanc, le visage éclairé par un sourire; et à ce souvenir s'unissait, sans raison explicable, celui de ce martin-pêcheur qui avait traversé la rivière devant eux, en laissant derrière lui comme un rayon de lumière.

Combien de fois s'était-il répété, les lèvres closes,

ces quelques mots, dont la musique l'avait doucement touché : « Il me semble que le ciel soit ce soir sur la terre ! »

Il ne la connaissait que depuis quelques jours, et déjà les souvenirs s'enchaînaient les uns aux autres.

Mais cette visite du frère l'avait rejeté dans la réalité.

Qu'était la sœur ?

Évidemment, à s'en tenir à ce qu'il avait vu et à ce qu'il savait d'elle jusqu'à ce jour, elle pouvait être sa femme.

Elle était assez charmante pour qu'il l'aimât.

Et, d'un autre côté, il avait trouvé dans Antoine un caractère qui devait lui faire désirer de resserrer les liens qui l'unissaient déjà à ce digne homme.

Mais ce mariage, possible et facile à arranger avant la visite d'Anatole, devenait difficile, pour ne pas dire impossible, après cette visite.

Maintenant, avant d'aller plus loin, il fallait voir et savoir.

L'idée d'avoir un pareil beau-frère devait donner à réfléchir.

Et plus encore celle que cette jeune fille était la sœur d'un pareil chenapan.

Ah ! si la paternité du comte Roqueblave était vraie !

Et il se prit à imaginer qu'elle pouvait l'être.

Alors tout s'expliquait d'une façon logique et naturelle.

Anatole était moralement, aussi bien que physiquement, le fils de ce comte, gredin et chenapan ; tandis que Thérèse était la fille d'Antoine, l'honnête homme. Les vices d'Anatole étaient le résultat de l'hérédité, comme l'étaient les qualités de Thérèse ; l'un et l'autre, ils tenaient leur caractère et leur tempérament de leur père.

Mais après s'être abandonné durant quelques minutes à cette idée, il la rejeta loin de lui, se disant qu'elle devait être fausse et qu'elle avait été sûrement inventée par Anatole, dans un mouvement de vanité, pour s'attribuer une noble origine, ou bien encore, dans quelque circonstance honteuse, pour expliquer ce qui était inexplicable.

Alors il revint à la réalité pour l'étreindre d'une main ferme.

Il y avait un fait brutal, Thérèse était la sœur d'Anatole ; dans ces conditions, il ne devait don pas se laisser aller au sentiment naissant qui, d'accord avec les dernières volontés de son père, l'entraînait vers elle.

Au contraire, il devait rester calme et froid comme un juge ; il devait l'étudier avec patience et demander au temps de la lui faire connaître telle qu'elle était dans la réalité.

Alors, mais alors seulement, si après une longue fréquentation il la trouvait la jeune fille qui lui était apparue tout d'abord, il pourrait revenir à ses idées de mariage.

Bien arrêté à ce plan de conduite qu'il se promit d'exécuter fidèlement, il se rendit rue de Charonne pour raconter à Antoine comment Anatole avait accueilli la proposition d'un voyage et d'un établissement en Amérique.

Thérèse était seule.

Quand elle apprit que son frère ne voulait pas quitter Paris, le colonel crut remarquer en elle un mouvement de satisfaction.

Alors il s'arrêta dans son récit et la regarda à fond, d'un œil dur.

Elle baissa les yeux devant ce regard qui la fouillait et parut confuse.

— Comme vous me regardez, dit-elle.

— C'est qu'il m'a paru voir que vous étiez satisfaite du refus de votre frère ?

— C'est vrai, dit-elle ; il me semblait que c'était un exil.

— Ce mot a été précisément celui de votre frère, dit-il d'un ton rude.

— Eh bien ! je vous assure qu'Anatole ne mérite pas l'exil. Il y a un malentendu entre lui et notre père, et, comme ils ne se voient pas, ce malentendu ne peut pas cesser ; mais il me semble que, si vous voulez bien intervenir entre eux, vous pourrez les rapprocher. Vous verrez comme mon père sera heureux. Je ne sais vraiment pas comment il aurait supporté le départ d'Anatole. Depuis deux jours il ne mange plus : la nuit, je l'entends marcher dans sa chambre. Je voudrais le distraire, mais je ne sais comment. Si encore nous avions la pêche, mais elle est fermée, et si nous allons lundi au *Moulin flottant*, le désœuvrement l'attristera encore davantage.

15

Les premières paroles de Thérèse avaient blessé le colonel. Décidément elle ressemblait à son frère jusqu'au point d'avoir les mêmes idées et les mêmes mots que lui ; mais cette sollicitude pour son père et cette tendresse inquiète changèrent ce sentiment de répulsion.

— Voulez-vous que je vous aide? dit-il.

— Ah! si vous vouliez! s'écria-t-elle.

— Certainement je le veux, et je vais demander à mon oncle de passer avec moi la journée de dimanche.

— Non, pas dimanche, parce qu'il va à l'exposition, avec plusieurs de ses amis, pour un rapport ; mais celle de lundi, qui est jour de fête.

— Et où irons-nous?

— Où vous voudrez.

— Voulez-vous que je vous mène en voiture aux courses du bois de Boulogne, ensuite nous rentrerons dîner à Paris tous ensemble?

— Ah! les courses, quel bonheur! Je ne les ai jamais vues.

Antoine, accompagné de Sorieul, rentra sur ce mot, et le colonel lui raconta comment Anatole avait refusé de partir pour l'Amérique.

— Je m'en doutais, dit Antoine en baissant la tête.

— Vous savez, continua Sorieul, ce qui est lointain ne l'a jamais intéressé; il lui faut des choses d'une consommation immédiate.

Le colonel, ne voulant pas laisser s'engager une conversation sur ce sujet, qui ne pouvait être que pénible pour Antoine, fit son invitation pour le lundi.

Mais Antoine refusa : les courses, cela n'avait aucun intérêt pour lui. Cependant, comme il vit un nuage passer sur le visage de sa fille, il revint sur ce refus, et il fut convenu que le colonel irait aux courses avec Sorieul et Thérèse, tandis qu'Antoine passerait la journée à l'exposition ; le soir on dînerait ensemble.

En se retirant, le colonel croisa dans la cour Denizot, qui rentrait, et l'idée lui vint d'interroger celui-ci sur la naissance d'Anatole.

Mais Denizot affirma la parfaite honnêteté de la femme d'Antoine ; il l'avait connue, bien connue. Jamais un mot ne s'était élevé contre elle, jamais le plus léger soupçon ; elle aimait fidèlement son mari, et ils étaient les gens les plus heureux du monde. Quant au comte Roqueblave, c'était la première fois qu'il entendait prononcer ce nom.

— Vous ne pouvez pas comprendre que Thérèse soit la sœur d'Anatole, n'est-ce pas ? Et pourtant elle l'est, soyez-en certain.

XXIX

C'était une grande affaire pour Thérèse que d'aller aux courses; c'était son entrée dans le monde, son début dans la vie de plaisir.

Car, jusqu'à ce jour, elle n'avait vraiment rien vu, et ses promenades du dimanche au *Moulin flottant* avaient été ses seules distractions.

Si étrange que cela puisse paraître pour un enfant de Paris, le pays du monde où l'on aime peut-être le plus les spectacles, elle n'avait jamais mis les pieds dans un théâtre, empêchée qu'elle en avait toujours été par son oncle Sorieul.

— Je te défends bien de voir ça, — avait toujours dit celui-ci lorsqu'elle avait parlé de quelque pièce nouvelle dont elle avait lu le titre sur une affiche ou bien dont elle avait entendu parler, — c'est inepte. La décadence a frappé l'art dramatique, comme tous les autres arts. Assurément il y aura une rénovation artistique, comme il y aura une révolution politique. Mais, en attendant, il faut s'abstenir et ne pas se salir l'esprit de toutes les grossièretés et de toutes les sottises qui encombrent la scène.

Et en attendant la rénovation promise, on s'était abstenu. Antoine, il est vrai, avait quelquefois proposé d'aller à la Gaîté ou à la Porte-Saint-Martin ; mais Sorieul n'avait jamais voulu y consentir.

— Je vous ai invité à ne pas lire les journaux que vous achetez tous les jours, attendu qu'ils sont stupides ; vous ne m'avez pas écouté. C'est bien ; en réalité, c'est votre affaire. Mais, pour Thérèse, c'est différent. Je me suis chargé d'elle, je veux qu'on me laisse la diriger comme je l'entends. Si elle est en disposition d'émotions dramatiques en ce moment, je lui sacrifierai ma soirée et lui lirai une tragédie de Corneille ou de Voltaire.

Il est incontestable que le *Cid* ou *Mahomet* constituent ce qu'on appelle une bonne lecture et ne peuvent pas salir l'esprit. Mais ce n'est pas seulement pour entendre de beaux vers qu'on va au théâtre et pour voir ce qui se passe sur la scène. La salle aussi est un spectacle, et, pour beaucoup de gens, plus curieux que celui que donnent les comédiens : c'est une école où l'on vient prendre des leçons de plus d'une sorte.

Cette école, Thérèse n'en avait jamais franchi la porte ; mais l'eût-elle assidûment fréquentée, que cela ne lui eût pas été d'une bien grande utilité en ce moment, car, malgré son inexpérience des usages du monde, elle était assez intelligente pour deviner qu'une toilette de théâtre n'est point une toilette de courses.

Or c'était cette question de toilette qui la préoccupait et l'embarrassait.

Quand le colonel lui avait proposé d'aller aux courses, elle avait accepté sans réfléchir, entraînée par un mouvement spontané. Les courses, quel bonheur ! et elle n'avait vu que les équipages, les chevaux, la foule, le brouhaha, les toilettes, les grandes dames du beau monde.

Mais, le colonel parti, la réflexion était arrivée.

Alors ses yeux s'étaient détachés du spectacle que son imagination lui montrait, et elle s'était vue elle-même. Quelle figure allait-elle faire au milieu de ces femmes élégantes ? Quelle toilette serait la sienne au milieu des toilettes de la mode ?

Si la réponse à cette question était facile, par contre elle n'était pas rassurante ; car dans sa garde-robe elle n'avait que deux toilettes : une pour l'hiver, une pour l'été.

Si elle avait dû aller aux courses avec son père et avec Michel, elle ne se serait pas inquiétée de cette question de toilette, le temps seul aurait décidé si elle devait revêtir sa robe sombre ou sa robe claire.

Mais, avec son cousin, la situation était bien différente ; elle ne voulait pas qu'il fût exposé à rougir d'elle. Sans doute elle ne pouvait pas avoir la prétention de rivaliser avec les femmes à la mode, mais encore une fois fallait-il qu'elle ne fût pas ridicule.

A cette pensée, elle voulut prévenir son cousin et

le prier de renoncer à cette promenade. Mais sous quel prétexte se dégager? Quelles raisons donner à son père, qui certainement se moquerait d'elle si elle avouait la vérité, et à son oncle, qui se promettait, selon son expression, « de faire une intéressante étude de l'anglomanie en France? »

Serait-elle vraiment ridicule?

Elle poussa son verrou, et, ouvrant l'armoire où était soigneusement serrée sa toilette d'été, elle étala la robe et le corsage sur deux chaises et plaça sa toque sur la table.

Elle n'était vraiment pas mal, cette robe, et la toque était aussi très-gentille. En regardant les journaux illustrés, elle avait vu, dans la *Vie parisienne*, une toque qui, jusqu'à un certain point, ressemblait à la sienne; seulement elle avait comme ornement une aile d'oiseau en aigrette, tandis que la sienne n'avait rien. Mais peut-être une aile d'oiseau n'était-elle pas très-cher? et avec un peu de goût on pouvait sans doute la poser soi-même. Dans le journal, la femme qui était coiffée de ce toquet portait ses cheveux sur ses épaules, en tresses nattées avec des rubans. Ce dessin avait pour titre : « Retour des courses; » on pouvait donc aller aux courses avec une toque de ce genre et les cheveux pendants.

Si elle essayait pour voir comment elle serait ainsi?

Le verrou était poussé : elle se déshabilla, et, défaisant ses cheveux, qui étaient simplement arrangés en deux grosses torsades, elle les natta et les attacha avec un ruban bleu; puis, ayant revêtu sa robe habillée et s'étant coiffée de sa toque, elle laissa pendre ses cheveux sur ses épaules.

Il lui était difficile de se voir dans le petit miroir dont elle se servait habituellement; mais en le changeant de place et en l'inclinant plus ou moins, elle parvint à se figurer à peu près ce qu'elle devait être.

Alors elle resta assez longtemps les yeux fixés sur son miroir, se souriant à elle-même, et se disant qu'il fallait laisser les choses telles qu'elles avaient été décidées.

Évidemment, une aile d'oiseau donnerait une toute autre tournure à sa toque; il lui faudrait aussi des gants frais et des bottines neuves.

Elle compta ses économies, elle avait quarante-trois francs; sans doute ce serait assez, et même il était probable qu'elle pourrait acheter des gants à deux boutons, ce qui se fait de mieux; elle irait sans scrupule au bout de son argent.

Non, décidément non, elle ne demanderait pas à son cousin de renoncer à cette promenade.

Le lendemain elle fit ses acquisitions et le soir elle se mit au travail avec activité, en chantant doucement. Elle avait cent choses à faire de ses mains : sa lingerie, un col, des manches à monter.

Elle pressait le souper pour se mettre plus tôt à l'ouvrage.

Le samedi, Sorieul, qui aimait à faire chaque chose posément, en prenant son temps et ses aises, manger posément, parler posément, se fâcha presque de cette hâte.

— Ce ne sera bientôt plus la peine de s'asseoir à table, dit-il; on ne sait seulement pas ce qu'on mange.

— Thérèse est pressée, dit Michel d'un ton de reproche.

— Mais oui, répondit-elle en riant.

Et sans se fâcher de l'aigreur qu'il y avait dans cette observation, elle prit son aiguille.

Mais Michel n'était pas dans des dispositions aussi pacifiques; il s'approcha d'elle et regardant ce qu'elle faisait :

— Je ne vous ai jamais vu pareil empressement à la couture, dit-il.

— Il faut bien que j'aie fini.

— Vous êtes donc devenue coquette maintenant?

Elle le regarda un moment, surprise de cette persistance dans la mauvaise humeur; puis, baissant les yeux sur son aiguille :

— Cela dépend, dit-elle.

Mais elle n'avait pas lâché ce mot qu'elle le regretta et voulut le corriger.

— Cela dépend du temps, dit-elle vivement.

— Vous seriez plus franche en disant des personnes, répliqua-t-il d'une voix sourde. Déjà la richesse agit sur vous. Ah! Thérèse, je n'aurais jamais cru que vous vous laisseriez ainsi éblouir par la fortune.

— Eh bien! qu'avez-vous donc là-bas? demanda Antoine.

— C'est Michel qui me reproche de me laisser

15.

toucher par la fortune de mon cousin Édouard, répondit Thérèse.

— Je crois que Michel se trompe, dit Antoine. En tous cas, il ne peut pas reprocher à Édouard d'avoir voulu nous éblouir. Depuis qu'il est près de nous, personne ne s'est aperçu qu'il était riche. Pour mon compte, je craignais certaines propositions; mais heureusement il a eu assez de cœur pour nous les épargner. Dimanche il a dîné avec nous, lundi nous dînons avec lui. Je l'ai traité selon nos habitudes, il nous traitera selon les siennes : rien de plus juste.

Le colonel avait promis de venir prendre Sorieul et Thérèse à une heure; à midi et demi, Thérèse était prête. Le dernier coup d'œil qu'elle donna à son miroir amena un sourire sur ses lèvres : elle était fière de son aile de perdrix et elle regardait avec satisfaction les deux boutons de ses gants.

A une heure moins quelques minutes elle entendit une voiture qui s'arrêtait dans la rue: aussitôt elle courut à la chambre de son oncle.

— Mon oncle, êtes-vous prêt ?

Sorieul qui, du 1er janvier au 31 décembre, portait son éternel habit noir, était toujours prêt; cependant, ce jour-là, il avait failli se trouver en retard, car il avait voulu faire au colonel l'honneur d'une chemise blanche, d'une barbe fraîche et de mains lavées au savon.

Ils descendirent et rencontrèrent le colonel montant l'escalier.

Quand ils arrivèrent à la porte de la rue, ils trouvèrent des enfants et des femmes qui entouraient la voiture du colonel. Cette calèche brune, à roues grises, rechampies de brun, attelée de deux grands chevaux aux harnais brillants, avait fait sensation dans la rue de Charonne.

Quand Thérèse s'assit sur les coussins en soie gris d'argent, elle fut moins fière de son aigrette et se demanda avec une certaine inquiétude si sa toilette simple n'était pas en désaccord avec cette belle voiture.

Mais les chevaux partirent, et cette inquiétude s'envola; elle fut tout à la joie de se sentir entraînée rapidement et doucement.

Ce sentiment dura tant qu'ils furent rue de Rivoli, mais sur la place de la Concorde l'inquiétude revint.

A ce moment même arrivait par le pont un équipage à la Daumont; les jockeys en veste de satin cerise étaient coiffés de toques de velours bleu recouvrant à demi leurs perruques poudrées; les chevaux, libres dans leurs harnais, portaient sur leur tête des fleurs naturelles qui se perdaient dans des flots de rubans bleus et cerise. Dans cette voiture se tenait à demi-renversée une femme seule en toilette bleu-bleuet d'une fraîcheur printanière.

En même temps, mais du côté opposé, c'est-à-dire par la rue Royale, débouchait une victoria dans laquelle se montrait une femme tout en rose: chapeau rose, gilet rose, casaque rose, jupe rose.

La voiture s'engagea dans les Champs-Élysées et les équipages qu'elle suivit ou dépassa devinrent de plus en plus nombreux; sur le siége d'un *four-in-hand*, un gentleman, un camellia blanc à la boutonnière, conduisait gravement ses chevaux, qui piaffaient ; puis venaient des demi-daumont, des coupés, des clarences, des phaétons, tout ce que la carrosserie a su inventer, et, dans ces équipages, on voyait des femmes jeunes, vieilles, jolies, laides, mais toutes en toilettes éblouissantes, les unes par leur luxe, les autres par l'éclat des couleurs.

En arrivant à l'Arc de Triomphe, l'inquiétude de Thérèse était devenue de l'angoisse ; elle n'était plus fière de son aile d'oiseau et se faisait petite dans le coin de la calèche, heureuse si elle avait pu se cacher et disparaître entièrement.

XXX

L'avenue de l'Impératrice s'ouvrait devant eux et s'allongeait entre sa double bordure verte jusqu'à l'entrée du bois, dont le feuillage printanier se détachait en gris sur le fond sombre des collines qui bordent la Seine.

Aussi loin que les yeux pouvaient s'étendre, on ne voyait sur la chaussée que des voitures qui se suivaient à la file ; tandis que, sur les bas côtés, des piétons s'avançaient lentement, sans regarder devant eux, la tête tournée vers les équipages qui les dépassaient. Sur ce long ruban qui se déroulait ondoyant à perte de vue, c'était une confusion éblouissante de couleurs joyeuses : le rayonnement des panneaux et des glaces des voitures, le vernis des cuirs, l'or des livrées, l'argent et le cuivre des harnais, l'acier des chaînes et des mors, tout cela se mêlait, miroitait, flamboyait et lançait des éclairs.

— Joli spectacle, dit Sorieul, et fait à souhait

pour ceux qui aiment l'éblouissement des couleurs.

Comme Thérèse ne disait rien et paraissait absorbée dans sa réflexion, le colonel lui demanda si ce tableau mouvementé qui se déroulait sous leurs yeux ne lui paraissait pas joli.

— Trop beau, dit-elle.

— Ce que tu dis là, répliqua Soricul, est tout simplement une exagération nerveuse de petite fille.

Puis, après avoir débité gravement cette réflexion physiologique, il continua ses observations de curieux.

— Ce qui m'étonne, dit-il en montrant de la main une daumont qui passait au milieu de la chaussée, rapidement menée par ses deux jockeys en livrée à l'anglaise — chapeaux gris à cocardes, casaques rayées et culottes de peau — ce qui m'étonne, c'est qu'une femme élégante adopte ce genre d'équipage. Sans doute l'équipage en lui-même est gracieux, mais quelle vue bizarre pour une femme délicate que celle qui lui est offerte par ces jockeys, s'enlevant et se baissant selon le trot des chevaux.

Le cocher qui conduisait la calèche du colonel était un homme tranquille et majestueux ; il avait en conséquence pris la queue des voitures pacifiques, laissant le milieu de la chaussée aux gens pressés ou tapageurs.

Tout à coup, il se fit un mouvement dans la foule ; les piétons se retournèrent et, s'arrêtant pour la plupart, ils vinrent se ranger sur le bord de la chaussée ; leurs yeux dirigés tous d'un même côté, semblaient chercher au loin et attendre. En même temps, s'éleva une légère rumeur, et les voitures se tassèrent pour laisser libre le milieu de l'avenue.

Thérèse, ne pouvant voir ce qui provoquait ainsi l'attention derrière leur voiture, se retourna.

Alors elle vit venir, au milieu du vide de l'avenue, un piqueur, portant une livrée vert et or, monté sur un beau cheval bai; puis, arrivant derrière, à une petite distance, une daumont conduite par des jockeys dont on n'apercevait encore que les casquettes vertes, enveloppées d'une touffe de filets d'or pendants.

Bientôt le piqueur se rapprocha, les rejoignit et les dépassa; puis la daumont arriva et courut un moment, côte à côte avec leur calèche. Sur le siége de devant se tenaient, dans l'attitude de deux figures de cire, deux messieurs à grosses moustaches, la taille serrée dans leur redingote ornée d'une rosette rouge; leurs mains bien gantées restaient immobiles sur leurs cuisses, comme si elles y eussent été collées. Sur le siége de derrière, était assis tout seul un personnage qui, légèrement penché en avant, s'inclinait à droite et à gauche, promenant sur la foule et sur les voitures des yeux sans regard; ses grosses moustaches cirées en pointes s'abaissaient sur une impériale, et, sous son chapeau, ses cheveux luisants s'avançaient de chaque côté de ses oreilles, descendant sur ses joues blêmes : ce qui attirait l'attention dans cette figure éteinte, c'était un nez osseux et charnu.

— Vive l'empereur! crièrent deux ou trois voix dans la foule.

Et, sans regarder qui poussait ces cris, l'empereur leva lentement sa main jusqu'au rebord de son chapeau et lentement la reposa sur son genou.

La daumont avait dépassé la calèche. On ne voyait plus que le dos rond de Napoléon III, et sa tête qui se balançait lentement de chaque côté, avec un mouvement régulier, comme celui de ces figures de porcelaine qui ne s'arrêtent plus lorsqu'on leur a donné une impulsion.

— Vous savez, dit Sorieul à mi-voix, qu'il est entouré de Corses.

Le colonel cherchait où pouvait être cette armée de Corses, lorsque, dans un clarence qui suivait immédiatement l'équipage impérial, il aperçut madame de Lucillière, qui, du bout de la main, lui fit un salut.

Entraîné d'un trot rapide par deux chevaux de Norfolk aussi beaux de forme que d'allure, le clarence eut bientôt rejoint la calèche. Alors la marquise, apercevant Thérèse qu'elle n'avait pas encore pu voir, prit son binocle pour la regarder, et, pendant tout le temps que le clarence longea la calèche, elle resta, le binocle à la main, lorgnant Thérèse, qui, sous cet examen à bout portant, rougissait et ne savait quelle contenance tenir.

— Voilà une jolie femme, dit Sorieul, lorsque le clarence se fut éloigné. Vous la connaissez, colonel? est-ce une vraie dame?

— C'est la marquise de Lucillière.

— Est-ce curieux, une vraie marquise? A quoi diable cela se reconnaît-il? Pour moi, je suis incapable de distinguer en quoi les vraies diffèrent des fausses.

Ils avaient dépassé les fortifications, et la calèche roulait entre une double rangée de curieux, qui, assis sur les chaises du trottoir, regardaient le défilé des voitures.

— Tous ces gens ont vraiment une attitude singulière, dit Sorieul, poursuivant ses réflexions, autant pour l'instruction du colonel que pour sa propre satisfaction. Sont-ils là pour prendre plaisir au défilé des équipages ou bien pour poser devant ce défilé? Il faut convenir que nous sommes un peuple de comédiens.

Mais Thérèse ne s'adressait pas les mêmes questions que son oncle, et, pour elle, tous ces regards étaient lancés par des yeux curieux; aussi son inquiétude, qui, depuis l'examen de la marquise de Lucillière, avait été toujours augmentant, était-elle devenue une véritable angoisse.

Ils arrivaient sur les bords du lac, et deux routes s'ouvraient devant eux : celle de gauche, déserte en ce moment; celle de droite, dans laquelle s'engouffraient les voitures, qui se rapprochaient et se tassaient.

— Si nous prenions de ce côté? dit Thérèse, montrant l'allée déserte.

— Et pourquoi donc? répliqua Sorieul, ce n'est pas le chemin de l'hippodrome.

— Mais mon cousin ne tient peut-être pas à aller aux courses, le bois paraît si beau de ce côté.

Et sa main resta étendue dans la direction des sapins qui dressent leurs troncs grêles entre le lac et la route.

Pendant que Sorieul se récriait contre cette fantaisie de petite fille, le colonel, sans rien dire, examinait Thérèse, se demandant si c'était là vraiment une fantaisie et ce qui pouvait la provoquer.

Jusqu'au Pré-Catelan, il resta silencieux ; alors, se penchant tout à coup en avant, du côté opposé à celui de Sorieul, et, prenant dans sa main une des nattes qui pendaient sur les épaules de Thérèse :

— Ma petite cousine, dit-il à mi-voix, de manière à être entendu d'elle seule, avec des cheveux beaux comme ceux-là, on est toujours en toilette.

Elle avait levé les yeux, et, durant quelques secondes, elle l'avait regardé ; mais un flot de sang, lui montant au visage, lui fit fermer les paupières : son cœur brûlait, un frisson avait couru dans ses veines, de la tête aux pieds.

Quand elle reprit le sentiment des choses matérielles, la calèche roulait doucement sur une herbe épaisse, et l'on n'entendait plus que le bruit de l'acier et le craquement des harnais. Ils étaient arrivés, et, par-dessus les voitures auprès desquelles ils étaient venus se ranger, on apercevait les tribunes, déjà occupées par des femmes dont les toilettes aux couleurs vives faisaient des taches claires sur le fond sombre des gradins.

Les courses étaient commencées ; un tourbillon de casaques bleues, blanches, rouges, jaunes, passa devant eux, rapide comme une vision, tandis que le gazon tremblait sous le sabot des chevaux.

Alors Sorieul, qui était venu pour tout voir, se leva et tâcha de suivre la course en communiquant tout haut ses observations.

— C'est le blanc qui est en tête, le jaune le rejoint, le rouge reste en arrière.

Et, dans les voitures voisines où l'on entendait ces exclamations, il y eut des rires et des moqueries en voyant cet homme en habit noir qui parlait des chevaux et les désignait d'une façon si primitive.

Une seconde fois, le tourbillon passa devant eux : c'était l'arrivée.

— Ils sont groupés, s'écria Sorieul ; il n'y a pas de premier.

Cependant des chiffres parurent instantanément sur un tableau, venant donner un démenti à cette affirmation et montrer que le juge avait su trouver un premier, un second, et même un troisième.

— Si j'y comprends quelque chose, s'écria Sorieul, je veux être pendu ! Ce n'était point ainsi que cela se passait dans l'antiquité pour les courses de chars...

Mais ni Thérèse ni le colonel ne prêtèrent l'oreille à la dissertation qu'il entreprit sur les chars antiques : le char de guerre, le *currus triumphalis*, le *currus volucris* (πτηνὸν ἅρμα), le *currus falcatus* (c'est-à-dire armé de faux). Ils n'écoutaient pas, ils regardaient.

D'autres équipages étaient venus se ranger autour de leur calèche.

Dans l'un se trouvait le baron Lazarus, assis auprès de sa fille, la blonde Ida, qui portait un costume de bergère Watteau tout agrémenté de fleurs et de pompons. En apercevant le colonel, le baron lui adressa des deux mains un salut d'amitié, tandis qu'Ida s'inclinait doucement, en souriant des yeux, des lèvres, des épaules, de toute sa personne.

Dans un autre équipage, un landau assez mal attelé, le colonel reconnut le prince Mazzazoli, et devant lui sa nièce Carmelita, assise auprès d'une vieille dame enguirlandée de dentelles, qui devait être la comtesse Belmonte. La toilette de Carmelita formait un curieux contraste avec celle de la jeune Allemande: autant l'une était gaie, autant l'autre était sévère, mais en tout cas admirablement choisie pour faire valoir la beauté classique de l'Italienne : la robe blanche et noire semblait copiée sur une forme de la Renaissance avec un corsage coupé carrément et de fausses manches très-longues tombant sur la jupe.

Le salut que le prince adressa au colonel fut encore plus amical que ne l'avait été celui du baron; mais Carmelita se contenta d'incliner légèrement la tête, sans que le moindre sourire vînt animer son visage de marbre.

Thérèse avait suivi les yeux du colonel.

— Comment, dit-elle, il y a quelques jours à peine que vous êtes à Paris et vous connaissez déjà toutes ces belles personnes?

Alors il lui expliqua ce qu'étaient le prince Mazzazoli et sa nièce Carmelita, le baron Lazarus et sa fille Ida.

— Comme l'Allemande est jolie et comme l'Italienne est noble ! je n'avais jamais imaginé qu'il pouvait se rencontrer dans la vie réelle des femmes aussi belles.

Ah! mon cousin, vous n'auriez pas dû amener au milieu de ce beau monde une petite fille comme moi.

— Vous n'avez donc pas entendu ce que je vous ai dit en venant?

Elle rougit de nouveau.

— Si, n'est-ce pas? Eh bien! ne m'obligez pas à vous le répéter. Amusez-vous du spectacle que vous avez sous les yeux, et ne vous inquiétez pas du reste.

XXXI

Cependant les voitures s'étaient ajoutées aux voitures, et maintenant ils étaient entourés d'un quadruple rang d'équipages tassés les uns contre les autres, de telle sorte qu'il ne restait qu'un étroit passage entre chaque file.

La course terminée, ce passage avait été envahi; on se pressait autour des voitures, ceux-ci pour serrer la main de leurs amis ou de leurs amies, ceux-là tout simplement pour voir de près les femmes à la mode.

Il y avait des femmes autour desquelles s'étaient faits de véritables rassemblements qui empêchaient la circulation. Dans certaines voitures, on montait d'un côté et on descendait de l'autre, exactement comme dans une baraque de saltimbanques.

Des bribes de dialogue qu'on saisissait de temps en temps expliquaient suffisamment le sujet qu'on traitait pendant ces courtes visites.

— J'irai te voir ce soir.
— Oui, mon petit chien.
— Toujours même adresse ?
— Toujours.
— Seras-tu visible à dix heures ?
— Non, viens seulement à dix heures et demie.

Dans une victoria qui se trouvait tout près de leur calèche, une femme seule était fort entourée. Elle portait une robe en satin gris avec des crevés rouges qui tiraient l'œil à vingt pas ; ses cheveux étaient d'une nuance jaune qui ne s'est jamais rencontrée dans la nature ; elle parlait plusieurs langues, le français avec un accent désagréable, l'anglais, l'allemand ; mais, comme si ce n'était point assez de ces différents idiomes pour faire comprendre ce qu'elle avait à dire, elle ajoutait parfois à ses explications une carte de visite qu'elle glissait dans la main de ceux qui la quittaient.

Derrière cette victoria, était un grand break sur les banquettes duquel perchaient une douzaine de collégiens dont plusieurs étaient en uniforme ; autour de leur képi, ils portaient des voiles verts, qui produisaient l'effet le plus drôlatique. Un panier de provisions était ouvert au milieu d'eux, et ils se passaient de main en main des verres où moussait le champagne ; pour boire, ils retiraient de leurs lèvres des cigares qui leur emplissaient la bouche. Parmi ces enfants émancipés, il y en avait un de treize ou de quatorze ans qui lançait à la femme aux cheveux jaunes des regards brûlants comme les rayons d'un miroir ardent ; lorsqu'elle avait un moment de liberté et n'était pas occupée à fourrer des cartes dans les mains de ses visiteurs, elle lui répondait avec des œillades en coulisse.

En regardant ce spectacle nouveau pour lui, le colonel aperçut son ami, Gaston de Pompéran, appuyé sur la portière d'une voiture de grand style, en conversation avec une femme d'un certain âge, enveloppée de dentelles. Mais, bien que leurs yeux se fussent croisés, Gaston ne parut pas avoir vu son ami, et se plongea au contraire plus profondément dans sa conversation en tenant sa tête obstinément baissée.

Voulait-il n'être pas vu? voulait-il ne pas voir?

Évidemment l'une de ces deux hypothèses était vraie, mais le colonel ne prit pas la peine de chercher laquelle. Que lui importait d'ailleurs?

Il tourna donc la tête d'un autre côté, et se mit à regarder un cercle formé sur la pelouse par de grandes voitures, au-dessus desquelles étaient dressés des tableaux couverts de chiffres et des roues en cuivre : c'étaient des agences de poules et de paris.

La foule grouillait autour de ces agences, et il se faisait là un grand tapage, que dominaient de temps en temps quelques cris poussés d'une voix rauque :

— A 2 francs, à 5 francs la première!
— Qui veut un *chival*?
— Tous les chevaux. Je parie contre.

A côté de ces voitures, disposées en bureaux roulants, avec des guichets protégés par des grilles de fer, d'autres spéculateurs avaient ouvert des agences plus modestes, les uns sous un parapluie rouge, les autres à l'ombre d'un drapeau tricolore; ceux-ci avec une sacoche sur le ventre, et auprès d'eux une girouette fichée en terre; ceux-là avec un simple chapeau à la main. Dans des fiacres, des femmes assises à la portière criaient la cote des chevaux.

— *Normandie*, la *Favorite!* Je parie contre.

— Aimez-vous la loterie? demanda le colonel en s'adressant à Thérèse.

— Quelle loterie?

— Celle où l'on prend un numéro qui vous fait gagner quinze ou vingt fois votre mise, quand il sort au tirage.

— Je ne sais pas.

— Eh bien! il faut voir; je vais aller vous prendre un numéro.

Et, descendant de voiture, il se dirigea vers les agences de poules.

Mais, sur son passage, il devait rencontrer les équipages du baron Lazarus et du prince Mazzazoli.

Thérèse qui le suivait des yeux au milieu de la foule, le vit s'arrêter auprès du baron et de sa fille, puis ensuite auprès du prince et de Carmelita.

Après quelques minutes d'entretien, il continua son chemin, et bientôt il disparut au milieu des voitures.

— Tu n'aurais pas dû accepter ce billet de loterie, dit Sorieul.

— Je n'ai pas osé refuser mon cousin.

— Sans doute, cela n'a pas d'importance pour lui; mais je ne voudrais pas que tu prisses goût à ce genre d'émotion. La loterie est blâmable en soi et pernicieuse. Je ne comprends pas qu'on la tolère sur ce champ de course, et surtout telle qu'elle s'exerce. Ainsi j'ai vu tout à l'heure une agence dont l'adresse est Petite rue de la Corderie. Eh bien! il est fâcheux qu'on autorise ces sortes de maisons de jeu dans les quartiers des travailleurs. Que les gens riches jouent à la loterie, cela n'est pas bien dangereux; au contraire, cela devient grave quand ce sont des ouvriers du Temple ou du Faubourg, qui prennent leur mise sur l'argent de la famille.

Si justes que pussent être ces considérations, Thérèse ne les écoutait que d'une oreille distraite; son attention était ailleurs. Comme elle était jolie, cette jeune Allemande dans son costume de théâtre, et comme elle était belle, cette Italienne!

Après avoir donné un louis à un guichet et reçu un petit carton en échange, le colonel s'en revenait vers sa voiture, lorsqu'il se sentit pris par le bras et arrêté.

Il se retourna, c'était son ami Gaston.

— Eh! que faites-vous ici? demanda celui-ci.

Le colonel montra son carton.

— Comment! s'écria Gaston, vous prenez des billets de poule? Mais, mon cher, cela ne se fait pas; un homme comme vous engage ses paris dans le *ring* et ne prend pas des billets dans ces agences.

— Ce n'est pas pour moi, c'est pour ma petite cousine, que j'ai amenée aux courses.

— Vous avez amené à Longchamps votre petite cousine de la rue de Charonne?

— Parfaitement; cela vous étonne?

— Dites que cela me renverse.

— Et pourquoi donc? Le champ de courses est-il un salon à la porte duquel on doit faire ses preuves de noblesse? Je voulais donner une journée de plaisir à cette enfant; je l'ai amenée ici. Le plaisir en réalité est pour moi plus que pour elle. C'est une joie de suivre les étonnements et les émerveillements de cette petite fille qui n'a jamais rien vu.

— Je vous croyais plus Français qu'Américain, mais décidément le Yankee l'emporte en vous : de là votre excentricité.

— C'est une excentricité de chercher à faire plaisir à ceux qui nous entourent?

— L'excentricité, cher ami, c'est qu'un homme dans votre position, sur qui tout Paris a les yeux, s'en vienne, dans une réunion comme celle d'aujourd'hui, avec une petite ouvrière. Je soutiens que c'est un défi qu'un Yankee seul pouvait avoir l'idée de risquer; mais, mon cher Édouard, pensez donc...

— Voulez-vous que je vous présente à elle? dit le colonel en riant.

Cette proposition suffoqua si bien Gaston qu'elle lui fit perdre le fil du discours qu'il allait entreprendre. D'ailleurs, à quoi bon?

— Viendrez-vous au pesage? dit-il.

— Oui, peut-être, mais plus tard. Pour le moment, je vais porter ce carton à ma petite cousine; je donnerais mille louis pour qu'il lui en fît gagner une douzaine.

Tandis que le colonel regagnait sa voiture, Gaston

traversait la piste et rentrait dans l'enceinte du pesage.

S'arrêtant contre la grille, il jeta un rapide coup d'œil sur les tribunes et les groupes de promeneurs qui passaient lentement devant lui.

Bientôt il aperçut celle qu'il cherchait, la marquise de Lucillière; assise sur une chaise, elle était entourée de son cercle ordinaire de fidèles, le prince Seratoff, le duc de Mestosa, et deux ou trois autres.

Il se dirigea vivement vers elle, et, forçant le duc de Mestosa à reculer sa chaise, il serra la main de la marquise.

— J'ai un service à vous demander, dit-il; pouvez-vous me donner quelques minutes?

— Messieurs, dit la marquise en souriant, vous voyez comme M. de Pompéran est sérieux; il s'agit de choses importantes.

Et, se levant, elle prit le bras de Gaston.

— Eh bien! dit-elle lorsqu'ils se furent éloignés de quelques pas, de quoi ou de qui s'agit-il? Faut-il intervenir entre vous et elle?

— Il ne s'agit pas de moi, mais de mon ami, le colonel Chamberlain.

— Je l'ai vu, votre ami, je l'ai dépassé dans l'avenue de l'Impératrice; il promenait dans sa voiture une petite fille drôlement fagottée, mais qui a des cheveux splendides et qui sera très-jolie un jour.

— C'est précisément de cette petite fille que je veux vous entretenir. Il faut que vous sachiez que cette petite fille est sa cousine et que, par suite d'arrangements de famille, il pourrait arriver qu'il l'épousât.

— Eh bien ! qu'est-ce que cela vous fait ?

— Comment voulez-vous que je laisse un homme dans la position du colonel épouser une petite fille qui n'est rien et qui n'a rien ?

— Ah çà, mon pauvre Gaston, vous êtes donc aussi atteint de la manie matrimoniale ? Vous voulez que vos amis se marient pour vous.

— Non, mais je veux qu'ils se marient pour eux et pas pour de petites sottes. Ainsi, je veux que mon ami le colonel, s'il se marie, n'épouse qu'une femme digne de lui.

— Alors, auprès de qui m'envoyez-vous en ambassade ? Voulez-vous mademoiselle Lazarus, mademoiselle Belmonte, mademoiselle ?...

— Je veux que vous me compreniez et précisément vous vous amusez à me taquiner.

— Expliquez-vous.

— Je crains que mon ami le colonel ne pense comme vous à l'égard de cette petite fille et qu'il trouve dès maintenant qu'elle sera jolie un jour.

— Comment voulez-vous empêcher cela ?

— Ce serait bien facile, si vous vouliez me comprendre.

Elle s'arrêta et, le regardant, elle partit d'un grand éclat de rire qui fit lever la tête à ceux qui passaient près d'eux.

— Eh bien ! oui, dit-il, un sourire de vous, et mon ami est sauvé.

— Vous savez, mon cher Gaston, que ce que

vous me dites là est tout simplement révoltant.

— Dans la forme peut-être, mais au fond c'est en réalité une bonne œuvre. Il s'agit de sauver mon ami, et je viens en suppliant auprès de celle qui a la puissance d'opérer ce miracle. Il me semble que c'est un hommage rendu à votre beauté, à votre esprit, à...

— Et c'est tout?

— Oui, c'est tout. Pourquoi ne vous amuseriez-vous pas à rendre amoureux — je ne demande pas que les choses aillent plus loin — un sauvage? L'amour d'un Huron se développant au milieu du monde parisien, cela peut être drôle; celle qui inspirerait cet amour pourrait trouver là des sensations nouvelles.

— Le fait est...

— N'est-ce pas? Ah! marquise, vous êtes un ange!

— Mais on ne le voit pas, votre Huron? Demain précisément notre combat de rats n'aura pas lieu, mon garde étant malade.

— Je vous le conduirai.

— Je l'inviterai à dîner pour samedi; seulement, j'inviterai aussi le baron Lazarus, avec sa fille, et le prince Mazzazoli, avec sa nièce.

— Ah! pourquoi?

— Parce que cela pourra être amusant. Ne me disiez-vous pas l'autre jour qu'ils visaient, l'un et l'autre, la grosse fortune de votre marchand de pétrole? Eh bien! je veux les voir manœuvrer.

XXXII

L'hôtel que le marquis de Lucillière habitait rue de Courcelles, avait été bâti en 1862-1863, sur un terrain qui appartenait aux Lucillière dès le dix-septième siècle. Avant les expropriations qui ont bouleversé ce quartier, ce terrain faisait partie de vastes jardins au milieu desquels un bel hôtel avait été élevé sous la Régence pour l'aïeul du marquis, mais lorsqu'on avait ouvert les boulevards et les avenues qui ont si profondément modifié les environs du parc Monceaux, l'hôtel avait été emporté, et ce qui restait de ses jardins dénudés s'était couvert de constructions appropriées à la vie telle qu'on la comprend aujourd'hui.

Le marquis, qui cherchait dans tout et partout matière à spéculation, avait trouvé une affaire superbe dans cette expropriation, et s'était arrangé pour en tirer tout le profit possible ; après s'être fait payer ses terrains fort cher, il s'était fait donner en place de son vieil hôtel, dont il avait vendu lui-même l'ameublement et les matériaux, un hôtel neuf.

Au point de vue spéculatif l'affaire avait donc été excellente, mais, par contre, au point de vue du comfort et de l'agrément, elle avait été détestable.

Plus de beaux arbres, plus de gazons, plus de verdure, plus de grottes, de kiosques, de ruines datant de Carmontel, plus de vastes dépendances pour les gens de service, un boulevard avait pris les jardins, et sur ce qui restait de terrain, on avait construit dix ou douze hôtels qui couvraient un espace superficiel moins grand que celui qu'ils remplaçaient.

L'hôtel que le marquis de Lucillière s'était fait ainsi livrer, clefs en mains, par la société qui avait entrepris l'exploitation de ses terrains, pouvait passer pour un modèle du genre d'architecture que la postérité désignera, avec toute justice, du nom de Napoléon III, si elle n'est pas ingrate pour cet empereur de la truelle.

L'espace se trouvant restreint par suite du prix d'acquisition des terrains, on avait commencé les économies par la suppression de tout ce qui n'était pas strictement indispensable. Ainsi, pas de cour en façade, mais l'hôtel bâti directement sur la rue et ouvrant sur le trottoir sa porte-cochère en chêne, ornée d'applications de marbre vert et d'acier nickelé.

Sur un soubassement en pierres taillées à bossage dans le genre florentin, s'élève un rez-de-chaussée de style néo-grec, surmonté d'un premier étage qui rappelle la Renaissance; et, pour couronner le tout, se dresse un immense couvercle carré à quatre pans, percé de mansardes, avec des ouvrages en plomb repoussé pour orner des arêtes. Tous les goûts, le bon excepté, peuvent donc trouver des sujets de satisfaction dans cet édifice incohérent, où l'on a rapproché les styles sans les souder les uns aux autres.

Bien que construit d'après un système d'économie qui a fait sacrifier dans son plan général le bien-être et dans son exécution la solidité, il présente cependant sur la rue une façade d'une richesse de décoration qui va jusqu'à la folie. Partout où l'on a pu, tant bien que mal, placer une sculpture, la pierre a été fouillée. Partout où l'on a pu accrocher un ornement, on a choisi le plus voyant, le plus fleuri, celui qui devait produire le plus d'effet. Le règne végétal, le règne animal, femmes nues, amours, arbres, fleurs, fruits, tout a été mis à contribution : les corniches sont des plates-bandes de jardin potager ; les tympans, des corbeilles de fleurs ; les cariatides, qui soutiennent les balcons ou les écussons, semblent s'être déshabillées pour le passant et n'être là que pour lui faire de l'œil. Pas un fer qui n'ait été doré : appuis de fenêtres, balcons saillants, tout resplendit et flamboie. C'est une châsse.

Le rez-de-chaussée a été aménagé pour la vie mondaine, avec salons de réception, boudoirs, salle à manger ; le premier pour la vie intime, avec appartements séparés pour le marquis et la marquise. Sous les combles, habite, près de son précepteur, le jeune comte de Lucillière, un gamin de dix ans, qu'on rencontre quelquefois dans les escaliers, mais qu'on n'a jamais vu à la table de ses père et mère.

Derrière l'hôtel, on a réservé une petite cour pavée, sur laquelle ouvrent les portes des écuries et des remises, de sorte que, de la salle à manger, on a sous les yeux le spectacle des palfreniers et des cochers vaquant à leur besogne, et que, dans les jours de chaleur, malgré les soins de propreté qu'on peut prendre, on respire l'odeur âcre des écuries.

Si la décoration extérieure est brillante, la décoration intérieure est, bien entendu, éblouissante, et lorsqu'un jour de réception on entre pour la première fois dans le vestibule qui précède les salons, on est littéralement aveuglé.

Ce fut la sensation qu'éprouva le colonel Chamberlain, lorsqu'il se rendit, le samedi, à l'invitation que lui avait adressée la marquise. Malgré lui, ses yeux se fermèrent.

Dans le premier salon, il trouva le marquis qui se tenait là pour recevoir ses convives et leur serrer la main. C'était un petit homme chétif et maigre, avec une forêt de cheveux blonds qui semblait lui charger la tête d'un poids trop lourd ; alerte cependant et vif, se soulevant sur la pointe des pieds pour parler, toujours en mouvement et en représentation.

Le colonel, qui avait abordé avec un certain mépris ce petit animal à mine chafouine, comprit, après deux minutes d'entretien, ce qu'il pouvait y avoir de séduction dans la politesse française lorsqu'elle est pratiquée par un homme de race ; et ce fut sous le charme de cette politesse et de cette bonne grâce qu'il s'éloigna pour aller saluer la marquise dans le grand salon.

Déjà la plupart des convives étaient arrivés, et dès la porte, d'un rapide coup d'œil, il en reconnut plusieurs : le prince Mazzazoli et sa nièce, le baron Lazarus et sa fille, puis quelques hommes qui avaient assisté au combat des rats.

Devant la cheminée, la marquise était assise sur un canapé, vêtue d'une robe de satin bleu à traîne avec un pardessus de dentelle ; sur ses épaules resplendissaient des nœuds de brillants, et dans ses cheveux des étoiles de diamants.

Elle reçut le colonel comme s'il eût été son ami depuis de longues années, et le força à s'asseoir près d'elle.

— Prenait-il goût à la vie parisienne ? Aurait-on le plaisir de le garder à Paris longtemps ? Pourquoi pas toujours ?

Pendant deux minutes ce fut un bavardage charmant, elle avait pour lui la sollicitude d'une sœur.

Puis deux jeunes gens étant venus la saluer, elle leur confia le colonel.

— M. le capitaine de Maisonnelles, M. le lieutenant Faron, dit-elle en les présentant, deux de nos plus brillants officiers; vous pourrez parler bataille avec ces messieurs, colonel. — Puis prenant la pose du général Boum, en riant : —Vous savez, *couper* et *envelopper*, tout est là.

Sortant du cercle des canapés, le colonel gagna un angle du salon suivi de ses deux officiers, et pendant quelques minutes on parla bataille comme disait la marquise, mais bientôt la conversation changea, le capitaine, aussi bien que le lieutenant, ne paraissant pas désireux de s'engager à fond dans la guerre d'Amérique.

— J'ai bien regretté de n'avoir pas pu assister à votre concert, dit le capitaine; tout le monde parle de votre succès qui a été très-grand.

— Sans l'orchestre les choses auraient assez bien marché, mais on ne peut pas s'entendre avec ces animaux de musiciens; il y avait un mouvement qu'ils voulaient prendre lentement, tandis que moi je voulais prendre plus vite ; ç'a été une guerre dont vous ne pouvez pas vous faire l'idée.

— Et qui l'a emporté?

— Eux, parbleu ! C'est votre conférence qui vous a empêché de venir ?

— Précisément. Je parlais le lendemain, et j'avais des recherches à faire pour appuyer ma démonstration de quelques citations. D'ordinaire, vous savez, je parle d'abondance, et avec mon public l'effet est certain. Mais je savais qu'il y aurait des journalistes dans la salle, et je tenais à ne pas m'aventurer à la légère. La mauvaise presse me fait une guerre déloyale, comme si notre œuvre n'était pas au-dessus des attaques des partis : ramener les basses classes au respect de la foi et de la tradition.

Le colonel écoutait avec stupéfaction, se demandant quels pouvaient être ces deux brillants officiers, dont l'un parlait musique et l'autre conférences, lorsque Gaston de Pompéran, qui était arrivé depuis quelques instants, vint à point pour satisfaire sa curiosité.

Quittant les deux officiers qui continuèrent à s'entretenir de leurs succès, ils revinrent dans le premier salon.

— Eh bien! dit Gaston, vous avez fait la connaissance du lieutenant Faron, talent énorme, vous savez? Depuis Paganini, il paraît qu'on n'a pas joué du violon comme lui. Quant à Maisonnelles, il faut que vous l'entendiez ; je vous conduirai à l'une de ses conférences. Si nous avions seulement cent officiers comme lui, la France, avant dix ans, serait revenue dans le bon chemin.

— La marquise me les avait présentés comme les plus brillants officiers de l'armée française : je vois qu'elle s'est moquée de moi.

— Mais pas du tout. Seulement, comme nous n'avons pas de guerre, et comme nous n'en aurons pas de sitôt, il faut bien que des esprits intelligents trouvent à dépenser leur force et leur activité.

A ce moment, le colonel entendit annoncer un nom qui l'empêcha d'écouter son ami.

— M. le comte Roqueblave, avait crié le valet.

Tournant aussitôt la tête vers la porte, il vit entrer un personnage qui marchait gravement, lourdement, le cou pris dans la cravate rouge de la Légion d'honneur comme dans un carcan.

— Pourrez-vous me présenter au comte Roqueblave? demanda le colonel à son ami.

— Parfaitement ; seulement, mon cher ami, permettez-moi de vous dire que c'est là une idée bizarre ;

bien que le comte soit une puissance par sa position et sa fortune, on n'a avec lui que les relations qu'on est obligé d'avoir.

— Et pourquoi donc?

— Parce que c'est un vilain monsieur.

— Mes relations seront courtes, elles se borneront à quelques questions.

— Répondra-t-il? Sous cette forme de phoque se cache un esprit retors et délié. La façon dont il est devenu sénateur vous le prouvera. Si Américain que vous soyez, vous devez savoir que l'empereur avait pour conseiller intime le baron Colomieu. La grande faiblesse de Colomieu, qui au fond était un brave homme, consistait à croire qu'il était un écrivain : et en conséquence il passait le temps qu'il avait de libre à faire des comédies, des vers et des romans exécrables. Un jour qu'il avait appelé un éditeur pour lui vendre un de ses romans, Roqueblave, qui n'était alors qu'une puissance financière, arrive au moment où Colomieu allait commencer la lecture du chapitre sur lequel il comptait pour enlever son éditeur. Roqueblave demande comme une grâce d'assister à la lecture. Colomieu, qui n'avait pas tous les jours un public, accorde cette grâce et commence. A la dixième page Roqueblave soupire, à la vingtième il pleure, à la trentième il éclate en sanglots. En voyant cette émotion d'un vieux dur-à-cuir comme Roqueblave, l'éditeur est ému à son tour et paye le volume comme s'il eût été signé par un homme de talent. Il en vend difficilement cent cinquante exemplaires; mais l'émotion de Roqueblave est récompensée : deux mois après il est nommé sénateur.

Comme Pompéran achevait son récit, une porte s'ouvrit à deux battants et un superbe maître d'hôtel, majestueux et décoratif, annonça que madame la marquise était servie.

XXXIII

Il s'était fait un mouvement général, et la marquise s'était levée.

Il y avait près d'elle lord Fergusson, immobile et raide dans son flegme britannique; le prince Seratoff, un colosse à barbe rousse; Serkis-Pacha, gros, court, le cou dans les épaules, le ventre sur les cuisses; le duc de Mestosa, petit, maigre, bilieux, les lèvres pâles, les yeux ardents, — tous ayant été ou étant ses amants, si l'on en croyait certains propos.

Lequel serait le préféré?

Elle passa devant eux en souriant à chacun, et alla prendre le bras du comte Roqueblave qui se laissa faire, sans paraître le moins du monde sensible à cette faveur : pas un muscle de son visage flasque ne bougea, et il ne se donna pas la peine de chercher un mot de politesse ou un compliment; il imprima seulement une légère courbure en avant à ses lourdes épaules, et redressant sa tête, il se dirigea à pas lents vers la salle à manger.

— Qu'est-ce que le marquis peut bien vouloir tirer de Roqueblave? murmura Gaston à l'oreille de son ami.

Mais ce n'était point l'heure d'examiner ce point délicat, le marquis avait offert son bras à la comtesse Belmonte, et après avoir vivement déposé leurs chapeaux là où ils avaient pu trouver une place, quelques hommes s'étaient bravement avancés auprès des canapés, trois bras restaient tendus devant Carmelita, et deux s'arrondissaient de chaque côté d'Ida ; lorsque la file fut formée, Gaston et le colonel se mirent à la queue et entrèrent les derniers dans la salle à manger.

La lumière qui tombait du lustre et des candélabres, reflétée par les ors du surtout, la blancheur crue de la nappe et les facettes des cristaux produisaient un faisceau de clarté qui blessait la vue, tandis que l'odorat, au contraire, était agréablement excité par l'odeur des viandes et des truffes se mêlant au parfum des fleurs.

La nécessité d'économiser l'espace qui avait dirigé la construction de l'hôtel se faisait sentir d'une façon fâcheuse dans la distribution de cette salle; car l'architecte, en calculant théoriquement la largeur pour la table et les chaises, n'avait réservé qu'une place insuffisante pour le service. De là une certaine gêne pour circuler, qui fût facilement devenue de la confusion, sans le soin que prenait le maître de la maison d'indiquer d'un mot ou d'un signe, à chaque convive qui entrait, de quel côté il devait se diriger. Debout devant sa chaise, les yeux fixés sur la porte, le marquis s'acquittait de cette tâche avec une bonne grâce parfaite, et, à le voir, haussant sa petite taille, souriant à chacun, étendant le bras avec noblesse, on pouvait deviner que ses ancêtres avaient été gentilshommes de la chambre.

Le colonel se trouva placé entre Ida et Carmelita, ayant à peu de distance, en face de lui, la marquise, qui avait à sa droite le comte Roqueblave et à sa gauche le baron Lazarus.

Lorsqu'on s'assit, le colonel disparut un moment sous les flots de tulle rose de la jupe d'Ida et sous la traîne blanche de Carmelita ; mais bientôt les robes se tassèrent et le silence s'établit, troublé seulement par le tapotement argentin des cuillers.

Tout en mangeant lentement son potage, le colonel se demandait ce qu'il dirait bien à ses voisines, et ce n'était pas sans un certain embarras qu'il se posait cette interrogation.

Comment parle-t-on aux jeunes filles, alors qu'on n'a pas un sujet banal ? Quel thème commun pouvait-il exister entre lui qui arrivait de l'autre côté de l'Océan et elles, celle-ci venant de Berlin, celle-là de Florence ?

La présomption et l'infatuation n'étaient pas ses défauts dominants : il se rendait justice et savait parfaitement qu'il n'était qu'un Yankee plus ou moins mal léché. Où aurait-il appris les mœurs et les usages de ce monde au milieu duquel il se trouvait pour la première fois ?

Il se plongea dans son assiette avec le recueillement d'un gourmand de profession, attendant qu'une occasion lui permît de se départir de son silence prudent.

Elle lui fut bientôt offerte, car la marquise, tout à ses devoirs de maîtresse de maison, n'oubliait aucun de ses convives et pour chacun elle avait un mot, ou tout au moins, quand la distance ne permettait pas les paroles, un sourire qui disait : « Vous voyez que je pense à vous et que je suis à vous. »

Bien que n'étant séparée du colonel que par la largeur de la table, ce fut ce langage des yeux qu'elle employa avec lui, mais il était tellement clair qu'il n'avait pas besoin d'être traduit. Après un signe d'appel adressé au colonel, elle avait regardé Ida, puis ensuite Carmelita, alors revenant au colonel elle était restée les yeux sur lui en souriant.

— Vous avez auprès de vous deux jeunes filles charmantes, disait ce sourire, et c'est au vin qui emplit votre verre que vous faites des yeux tendres.

— Que dire? demanda le regard du colonel.

Alors elle se mit à rire franchement, en haussant légèrement les épaules; puis, prenant la parole :

— Comment avez-vous trouvé nos courses dimanche, demanda-t-elle; vous êtes-vous amusé, colonel?

Évidemment les courses étaient un sujet qui permettait de parler pour ne rien dire: comment n'y avait-il pas songé?

Après avoir répondu à la marquise, il se tourna

vers Carmelita, puis ensuite vers Ida : la glace était rompue.

Au reste, le silence avait partout cessé et des conversations particulières s'étaient établies, troublées seulement de temps en temps par quelques paroles plus hautes qui allaient d'un côté de la table à l'autre.

Et, pendant ce temps, les valets poudrés circulaient derrière les chaises, silencieux, graves comme des ombres, attentifs à leur service.

Seul entre tous les convives, le comte Roqueblave ne parlait pas, et le colonel qui l'examinait curieusement avait remarqué qu'il n'avait pas encore dit un mot à la marquise. Assis carrément sur sa chaise, les reins appuyés contre le dossier, il mangeait lentement, mais continuellement, sans presser ou ralentir le mouvement régulier de ses fortes mâchoires, ne s'interrompant que pour vider son verre ou faire un léger signe affirmatif aux valets qui passaient les plats et les bouteilles. Sa serviette, maintenue par un coin dans la boutonnière de son habit, était étendue sur son large ventre, et elle recevait les gouttes de sauce et de jus qui tombaient de sa bouche et glissaient en deux filets le long de son menton qu'il ne prenait pas la peine d'essuyer. Pourquoi, pour qui se serait-il gêné? On l'avait invité à manger, il mangeait.

Le colonel avait passé une partie de sa vie auprès de gentlemen qui, dans les *eatinghouse*, avalaient, avec la voracité de gens affamés, les plats sur lesquels ils se jetaient, et après avoir copieusement dîné en sept ou huit minutes, s'essuyaient la barbe et les doigts au coin de la nappe ; il n'avait jamais vu manger avec cette ignoble sérénité ; évidemment cet homme s'était placé au-dessus des vains préjugés du monde et la satisfaction de son appétit devait être sa seule règle — à table comme partout.

Le baron Lazarus, au contraire, se montrait empressé auprès de la marquise, et, pour l'écouter, ce n'était pas seulement de l'attention qu'on voyait sur son visage, c'était de l'admiration, presque du respect. De temps en temps elle se penchait vers lui, et alors il riait formidablement de ce qu'elle lui avait dit à mi-voix. Souvent leurs regards se fixaient en même temps sur le colonel, et alors ils reprenaient leur conversation intime, mais cette fois sans que le baron s'abandonnât à ses accès de grosse gaieté.

Que disaient-ils ? Le colonel n'en prenait pas grand souci. Il n'était plus dans les mêmes dispositions qu'en s'asseyant à table. L'atmosphère de cette salle, la chaleur des vins, la gaieté qui se dégageait des choses environnantes, la beauté de Carmelita, le charme d'Ida, la séduction de la marquise, avaient fait battre son cœur plus vite : ils étaient excellents, ces vins ; elles étaient ravissantes, ces femmes.

Et c'était avec un sentiment de béatitude qu'il écoutait le babil de la jeune Allemande.

— Paris était bien agréable à habiter, mais aussi bien fatigant. Toujours des fêtes, des soirées, des dîners, des bals, le théâtre. Pour elle, elle eût préféré une vie plus calme, plus recueillie, dans la tranquillité du foyer, avec une lecture le soir, un peu de musique, des amis intimes près desquels on peut laisser parler son cœur; ou bien encore une retraite à la campagne, au bord de la mer, ou bien dans les montagnes, avec des promenades en toute liberté au clair de la lune, sous les grands bois, en écoutant le vent.

A sa gauche, Carmelita parlait beaucoup moins, et lorsqu'il lui adressait la parole, elle ne répondait guère que par un mot. Mais ce mot, elle le prononçait d'une voix harmonieuse qui seule était une séduction; puis elle tournait vers lui son beau visage, et tant qu'il causait, elle demeurait les yeux grands ouverts, comme si elle voulait qu'on lût dans son âme la réponse qu'elle ne daignait pas formuler avec ses lèvres. Mais que se trouvait-il dans cette âme? Le colonel était inhabile à le deviner, car ces grands yeux sur lesquels il se penchait ne s'ouvraient pas pour lui; c'était une eau tranquille recouvrant un abîme sans fond.

Comme à un certain moment, vers la fin du dîner, il restait ainsi les yeux plongés dans ceux de l'Italienne, il crut sentir un frôlement contre son pied. Tout d'abord il n'y prit pas attention; sans doute c'était la traîne de la robe. Mais au contact se joignit bientôt une légère sensation de chaleur qui le pénétra. Alors il releva les yeux sur elle; elle ne baissa pas les siens et se laissa regarder, sans que l'expression de son visage changeât, sans que sa prunelle s'agrandît ou se rapetissât, calme, impassible.

Se trompait-il? Mais non. Alors il se dit qu'elle ne

devait pas avoir conscience de ce contact, qui en tout cas devait être involontaire.

Comme il agitait ces questions, assez ému, ne parlant pas, les conversations continuaient sur un ton plus élevé.

— Pour moi, disait le comte Roqueblave, j'ai toujours soutenu que la solution de la question sociale et économique était bien facile : il s'agit tout simplement de forcer l'ouvrier à travailler davantage et de le payer moins ; s'il résiste, en avant, *rrran!*

— Eh bien! baron, dit le duc de Mestosa, s'adressant au baron Lazarus, ne nous laisserez-vous pas tranquilles. Vous savez que positivement vous devenez un sujet de trouble. On ne peut pas vivre paisiblement avec la menace de votre force militaire suspendue sur toutes les têtes.

— Mais nous ne menaçons personne, répondit le baron en riant avec bonhomie, où avez-vous jamais vu des gens plus pacifiques que nous?

— Ce qui n'empêche pas, dit Serkis-Pacha, que tout le monde a peur.

— Mais de quoi? interrompit le baron.

— On ne sait pas au juste, mais on a peur, et c'est une sensation désagréable.

— Tout le monde n'a pas peur, répondit fortement le capitaine de Maisonnelles, et je connais des gens qui envisagent la guerre avec confiance et espérance.

— C'est le refrain du soldat, dit la marquise en riant.

Sur ce mot elle se leva et prit le bras du comte Roqueblave.

Le colonel hésita un moment. A qui offrirait-il son bras? Elle était délicieuse la petite Allemande, avec son clair de lune et ses grands bois; mais l'Italienne!... La sensation chaude qui avait couru dans ses veines le décida.

Toutes deux étaient levées, et tandis qu'Ida ne paraissait attentive qu'à étaler sa robe derrière elle, Carmelita se tenait droite devant lui, attendant.

Ce fut à elle qu'il présenta son bras.

XXXIV

Lorsque tout le monde fut entré dans le salon, la marquise, abandonnant le comte Roqueblave sur le fauteuil où elle l'avait déposé, vint au-devant du colonel.

Elle marchait légèrement, la tête haute, souriant à tous, le visage coloré, les yeux brillants; elle avait bien dîné, car elle était habile à faire plusieurs choses à la fois, les réussissant toutes également dès qu'elle les entreprenait; et le soin de veiller sur ses hôtes ne l'avait point obligée à se négliger elle-même; le colonel, qui l'avait observée et longuement regardée, avait remarqué qu'elle savait manger et qu'elle aimait les vins blancs ainsi que le champagne, qu'elle buvait à petits coups sans retirer ses lèvres de la coupe avant qu'elle fût vide.

Elle prit le bras du colonel comme elle eût fait avec un camarade, et doucement elle le poussa dans un petit boudoir si exigu qu'il n'y avait place que pour un divan et une jardinière pleine de plantes à feuillage coloré.

— Eh bien! dit-elle en le faisant asseoir, vous ne vouliez pas commencer l'entretien avec vos voisines, mais une fois en train il me semble que vous avez bien été. Que racontiez-vous donc à mademoiselle Belmonte pour qu'elle eût un tel éclat dans les yeux, et la blonde Ida que vous disait-elle avec sa tête penchée? Charmantes, n'est-ce pas, l'une et l'autre?

— Mais assurément.

— Comme vous dites cela froidement; votre regard est moins habile à dissimuler; voyons, franchement, laquelle préférez-vous?

— Franchement, je n'en sais rien.

— Allons, décidément, fit-elle avec une petite moue, vous ne voulez pas de moi pour confidente. Vous avez tort, je sais garder un secret, et à l'occasion donner un bon conseil.

— Mais je n'ai pas de secret, je vous assure.

— Pas même en ce qui touche la jolie enfant que vous promeniez dimanche.

— Cette enfant est ma cousine.

— Rien que votre cousine?

— Mais...

— Oh! je veux dire pour le moment. Colonel, que vous ne savez pas mentir, vous vous troublez.

— Il est vrai...

— Ne croyez pas que je veuille vous faire un reproche de ce qui à mes yeux est une qualité rare. La franchise, le trouble, mais c'est charmant, vous êtes un homme unique, et la sympathie qu'on éprouve tout d'abord pour vous, car, vous savez, vous êtes un personnage sympathique, cette sympathie tourne vite à l'estime et à l'amitié quand on vous connaît. Seulement, cette qualité, précieuse pour vos amis, peut être dangereuse pour vous par certains côtés. Vous êtes seul à Paris, j'entends que vous n'avez pour ami que M. de Pompéran, qui connaît sans doute très-bien la vie parisienne, mais enfin qui n'est qu'un homme.

Ils étaient placés de telle sorte que la marquise tournait le dos à la porte du salon, tandis que le colonel lui faisait face. Depuis qu'ils étaient en tête à tête, il avait vu lord Fergusson, Serkis-Pacha et le prince Seratoff venir successivement, l'un après l'autre, devant le boudoir. Mais, chaque fois, le marquis, qui se tenait là comme pour assurer la tranquillité de leur entretien, avait arrêté ces importuns et les avait réunis autour de lui. A son tour, le duc de Mestosa vint aussi jeter un coup d'œil dans le boudoir, mais le marquis ne fut pas plus complaisant pour lui qu'il ne l'avait été pour les autres, et il l'arrêta aussi en le prenant gaiement par le bras comme s'il avait quelque chose d'intime à lui dire.

— Qu'avez-vous donc? demanda la marquise en tournant la tête vers le salon.

Alors se mettant à rire :

— Ne prenez pas souci, continua-t-elle, et achevons ce que je voulais vous dire. Au reste, c'est affaire de quelques mots. Si vous croyez jamais avoir besoin, je ne dirai pas des conseils, mais des renseignements, des éclaircissements que peut donner une femme du monde qui, par sa position, voit et entend beaucoup de choses, venez à moi, je me mets entièrement à votre disposition. Vous êtes assuré de me trouver tous les samedis et je serai heureuse de vos visites. Est-ce dit ?

Il voulut la remercier, mais elle l'interrompit :

— Ne me remerciez pas ; quoi de plus intéressant pour une femme de mon âge que de parler d'amour et de mariage, alors surtout qu'on le peut faire d'une façon désintéressée ?

Là-dessus elle se leva et lui prit le bras.

Mais au moment où ils allaient rentrer dans le salon, le colonel qui, malgré l'étrangeté de cette communication, n'avait pas oublié le comte Roqueblave, la pria de le présenter à celui-ci.

— Ah ! parfaitement, cependant je dois vous avertir, pour commencer mon rôle, qu'il n'est pas amusant, le comte.

— Ce n'est pas pour le charme de son esprit que je désire le connaître, mais seulement pour lui demander un renseignement que j'ai intérêt à connaître.

Ils allèrent rejoindre le comte, qui n'avait point bougé de dessus son fauteuil, et la présentation fut bientôt faite par la marquise qui, aussitôt après, s'éloigna pour reprendre son rôle de maîtresse de maison.

La marquise avait eu pleinement raison en disant que le colonel ne savait pas mentir, mais, pour être complète, elle eût dû ajouter qu'il ne savait pas non plus biaiser. Il était de ceux qui, voulant apprendre une chose, trouvent que le meilleur moyen est de procéder franchement par interrogation directe ; ce fut donc le chemin droit qu'il prit pour poser au comte Roqueblave, la question qui, pendant tout le dîner, l'avait préoccupé.

— Si j'ai tenu à honneur de vous être présenté, dit-il en s'asseyant sur une chaise qu'il approcha du fauteuil où le comte était étalé, c'est que j'avais des remercîments à vous adresser.

— A moi, monsieur? et pourquoi donc?

— Pour avoir bien voulu vous occuper d'une personne à laquelle je suis attaché par des liens de parenté.

— Ah ! très-bien ! dit le comte avec indifférence.

— Et qui porte le même nom que moi, cette personne étant le fils du frère de mon père ; en un mot, mon cousin, Anatole Chamberlain, qui, grâce à vous, a été remis en liberté.

Ces paroles produisirent un effet magique ; le comte était renversé dans son fauteuil, la tête en arrière, le ventre bombant, les jambes allongées reposant sur les talons, l'attitude d'un homme qui n'a qu'un souci en ce monde, bien digérer après avoir bien dîné, et qui se moque parfaitement des règles de la bienséance.

Brusquement il se redressa, et, s'asseyant sur son fauteuil, il posa ses pieds à plat sur le tapis.

— J'ai su, continua le colonel, la part que vous avez bien voulu prendre à cette libération, les démarches que vous avez bien voulu faire, et j'ai tenu à vous en remercier.

— M'intéressant à lui, je devais ne pas l'abandonner.

— C'est de cet intérêt que je vous suis reconnaissant.

— Il a travaillé pour moi il y a un an, je lui ai trouvé du talent, et je me suis pris de sympathie pour lui.

— Ah ! c'est depuis un an seulement que vous le connaissez ?

— A peu près.

Le colonel eût voulu continuer l'entretien, mais le comte avait appelé le baron Lazarus d'un signe de main, et, devant un tiers, il était difficile, pour ne pas dire impossible, de pousser plus loin un interrogatoire auquel le comte ne semblait pas d'ailleurs vouloir se prêter.

Du reste, un fait ressortait de cet entretien : le comte ne connaissait Anatole que depuis un an. Ce fait était-il vrai ? Là était toute la question. Ce n'était point dans un salon, sous les yeux de vingt personnes, qu'elle pouvait être éclaircie par des interrogations plus ou moins adroites.

Comme le colonel s'éloignait, laissant en tête à tête le comte Roqueblave et le baron Lazarus, Gaston de Pompéran vint le prendre par le bras.

— Que diable avez-vous demandé au vieux Roqueblave ? dit-il en riant. Vous avez remis sur ses jambes cet animal ruminant d'une façon grotesque et qui nous a bien fait rire.

Mais le colonel ne répondit pas à cette question : il y avait là un mystère qu'il ne lui convenait pas de traiter légèrement et auquel, en tous cas, il désirait ne mêler personne ; précisément parce qu'il avouait sa parenté, il tenait à ménager l'honneur de son nom.

— Je voudrais bien fumer un cigare, dit-il.

Ils passèrent dans le fumoir, où le prince Mazzazoli, à cheval sur une chaise, racontait une histoire égrillarde à un groupe de convives qui riaient aux éclats, tandis que, dans un coin opposé, le capitaine de Maisonnelles, reprenant sa discussion du dîner, démontrait qu'au point de vue français, jamais moment n'avait été plus favorable pour entreprendre une grande guerre : nous avions la première armée du monde ; l'Autriche était pour nous ; l'armée prussienne, formée d'éléments hétérogènes, était en pleine décomposition : ce serait une campagne d'un mois, six semaines au plus.

Quand le prince eut terminé son histoire, il vint s'asseoir auprès du colonel.

— Charmante réunion, n'est-ce pas ? Le colonel aimait-il la vie parisienne ? Quelle femme ravissante que madame de Lucillière ? Et mademoiselle Lazarus n'était-elle pas vraiment une beauté idéale ?

Alors il entreprit l'éloge de la jeune Allemande ; elle avait toutes les grâces natives et toutes les qualités qu'on peut acquérir.

Mais ce panégyrique, dans lequel on ne trouvait pas un mot de critique nettement formulé, fut fait de telle sorte que la conclusion qui s'en dégageait prouvait jusqu'à l'évidence que mademoiselle Lazarus ne pouvait être qu'une femme détestable pour le mari qui l'épouserait : sa beauté fragile, un souffle la détruirait ; ses qualités, exquises chez une jeune fille, nulles chez une femme.

Tout cela fut insinué avec une physionomie gracieuse, le sourire sur les lèvres, la caresse dans l'accent et dans le geste. Cependant, en l'étudiant de près, on eût pu remarquer sur son visage mobile quelque chose de goguenard qui, dans le feu de la conversation, arrivait à l'expression grotesque d'un bon comédien bouffe.

Sans doute il eût longtemps continué sur ce ton si le baron Lazarus n'était pas venu les interrompre. Devant le père, il était difficile de continuer à accabler la fille de louanges.

Au reste le baron avait un mot particulier à dire au colonel, et il fallut bien que le prince lui cédât la place.

Ce mot était tout simplement pour demander au colonel à quelle heure il pourrait le recevoir le lendemain ; il s'agissait de lui faire une visite pour le prier à dîner rue du Colisée. Il y aurait le marquis et la marquise de Lucillière, le prince Mazzazoli, la comtesse Belmonte et sa fille.

Et aussitôt, à son tour, il entreprit l'éloge de Carmelita, qui fut exactement le pendant de celui d'Ida.

Seulement, tandis que le prince avait procédé avec finesse, le baron procéda avec bonhomie ; c'était la franchise qui parlait par sa bouche : il n'avait jamais vu de plus belle statue que Carmelita, mais ce ne serait jamais qu'une statue, bonne à placer sur un piédestal et à admirer.

Quand le colonel rentra dans le salon, qui, pendant son absence, s'était rempli d'invités à la soirée, le baron et le prince restèrent seuls dans le fumoir.

— Savez-vous ce que me disait le colonel Chamberlain? demanda le baron. Il me parlait de votre nièce avec enthousiasme. Elle a produit sur lui une impression extrêmement vive. J'ai cru un moment qu'il allait me charger de vous demander sa main. Mes compliments, mon cher prince.

— Les miens, mon cher baron, car ce qu'il vous a dit de ma nièce, il me l'a dit de votre fille, et j'ai eu la même pensée que vous.

— Vous plaît-il que je voie ce qu'il peut y avoir de réel sous cet enthousiasme?

— Mon Dieu, non, je vous remercie. Sans doute sa fortune est belle, mais après tout ce n'est qu'un marchand. C'est donc avec un parfait désintéressement que je vous propose de faire pour vous, ce que vous vouliez faire pour moi.

— Mille remerciements, cher ami, cette fortune est trop grosse ; je ne veux pour ma chère fille qu'une honnête médiocrité.

XXXV

Anatole avait voulu mettre à profit les propositions d'aide qui lui avaient été faites par le colonel, et plusieurs fois il était venu annoncer à « son cousin » qu'il avait trouvé une position telle qu'il le désirait.

La première fois il s'agissait d'une association dans une direction de théâtre. Jusque-là cette direction, il est vrai, avait assez mal marché, mais cela tenait à la gêne des directeurs, leurs bénéfices s'engouffraient dans les intérêts de ce qu'ils devaient et dans les frais de poursuites ; mais le théâtre était bon, avec une mise de fonds on dégageait la situation et l'on courait à la fortune. Le « cher cousin » avait répondu à cette ouverture, qu'une telle position ne pouvait convenir qu'à un homme de théâtre, et il avait refusé d'être, sous le nom d'Anatole, le bailleur de fonds, attendu comme le Messie, par de pauvres diables aux abois.

La seconde position trouvée par Anatole avait été

celle d'associé dans une agence de courses, et cette fois encore le colonel avait refusé, en expliquant un peu plus longuement que, s'il voulait bien aider son cousin, c'était à travailler et non à spéculer.

Enfin, deux jours après, Anatole était de nouveau revenu à la charge ; l'affaire était superbe et sûre, une maison de photographie faisant un chiffre considérable de bénéfices. Cette fois, le colonel s'était montré disposé à ouvrir sa caisse ; la photographie était un travail et jusqu'à un certain point, elle se rapprochait des premières occupations d'Anatole. Il n'avait mis qu'une seule condition à son concours, qui était que le vendeur dirigeât la maison pendant une année encore, de manière à former Anatole et à l'initier à tous les secrets de son métier. Mais celui-ci ne l'entendait pas ainsi. Il voulait être maître tout de suite ; et, pour le métier, il jugeait inutile de l'apprendre, son intention formelle étant de diriger sa maison et non « d'opérer lui-même. »

A ce mot, le colonel avait resserré les cordons de la bourse, et Anatole s'était alors fâché.

— Ma foi ! mon cher cousin, avait-il dit en prenant son ton dégagé, si vous voulez me faire travailler pour gagner sûrement de l'argent avec moi, je ne serai pas votre homme. Renonçons donc aux affaires ; je vois que nous ne pourrions pas nous entendre. Nous n'en serons pas moins bons amis, au contraire.

Mais c'était là un mot peu sincère ; s'il riait des lèvres, au fond du cœur il était assez vivement dépité.

Aussi ne se gêna-t-il pas pour dire partout et tout

haut que son cousin n'était qu'un ladre et un esbroufeur.

A quoi Raphaëlle répliqua que ce qui lui arrivait était bien fait. Pourquoi aussi voulait-il travailler ? est-ce qu'il était bâti pour cela ? Il voulait donc se ranger, devenir un bon bourgeois ? Peut-être pensait-il à se marier ? Ah ! quelle bonne tête il aurait en père de famille, avec sa femme au bras et ses enfants marchant devant lui !

Et elle lui avait ri au nez.

Cette réponse avait été aussi, à peu de chose près, celle de son ami Coulouvret, le fameux *Fourrier* dont le juge d'instruction avait parlé au colonel.

Introuvable pour la police, le *Fourrier* n'était cependant pas impalpable, et, pour ses amis, de même que pour ses employés (c'était le nom qu'il donnait à ceux qui travaillaient sous sa direction), il était visible tous les jours impairs dans une maison de la rue Montorgueil, en plein Paris.

Seulement, il fallait le découvrir, et cela était assez difficile, grâce aux précautions compliquées dont il s'entourait.

C'était dans un bureau de placement, dont la direction était à lui, qu'il recevait ses employés, et ce bureau avait son entrée rue Montorgueil ; mais le *Fourrier* ne passait jamais par cette entrée, et toutes les surveillances qui avaient été organisées avaient constaté les allées et venues de jeunes gens, de jeunes femmes, ce qui était naturel dans un bureau de placement, sans avoir jamais aperçu le *Fourrier*.

Et cependant, tandis qu'on le guettait à la porte,

il était là tranquillement installé dans son salon de réception.

Bien entendu il n'y tombait pas du ciel et son moyen n'avait rien de miraculeux ; il consistait tout simplement à entrer dans la boutique d'un marchand de vin de la rue Marie-Stuart et à sortir par une crèmerie de la rue du Petit-Lion.

Lorsqu'il avait fondé son association, le *Fourrier* était parti de ce principe que si la police met la main sur une bande de voleurs, c'est le plus souvent parce que cette bande est mal organisée ou plutôt parce qu'elle n'est pas organisée du tout et qu'elle opère au hasard ; de sorte que la lutte est à peu près impossible contre un ennemi dont la force principale est justement l'organisation. Il avait donc voulu parer à ce désavantage, et les premières affaires qu'il avait faites avaient servi à lui constituer des fonds de premier établissement.

Tout d'abord, il avait loué un appartement rue Montorgueil sous le nom d'une femme dont il était sûr, et, dans cet appartement, il l'avait installée comme directrice d'un bureau de placement. Ce bureau était la base de son industrie ; c'était lui qui devait fournir des renseignements de toutes sortes sur les domestiques aussi bien que sur les maîtres. Sur un écusson à fond rouge, on lisait en lettres blanches : *Maison de confiance. Madame Rouspineau, indispensable à la bourgeoisie, au commerce, à l'enseignement, à l'industrie de tous les corps d'état, pour le placement du personnel qui leur est utile. On répond de la probité et de la moralité de chaque employé.* Qui se fût douté, en lisant cette belle enseigne, que, dans la pièce la plus reculée de ce bureau, se tenait un des plus dangereux bandits de Paris?

C'était quelque chose d'avoir un salon pour recevoir ses complices et combiner tranquillement avec eux les bons coups à faire, tandis que tant d'autres n'ont que l'abri d'une carrière ou d'un pont; mais ce n'était pas tout !

Il fallait arriver à ce salon par une autre porte que celle qui servait aux complices, car du jour où la police pourrait constater que le *Fourrier*, dit *Grain-de-Sel*, dit la *Prestance*, avait des relations dans ce bureau, tout serait fini.

Heureusement pour lui, le quartier se prêtait parfaitement à cette combinaison : le pâté de maisons, en effet, qui se trouve rue Montorgueil, entre la rue du Petit-Lion et la rue Marie-Stuart est peu épais, de sorte que quelques maisons de la rue Marie-Stuart joignent celles de la rue du Petit-Lion; il avait donc pu s'assurer une entrée dans l'une de ces rues et une sortie dans l'autre. Pour cela, il n'avait eu à faire que des travaux peu importants, qui étaient restés inconnus des concierges, et à placer à sa porte de sortie des gens à lui.

Tout cela s'était si bien exécuté qu'il n'y avait pas un de ses complices qui sût par où il arrivait dans son salon de la rue Montorgueil, ni par où il en sortait.

On soupçonnait que, dans une alcôve fermée, se trouvait une porte secrète communiquant avec une maison voisine; mais, comme cette alcôve ne s'était jamais ouverte devant personne, jamais on n'avait pu voir si cette porte existait ou n'existait pas ; seulement, ce qui rendait son existence probable, c'était le soin avec lequel l'alcôve était fermée ; on ne met pas une serrure Fichet à une porte rien que pour enfermer un lit.

C'était dans ce salon que le *Fourrier* avait reçu Anatole, lorsque celui-ci avait été lui rendre compte de son échec auprès du colonel. Le *Fourrier* ayant proposé cette affaire, il était juste qu'il fût informé l'un des premiers qu'elle n'avait pas réussi.

Pour arriver auprès du *Fourrier*, à l'heure à laquelle les affidés savaient que le maître était à son cabinet d'affaires, il fallait d'abord s'adresser à madame Rouspineau, la directrice du bureau de placement. Après avoir échangé avec elle le mot de passe qui était renouvelé chaque fois, celle-ci entrait dans sa chambre, puis de sa chambre elle passait dans le salon du maître et elle adressait à celui-là la demande du visiteur. Si le maître répondait qu'il pouvait recevoir, le visiteur était introduit ; si, au contraire, la réponse était négative, il était renvoyé à un autre jour.

En entrant, Anatole avait trouvé le *Fourrier* assis devant un guéridon, en train de se préparer un grog au rhum.

C'était un homme de trente-huit à quarante ans, de haute taille, large d'épaules, plein de force, et méritant très-justement par sa façon de se tenir, la tête haute et le buste développé, son surnom de la *Prestance*. Cette tête avait une physionomie arabe, avec un nez aquilin, des lèvres épaisses et des yeux noirs dont le regard était dur. Ses cheveux étaient coupés court, son visage était soigneusement rasé et sur ses joues s'étalait une large ligne bleuâtre, allant d'une oreille à l'autre, comme on en remarque chez les prêtres et les comédiens.

— Eh! ma belle, dit le *Fourrier*, quand Anatole eut achevé son récit, tu n'as que ce que tu mérites; comment! tu es assez chose pour aller avouer hautement que tu ne veux pas « opérer toi-même? » Mais pense donc que si ton cousin t'a proposé de te fournir des fonds pour t'acheter un établissement, c'est à condition que tu travailleras de tes propres mains.

— Ah! zut, alors.

— Bon! ça se dit tout bas ces choses-là, mais ça ne se crie pas dans les oreilles d'un homme qui croit que le travail est moralisateur. Car tu sais qu'il veut te moraliser, ton cousin l'Américain, et voilà ce qui explique sa générosité; il trouve que tu es gênant pour le nom qu'il porte; il a peur de quelque éclaboussure. S'il t'avait casé dans une bonne position bourgeoise, où tu aurais eu à travailler du matin au soir, il aurait été plus tranquille; il ne faut pas lui en vouloir.

— Je ne lui en veux pas.

— Tu es bon enfant, et j'avoue qu'à ta place je prendrais la chose avec moins de philosophie.

— Que m'importe!

— Comment! que t'importe? Tu es le cousin d'un homme qui a plusieurs millions de revenu. Cet homme vient à Paris; il t'appelle près de lui, et il te propose... de te donner..... à travailler..... Et tu es content?

— C'est de toi-même que vient l'idée de cette maison de photographie.

— C'est-à-dire que, te voyant décidé à devenir un bon bourgeois en boutique, j'ai pensé à te faire acheter cette photographie, parce qu'il pouvait être utile à mes intérêts d'avoir là quelqu'un qui me serait dévoué, — car tu m'es dévoué, n'est-ce pas, ma belle?

— Mais...

— Je ne te demande pas de protestation, j'ai mieux que ça entre les mains pour m'assurer ton dévouement, quand même l'idée te prendrait d'être ingrat envers ton bienfaiteur. Je dis donc que j'ai pensé à te faire acheter cette photographie; mais si j'avais été ton cousin, je ne me serais jamais imaginé de t'offrir... à travailler. Aussi, je te le répète, je suis épaté de ta philosophie.

— Et que ferais-tu à ma place?

— C'est sérieusement que tu me le demandes?

— Mais certainement.

— Tu me demandes ce que je ferais, si j'étais le cousin d'un homme qui a plusieurs millions de rentes, qui n'a pas d'enfants, qui n'est pas marié, et dont par conséquent je serais l'héritier naturel. Eh bien! je vais te le dire.

A ce mot, il pressa la boule d'une sonnerie à air; presque instantanément la porte s'ouvrit, et madame Rouspineau parut sur le seuil, où elle s'arrêta respectueusement.

— Adélaïde, dit-il, donne-nous de l'eau chaude et un verre. Puis tu nous laisseras. Et si l'on vient pour me voir, tu diras que je ne puis pas recevoir. J'ai à causer avec Anatole, sérieusement, longuement, et je ne veux pas être dérangé. Qu'on attende.

Madame Rouspineau était habituée à une obéissance orientale : entendre, c'est obéir. Une minute après avoir reçu cet ordre, elle revint avec une cruche en porcelaine pleine d'eau bouillante, et l'ayant posée sur le guéridon, elle sortit et ferma la porte.

XXXVI

— Fais ton grog, dit le *Fourrier* en poussant le cruchon d'eau chaude devant Anatole.

Puis, tandis que celui-ci mélangeait le rhum avec l'eau, il continua :

— Il est bien entendu, n'est-ce pas, que notre homme est à la tête d'une fortune considérable et qu'il n'a pas d'autre héritier que toi?

— C'est-à-dire mon père.

— Bon ; mais comme ton père se fera loger, un jour ou l'autre, une balle dans la poitrine sur une barricade, il ne compte pas. D'ailleurs, échappât-il à cette balle et aux autres causes qu'il a pour ne pas demeurer longtemps dans ce monde, que ta position n'en serait pas moins superbe. Quand on est le fils d'un homme qui a hérité de plusieurs millions de rente, il n'est pas difficile de trouver d'aimables capitalistes qui vous escomptent à un taux raisonnable la mort d'un père qui ne peut pas vous déshériter ; car il ne pourrait pas te déshériter, le papa Chamberlain. La loi, le plus souvent, est une fameuse gredine; mais quelquefois elle a du bon.

— Ça dépend de la position qu'on occupe.

— Ce que c'est que d'être l'élève d'un philosophe, comme on trouve tout de suite le mot d'une situation ! Nous n'avons rien, la loi nous gêne; nous avons quelque chose, elle nous sert. Voilà, c'est bien simple. Enfin, dans le cas présent, la loi est pour toi, et elle t'attribue ou elle attribue à ton père — ce qui est tout un, je te l'ai démontré, — l'énorme fortune de notre Américain. Pour cela, que faut-il ? Une chose bien simple : que notre Américain passe de vie à décès. Et tu demandes ce que j'aurais fait si j'avais été à ta place? Vrai! tu es naïf. Enfin, j'ai pitié de ton jeune âge, et je veux bien t'expliquer quelle aurait été ma conduite. Tu as laissé éteindre ton cigare, c'est flatteur pour moi : je vois que tu m'écoutes avec attention.

Et de fait, les deux coudes posés sur le guéridon, les yeux fixés sur ceux du *Fourrier*, il était si attentif, qu'il avait laissé son cigare s'éteindre entre ses lèvres à demi ouvertes.

Il prit l'allumette que le *Fourrier* lui présentait, mais son cigare ne voulut pas brûler.

— Tu n'as plus de souffle, fit le *Fourrier* en riant; quel succès! Je me hâte donc de continuer pour ne pas te faire languir. Je suis à ta place, c'est-à-dire Anatole Chamberlain lui-même. Mon cousin le colonel Chamberlain arrive à Paris; il manifeste le désir de me voir, et je vais lui rendre visite. Je ne lui demande rien, parce que je suis fier; mais j'attends qu'il me propose quelque chose, parce que je sais quels sont mes droits.

— C'est ainsi que j'ai fait.

— Il me propose d'aller en Amérique. J'accepte.

— Tu aurais accepté ?

— Parfaitement, et je te dirai tout à l'heure dans quel but; car tu ne me supposes pas assez nigaud, je l'espère, pour croire que je me serais résigné à cet exil rien que pour être agréable à mon généreux cousin. D'ailleurs, mon exil n'aurait pas été long : le temps d'aller et de revenir par le vapeur le plus rapide. Toi, tu as refusé le voyage, et tu as accepté tout bonnement une position à Paris : ce qui, permets-moi de te le dire, était plus que naïf, car il était à peu près certain que ton cousin ne te proposait quelque chose que pour que tu refuses, de manière à avoir le droit de crier bien haut qu'il avait voulu tout faire pour toi, mais que tu n'avais pas accepté ; de sorte que ce n'était pas sa faute si tu restais dans la misère, tandis que lui se pavanait dans sa splendeur.

— Il y a peut-être du vrai là-dedans.

— Sois assuré que tout est vrai. Donc, voici comment les choses se sont passées, et c'est au moment où tu as l'orgueil de ne pas vouloir te contenter d'une photographie dans laquelle tu devrais travailler du matin au soir que je prends ta place. Maintenant, je suis Anatole Chamberlain, et c'est comme tel que je pense et que j'agis. Tout d'abord, le refus de mon cousin m'a vexé.

— C'est ce qui est arrivé.

— Mon dépit ne dure pas longtemps, car enfin, on peut se consoler de n'avoir pas à dire cinquante fois par jour : « Ne bougeons plus. » Consolé, j'envisage la situation avec calme, et je vois que mon cousin est un mauvais chien qui veut me laisser crever de faim, tandis que lui se collera des indigestions de truffes à plein ventre. Je raisonne et, comme je suis un philosophe pratique, je reconnais que cela n'est pas juste, que mon cousin manque à tous ses devoirs envers sa famille, et qu'en conséquence, vu en outre les circonstances aggravantes qui résultent de son énorme fortune, il mérite qu'on ne garde envers lui aucune pitié. Je me serais contenté de quelques centaines de mille francs de rente ; mais, puisqu'il refuse de m'avancer une part de ce qui m'appartient par droit d'héritage, c'est l'héritage entier que je veux et plus vite que ça, car je n'ai pas le temps d'attendre. Tu suis mon raisonnement, n'est-ce pas ?

— Tu me fais peur.

— Nous avons donc nos nerfs ? Tu bois ton grog trop faible ; force le rhum, ça te calmera.

Disant cela, il prit la bouteille de rhum et remplit le verre d'Anatole, qui était presque vide.

Puis continuant :

— J'ai rendu mon jugement. Il ne s'agit plus que de le faire exécuter ; car je ne peux me charger moi-même de cette exécution, non par lâcheté, ma main ne tremblerait pas, mais par prudence, parce que si je faisais la chose moi-même, je serais immédiatement *pincé*, et ce n'est pas quand on va jouir d'une fortune dont l'idée seule donne le vertige qu'on s'expose à se faire envoyer à la *butte*.

A ce mot d'argot, qui signifie la guillotine, Anatole eut un frisson; mais le *Fourrier* parut ne pas s'en apercevoir et continua :

— Heureusement j'ai, — je suis Anatole Chamberlain, — j'ai des amis, et parmi eux, un solide mâtin qui n'a pas froid aux yeux et qui a plusieurs tours dans son sac : c'est le *Fourrier*. Je me décide à aller le trouver, certain d'avance que, de notre entrevue, il ne pourra rien résulter que de bon pour moi. C'est un homme de ressources, et de plus il a l'esprit assez ouvert pour comprendre à demi-mot, sans vous obliger à mettre les points sur les *i*, ce qui est quelquefois gênant. Est-ce là ce que tu penses du *Fourrier* ?

— Oui, murmura Anatole.

— Tu arrives donc ici. Maintenant ne nous embrouillons pas : je suis toi et tu es moi.

Il se leva, et se dirigeant vers la porte, il joua son entrée, marchant comme Anatole en tournant légèrement sur les talons.

— Eh bien! mon vieux *Fourrier*, dit-il d'une voix grêle, je viens te faire mes adieux. — Comment! tu pars, ma belle? fit-il en reprenant sa voix naturelle. — Oui, je m'en vais en Amérique. — En Amérique? toi! — J'ai réfléchi et j'accepte aujourd'hui la proposition de mon cousin le colonel. — Mais tu l'as repoussée autrefois. — Je te dis que j'ai réfléchi. Tu sais que, si par hasard mon cousin venait à mourir, par accident ou autrement, je serais son héritier. — Mais ton cousin est plein de force. — Sans doute, mais un malheur est si vite arrivé. Suppose un moment qu'au lieu de mourir de sa maladie ou par un accident, mon cousin est tué? comment? je n'en sais rien, mais enfin tu conviendras avec moi que cela peut arriver. — Certainement, il y a tant de brigands à Paris. — Ah! ce ne sont pas les brigands que je redoute le plus, ce sont des amis à moi ou à toi. — Comment? à moi!

Il s'interrompit, et, quittant le ton du dialogue de théâtre qu'il avait adopté, il prit celui de la conversation naturelle.

— Nous ne nous embrouillons pas, n'est-ce pas? Toi, c'est moi; c'est-à-dire que tu me racontes que tu as peur de tes amis et des miens, et que je te demande pourquoi. Là-dessus tu continues : « C'est que, dans mes amis comme dans les tiens, il peut s'en trouver un qui, l'esprit affolé par cette idée que, si mon cousin venait à mourir, je serais son héritier, s'en aille planter son couteau entre les deux épaules du colonel Chamberlain, le soir, au coin d'une rue déserte ou ailleurs. Alors qu'est-ce que ferait la justice? Sa première idée serait assurément de chercher à qui ce crime profite, et elle trouverait sans peine que c'est à mon père et à moi. Mon père, elle le laisserait probablement tranquille, parce qu'en dehors de la politique, il n'a que de bons antécédents. Mais moi, c'est différent. J'ai eu l'ennui d'être compromis dernièrement dans le vol Amenzaga, et je ne m'en suis tiré qu'avec peine; de plus, il ne serait pas difficile de découvrir que j'ai été en relations avec celui qui a fait le coup. Alors mon affaire serait tout à fait mauvaise. Voilà pourquoi je pars. C'est par prudence. Si, pendant mon absence, ce coup de couteau était donné entre les deux épaules du colonel, il serait impossible de prouver que j'ai poussé la main qui tenait ce couteau, et si, malgré tout, on venait à m'accuser, ma défense serait commode : mon bras n'a pas douze cents lieues de long. Ai-je écrit? montrez mes lettres. Il faudrait bien m'acquitter et m'envoyer en possession de l'héritage. Adieu donc, mon vieux *Fourrier*. » Et là-dessus, je m'en irais sans en dire davantage, bien certain que mes paroles ne seraient pas perdues. — Tu m'as demandé ce que je ferais, si j'étais à ta place : je viens de l'expliquer en peu de mots. Maintenant, à ta santé!

Et, d'une main ferme, il tendit son verre plein à Anatole, mais la main de celui-ci était si agitée qu'elle jeta quelques lampées de rhum sur le guéridon.

Durant quelques minutes, ils se regardèrent les yeux dans les yeux; mais, autant le regard du *Fourrier* était assuré et provoquant, autant celui d'Anatole était troublé et fuyant. Il avait posé son verre sur le guéridon, et il se tenait les épaules hautes, les bras serrés au devant de la poitrine.

Cependant il fit effort pour réagir contre l'impression qui le dominait et il grimaça un sourire.

— Sais-tu pourquoi je ne viendrais pas te trouver, comme tu l'as imaginé? dit-il.

— Je m'en doute.

— Non, tu ne t'en doutes pas, et je vais te le dire : c'est parce que si, par impossible, ce que tu as prévu dans tes combinaisons se réalisait, tu me ferais si bien chanter que, de mes mains, l'héritage passerait, morceau par morceau, entre les tiennes.

Le *Fourrier* éclata de rire.

— Tu te crois bien malin, s'écria-t-il, en me disant cela. Tu me prends donc pour un imbécile? Ainsi, tu te figures qu'en paraissant raisonner, calculer, faire le fort, je ne devinerais pas ta frayeur. Tiens, tu ne seras jamais qu'une femmelette, incapable d'envisager une situation d'un œil ferme et de prendre une résolution d'homme. C'est le couteau qui te fait peur. Tu aurais dû te mettre dans la pharmacie; la poudre à succession serait ton affaire. Tu as peur que je te fasse chanter. Mais est-ce que j'aurais aux mains d'autres armes que celles que j'ai maintenant ?

— Celles que tu as suffisent bien.

— En ai-je abusé ? T'ai-je tourmenté ? Je t'ai demandé des services que tu pouvais me rendre, c'est vrai; mais il me semble que cela était juste. En tous cas, ça ne t'a pas coûté très-cher.

— Il s'en est fallu de peu.

— C'est pour ta prison que tu dis ça. Que veux-tu? il n'y a pas de plaisir sans peine. Compte ce qu'ont rapporté tes quelques jours de prison, et tu verras qu'à ce prix-là l'affaire était bonne; si Strafford n'avait pas passé la Manche avec le magot, elle eût été assez belle pour se croiser les bras. Mais, pour revenir à ta peur du chantage, je dis que tu n'es qu'un

nigaud ; sans doute, si tu ne voulais rien donner à ceux qui t'auraient procuré l'héritage, on pourrait te faire chanter, et rien ne serait plus juste. Mais tu ne serais pas assez bête pour ça. Est-ce que ça te gênerait de prendre deux ou trois millions dans le tas, pour récompenser un ami ? Tu ne t'en apercevrais seulement pas ; tandis que l'ami, lui, aurait sa fortune faite, et pourrait vivre désormais en bon bourgeois, marguillier et conseiller municipal. Quant à toi, avec une fortune pareille, que ne serais-tu pas ?
— le roi de Paris. Dis donc, roi de Paris, ça ne t'éblouit pas ?

Il se leva et s'inclinant jusqu'à terre :

— Je dépose mes hommages aux pieds de Votre Majesté.

Puis se redressant :

— Mais restons-en là pour aujourd'hui. Tu réfléchiras. Pour le moment, j'ai des affaires. Au revoir.

Comme Anatole se dirigeait vers la porte pour sortir, d'un signe il le rappela.

— Tu sais, dit-il, que si tu te décides à partir pour l'Amérique, tu n'as pas besoin de venir me faire tes adieux et me jouer la petite comédie que je viens de représenter pour toi. Tu ne m'auras rien dit, rien demandé ; tu seras parti, voilà tout. Qu'il arrive quelque chose ou qu'il n'arrive rien en ton absence, — car enfin il peut très-bien ne rien arriver, — ça ne te regarde pas, et tu peux t'en laver les mains, non-seulement dans le présent, mais encore dans l'avenir, non-seulement devant le monde, mais encore devant toi-même.

XXXVII

Tandis que le *Fourrier* et Anatole s'occupaient du colonel, celui-ci, de son côté, pensait à « son cher cousin » et cherchait à reprendre l'affaire de la photographie au point où les exigences d'Anatole l'avaient rompue.

Sur le premier moment, il avait été blessé du sans-gêne du « cher cousin » et de son insolence ; mais il s'était dit bien vite qu'il ne fallait pas se montrer trop susceptible avec un pareil personnage, et que, pour Antoine comme pour Thérèse, il valait mieux mettre toute question de dignité de côté.

Il avait donc été trouver le photographe et il avait arrangé les choses de telle sorte qu'Anatole serait seul maître de l'affaire du jour où il prendrait la maison, son prédécesseur ne devant rester près de lui, pendant un an, qu'en qualité de premier employé.

Puis, cela disposé ainsi, le colonel avait écrit chez

Raphaëlle au « cher cousin » de venir le trouver.

Mais le « cher cousin » ne s'était pas pressé de répondre à cette lettre, et c'était au bout de quelques jours seulement qu'il avait daigné se rendre au Grand-Hôtel, un matin.

Alors le colonel lui avait expliqué les arrangements pris par lui avec le photographe.

Pendant qu'il parlait, Anatole se tenait les yeux fixés sur le tapis, dans une attitude contrainte.

— Cela ne vous convient pas? demanda le colonel; il me semble cependant que cette combinaison est pour vous très-avantageuse, et je vous promets que vous ne trouverez pas en moi un commanditaire gênant. A vrai dire, vous serez seul maître, et, si je reste en apparence votre commanditaire, c'est pour vous obliger à garder cette maison, sans qu'il vous soit possible de la vendre par un coup de tête, un jour d'ennui ou autrement.

— C'est précisément cette défiance qui est blessante.

Le colonel eut un mouvement d'impatience, mais il se contint.

— Vous auriez vingt-cinq ans, mon cher cousin, je ne prendrais pas cette précaution contre vous-même; mais vous n'en avez que vingt-deux; dans un an, dans deux ans, je vous rendrai toute votre liberté; ce n'est pas de vous que je me défie, c'est de votre jeunesse.

Anatole garda le silence.

— Me refusez-vous? demanda le colonel après un moment d'attente.

— Sans doute je vous suis très-reconnaissant ; seulement...

— Ah! il y a un seulement.

— Seulement j'hésite, parce que je voudrais éviter entre nous toutes causes de froissement ; je me connais, je n'ai pas le caractère facile, et si je sens que j'ai au-dessus de moi un surveillant auquel je devrai des comptes, cela suffira pour que je ne veuille pas lui en rendre. Que voulez-vous, on n'est pas parfait.

— Mais si le surveillant, comme vous l'appelez, ne demande rien?

— C'est égal, il sera là.

— Faut-il que je disparaisse et retourne en Amérique?

Anatole hésita un moment, il était pâle, et de temps en temps il se mordait fortement les lèvres comme pour revenir à lui.

Le colonel, qui l'observait, était vivement surpris de cette émotion. Que se passait-il donc en lui? Pourquoi cet embarras? Pourquoi ce trouble? Il semblait qu'il fût sous le poids d'une oppression étouffante.

Enfin il leva la tête.

— Vous parliez de l'Amérique, dit-il d'une voix rauque.

— Sans doute ; je vous demandais si, pour vous sentir libre, il fallait qu'il y eût l'Atlantique entre nous.

— Précisément, c'est cela même ; je pensais qu'il fallait mettre la mer entre nous.

— Alors, dit le colonel en riant, pour que vous

acceptiez cette affaire, il faut que je reprenne le paquebot tout de suite. Convenez, mon cher cousin, que la proposition est bizarre, au premier abord, et qu'il faut un certain temps pour l'envisager sans rire.

— Je vous assure que je n'ai pas envie de rire.

— Il est vrai que vous n'avez pas l'apparence gaie.

— C'est que la résolution que j'ai à prendre est terrible... je veux dire lourde pour moi ; il s'agit, non pas que vous alliez en Amérique, mais que... j'y aille moi-même.

— Vous acceptez ma première proposition ? s'écria le colonel.

— C'est-à-dire que je balance.

— Mon cher cousin, je veux être franc avec vous ; j'avais certaines préventions contre vous, je l'avoue loyalement.

— Ah !

— Oui, je le confesse, vous m'inspiriez des craintes ; mais ce que vous venez de m'annoncer me ramène à vous. Cela est bien. Vous reconnaissez que vous avez eu tort ; vous revenez sur une mauvaise inspiration. Allons, tout n'est pas perdu.

— Vous aviez donc bien mauvaise opinion de moi ? demanda Anatole d'un ton rogue.

— C'est-à-dire que vous m'aviez inquiété ; mais je vois que je me trompais, je vous fais amende honorable.

Et, pour la première fois, le colonel tendit la main à son cousin. Mais celui-ci qui, d'ordinaire, était prodigue de démonstrations de ce genre, n'avança pas la sienne. Au contraire, il la recula brusquement en baissant la tête.

— Vous refusez ma main? dit le colonel.

— Non, mais...

— Mais vous vous éloignez de moi, comme si je vous faisais peur ou horreur.

— Ce n'est pas cela; mais en acceptant la main que vous me tendez, je vous tromperais.

Le colonel leva les deux bras au ciel avec le geste d'un homme qui ne comprend rien à ce qu'il voit.

— Je ne suis pas décidé, pas du tout décidé, continua Anatole d'une voix saccadée; je crois même que je ne partirai pas. Je ne peux donc pas accepter vos compliments. Je ne suis pas ce que vous pensez; non, je ne le suis pas.

Et il se cacha la tête entre ses deux mains.

— Ah! s'écria-t-il tout à coup, c'est atroce. Non, je ne partirai pas.

Le colonel crut comprendre enfin la cause de ce trouble et de ces hésitations.

— Il aime Raphaëlle, se dit-il, et il ne peut pas prendre la résolution de l'abandonner.

Et il lui sut gré de ce sentiment. Il ne l'avait pas cru capable d'amour. Il s'était trompé. Décidément « le pâle voyou » valait mieux qu'il ne l'avait jugé. Tout n'était pas pourri en lui. Loin de Paris et des compagnons qui sans doute l'avaient entraîné, il pouvait redevenir un homme. Il fallait donc qu'il partît. Maintenant il n'était plus question seulement de l'expédier au delà des mers pour s'en débarrasser; il s'agissait de le sauver. Ce voyage serait le salut, l'âge viendrait, et avec lui la raison, la dignité, la conscience. Tout n'était pas perdu.

Pendant que le colonel suivait ce raisonnement, Anatole s'était levé, mais il restait hésitant, évidemment partagé entre deux influences aussi fortes l'une que l'autre.

— Il faut faire acte d'autorité, se dit le colonel, ou bien il ne partira pas.

Alors, se levant à son tour, il se plaça devant la porte.

— Mon cher cousin, dit-il d'un ton enjoué, il faut que vous me donniez aujourd'hui une marque de déférence. Je suis votre aîné, j'ai une certaine expérience de la vie, et si vous me permettez de le dire, j'ai cette décision d'esprit qui m'a servi dans la guerre. Je vous demande donc de vous en rapporter à moi et de vous laisser guider. Voulez-vous prendre cet engagement?

— Mais...

— Pas de mais. Oui ou non, voulez-vous me promettre de m'obéir jusqu'à demain? Nous sommes aujourd'hui samedi, je vous demande une obéissance passive jusqu'à ce soir; je vous fixerai l'heure dans quelques instants en descendant avec vous. Croyez que c'est dans votre intérêt, et que de votre engagement résultera un grand bien, pour vous d'abord, et pour tous ceux qui vous tiennent de près. Voyons, mon cher cousin, ayez confiance en moi, et prouvez-moi que vous me jugez un homme de bon conseil.

Puis, comme il ne répondait pas :

— Je devine ce qui vous retient à Paris et vous empêche de partir, continua le colonel, et je sens que si vous restez livré à vos hésitations, vous n'aurez jamais la force de partir. Je ne vous blâme pas, bien au contraire.

— Ah !

— A mes yeux une passion sincère est toujours respectable. Elle vous aime, vous l'aimez, vous ne pouvez vous arracher à votre amour; je comprends cela. Cependant il faudra bien que cet amour se termine un jour ou l'autre par une séparation. Eh bien, laissez-moi prendre le rôle du chirurgien qui tranchera d'une main prompte les liens qui vous retiennent. En ces sortes d'affaires, ce qu'il y a de plus douloureux, c'est l'indécision. Vous vous confiez à moi et voici ce que nous faisons. Ce soir part du Havre un vapeur pour New-York. Nous prenons le chemin de fer immédiatement, je vous conduis au Havre et vous installe dans votre cabine.

— Vous voulez, vous ?...

— Mais certainement. Ne prenez aucun souci de moi. Je sais ce que c'est que l'irrésolution. Que je vous conduise seulement à la gare et vous pouvez très-bien, arrivé au Havre, prendre le premier train qui revienne à Paris au lieu de prendre le bateau qui part pour New-York. Je serai près de vous et ne vous quitterai que lorsque le capitaine montera sur la passerelle ; vous n'aurez pas le temps de débarquer, et quand vous arriverez à New-Nork, les dix jours de traversée auront calmé la fièvre de la séparation. Vous serez plus raisonnable. D'ailleurs, vous aurez à vous occuper, et d'une façon qui, je l'espère, ne vous sera pas désagréable. Là-dessus vous pouvez vous en rapporter à moi. Allons, en route.

Anatole était dans un véritable état d'angoisse : la sueur perlait sur son front pâle.

— Non, dit-il enfin, c'est impossible, je ne partirai pas.

— Je vous emmène de force, je vous emporte.

— Si vous saviez...

— Je ne veux rien savoir.

Puis sonnant :

— Horace, dit-il au valet de chambre qui parut aussitôt, prépare mon sac de voyage, mon nécessaire de toilette, du linge pour quinze jours, un pardessus, une couverture ; dépêche-toi vite.

Alors se tournant vers Anatole :

— Vous aurez ainsi ce qui vous sera indispensable pour la traversée. A New-York, vous monterez votre garde-robe à neuf.

Anatole voulut encore résister, mais le colonel lui ferma la bouche.

—Laissez-moi écrire une lettre qui vous recommandera à mon représentant, dit-il, je n'ai que quelques minutes. Si vous voulez écrire vous-même un mot, mettez-vous là.

Anatole resta un moment indécis, puis, s'asseyant, il écrivit une lettre ne contenant que deux mots : « Je pars. » Elle était adressée à M. Rouspineau, rue Montorgueil, à Paris.

Une heure après, ils étaient installés dans l'express du Havre : le colonel dans un coin, Anatole en face de lui.

Mais bientôt celui-ci changea de place, et comme ils n'étaient que trois voyageurs dans leur compartiment, il alla prendre le coin opposé à celui du colonel, et sur la même ligne, de sorte que leurs regards ne se rencontrèrent plus.

Le voyage se fit silencieusement. Anatole était sombre et paraissait accablé. De temps en temps, il se mettait une main devant les yeux, comme si la lumière lui eût fait mal.

— Pauvre garçon, se disait le colonel, comme il souffre !

Et il respecta cette douleur. A Rouen seulement, pendant l'arrêt, il lui adressa la parole. Ce fut pour lui demander son portrait... pour Thérèse. Précisément Anatole avait dans son carnet plusieurs portraits-cartes ; il en remit un au colonel.

On arriva au Havre. Ils n'avaient que juste le temps de se faire porter en voiture au quai des Transatlantiques. La vapeur s'échappait des cheminées du *Pereire* avec un bruit rauque.

Ils montèrent à bord.

Le colonel voulut l'installer lui-même dans sa cabine, et là il lui glissa dans la main un rouleau d'or.

Puis ils remontèrent sur le pont : l'heure du départ était arrivée, — de la séparation, des adieux !

— Allons ! pas d'émotion, dit le colonel, pas de regrets, mon cher cousin ; au revoir ! au revoir !

— Adieu, colonel.

Il n'avança pas la main; le colonel la lui prit presque de force : elle était glacée.

On pressait le colonel de débarquer.

Anatole l'arrêta.

— Vous l'aurez voulu, dit-il d'une voix étouffée.

— Oui, à moi la responsabilité, c'est entendu; au revoir!

Bientôt les amarres tombèrent dans l'eau calme du bassin.

XXXVIII

Le colonel accompagna le *Pereire* jusqu'au bout de la jetée; puis, quand le vapeur sortant enfin du chenal entra dans la pleine mer en accélérant sa marche, il s'appuya le dos contre la muraille du phare, et resta les yeux attachés sur cette grande masse noire, qui s'éloignait majestueusement, insensible au mouvement des vagues.

Qu'adviendrait-il de ce garçon?

D'autres, plus profondément plongés que lui dans le mal, avaient été sauvés par le travail.

Et pendant que le navire, laissant derrière lui un sillage blanc, s'enfonçait dans l'horizon empourpré par les feux obliques du soleil couchant, le colonel suivit cette pensée :

— Pourquoi ne serait-il pas sauvé aussi?

S'il était le fils d'Antoine, le vrai frère de Thérèse, il devait y avoir en lui un fonds d'honneur et de droiture. Il n'avait que vingt-deux ans. Un jour, dans quelques années, il reviendrait sans doute en France, digne de son père, digne de sa sœur.

C'était une épreuve qui, jusqu'à un certain point, s'étendait à elle, aussi bien qu'à lui : ils devaient s'expliquer l'un par l'autre.

Qu'allait-elle dire de ce départ?

Le vapeur, suivant sa route, n'était plus qu'un point sombre qui se détachait sur le ciel rouge. Bientôt sa coque s'abaissa au delà de la courbure extrême de l'horizon, et l'on ne vit plus que ses mâts qui semblaient flotter sur la mer.

Alors le colonel quitta la jetée et rentra en ville. A dix heures, il reprit le chemin de fer; à quatre heures du matin, il était à Paris; à midi, il frappait à la porte de l'atelier d'Antoine.

Ce fut Thérèse qui vint lui ouvrir.

— Ah! mon cousin, dit-elle joyeusement, quel bonheur! vous venez passer la journée avec nous? Père, c'est mon cousin Édouard.

Et elle le fit entrer dans la cuisine où Antoine était encore à table vis-à-vis de Sorieul qui, s'étant trouvé en retard, commençait seulement son déjeuner.

— J'avais comme un pressentiment, dit Sorieul, que vous viendriez nous demander à déjeuner; soyez le bienvenu, mon cher Édouard.

Et Sorieul, enchanté d'avoir un convive qui lui permettrait de manger lentement et de parler longuement, voulut faire place au colonel.

Par malheur, son pressentiment le trompait : le colonel avait déjeuné.

— J'arrive du Havre, dit celui-ci.

— Ah! mon Dieu! murmura Thérèse.

Antoine ne parla pas, mais le colonel, qui l'observait, le vit pâlir; comme Thérèse, il avait compris ce qu'annonçaient ces simples mots.

Pour Sorieul, ne devinant rien, il se récria sur l'imprévu de cette nouvelle.

— Vraiment, dit-il, il n'y a que les Américains pour se décider ainsi. Vous ne nous aviez pas parlé de ce voyage, et voilà que vous nous annoncez qu'il est accompli. Je regrette que vous ne m'ayez pas prévenu, j'aurais eu plaisir à vous accompagner. Croiriez-vous que je n'ai jamais vu la mer? cela est pourtant un grand spectacle qui parle à l'âme.

Mais le colonel n'était pas en disposition de prêter une oreille complaisante à ces propos creux.

— Je n'étais pas seul, dit-il.

— Anatole! s'écria Thérèse.

— Je l'ai embarqué hier soir à bord du *Pereire*, pour New-York.

— Ah! mon cousin! murmura Thérèse.

Antoine continua de garder le silence, mais une pâleur mortelle décolora son visage énergique.

— Anatole parti pour l'Amérique! s'écria Sorieul, parti sans être venu nous faire ses adieux! Voilà véritablement ce qui me surpasse. Et permettez-moi de vous dire, mon cher Édouard, que vous, homme de cœur et d'éducation, vous n'auriez pas dû tolérer un pareil manquement à toutes les convenances; je dirai plus, à tous les devoirs. Je suis surpris, je suis peiné d'apprendre qu'Anatole a oublié qu'il avait un père, une sœur, un oncle qui l'avait élevé et qui lui avait donné des leçons dont il ne s'est pas souvenu.

Disant cela, Sorieul se versa un plein verre de vin qu'il vida, comme s'il voulait refouler l'émotion qui lui montait à la gorge.

— N'accusez pas trop Anatole, répliqua le colonel, il fût sans doute venu vous faire ses adieux si je lui en avais laissé le temps.

— C'est vous qui l'en avez empêché ! s'écria Sorieul.

— Je ne l'ai pas empêché. Seulement quand il m'a parlé de son départ, je l'ai trouvé si irrésolu que j'ai cru que je devais brusquer ce départ, bien certain qu'il n'y avait que ce moyen pour l'assurer. Livré à lui-même, Anatole serait resté à Paris.

— Eh bien ! s'écria Thérèse.

— Eh bien, ma chère cousine, je puis vous affirmer que cela eût été mauvais pour lui. D'ailleurs, en agissant comme je l'ai fait, je crois m'être conformé aux intentions de mon oncle.

Sans répondre, Antoine confirma ces paroles par un signe de tête affirmatif.

— Anatole, à Paris, était entouré de mauvais amis qui l'ont éloigné de cette maison ; il n'y avait qu'un moyen de le soustraire à leur influence pernicieuse, je l'ai employé. Si le médecin, pour le sauver, vous avait dit qu'il fallait lui couper un membre, vous n'auriez pas hésité, n'est-ce pas ? J'ai été ce médecin.

Les yeux de Thérèse s'étaient emplis de larmes qu'elle s'efforçait de retenir.

— Soyez persuadée, ma chère cousine, continua le colonel, que ceux qui vont en Amérique ne sont pas perdus, mon père en est un exemple, pour vous frappant, il me semble. Et cependant qui l'attendait lorsqu'il a mis le pied sur la terre américaine ? Personne. Il n'avait pour tout capital que ses bras et son intelligence. Ce n'est pas là le cas de votre frère, qui va trouver mon représentant pour le recevoir. Il ne sera donc pas seul. A Paris, je ne pouvais rien ou presque rien pour lui ; à New-York, à Philadelphie, à Chicago, je peux tout ce qu'il voudra. Il n'aura qu'à étendre la main s'il veut faire fortune.

— Mon neveu, je vous remercie, dit Antoine d'une voix frémissante, vous avez été un frère pour lui.

— Le fait est, dit Sorieul qui abandonnait souvent ses idées pour prendre celles des autres qu'il défendait alors avec plus d'énergie que les siennes, le fait est que ce voyage peut lui être salutaire. Le spectacle des grandes scènes de la nature a toujours été bon pour une âme souffrante. Quant à moi, qui ai toujours vécu dans la fournaise parisienne, je suis sûr que j'éprouverais un grand bien au milieu des solitudes du *Far-West*, ou à descendre le cours du Meschacébé.

Il en était resté au nom poétique de Mississipi ; mais le colonel, qui souriait souvent lorsque Sorieul lui faisait connaître l'Amérique, n'avait pas en ce moment l'esprit disposé à la raillerie : il interrompit assez brusquement cette dissertation.

— Si votre frère n'est pas venu vous faire ses adieux, dit-il en s'adressant à Thérèse, au moins il a pensé à vous et sa dernière pensée au moment du départ a été pour...

Il hésita un moment, ne sachant comment il devait parler à ce père qui se tenait là devant lui, morne et accablé; mais presque aussitôt il continua :

— Sa dernière pensée a été pour sa famille.

— Bien cela, bien, très-bien ! dit Sorieul.

— Et voici ce qu'il m'a remis pour vous, continua le colonel en tendant à Thérèse le portrait qu'il avait demandé à Anatole.

Elle étendit la main ; mais ses larmes, longtemps contenues, s'échappèrent irrésistiblement.

Alors Sorieul, avançant le bras, prit le portrait et le regarda.

— Il a encore embelli, dit-il, depuis que je ne l'ai vu. Ah ! le beau garçon, le beau garçon ! Voyez donc.

Et il tendit le portrait à Antoine ; mais celui-ci, après un moment d'hésitation, détourna la tête.

— C'est pour Thérèse, dit-il.

Il se fit un silence pénible pour tous, même pour Sorieul, qui claquait de la langue en se frottant lentement les mains de l'air d'un homme qui voudrait parler, mais qui ne trouve rien à dire.

— Sévérité trop grande, dit-il enfin, et par là mauvaise pour celui qui se l'impose contrairement aux lois de la nature. L'enfant, en partant, a montré qu'il était capable de s'améliorer et le voulait.

Antoine secoua la tête d'un geste désespéré.

— Enfin, il est parti, s'écria Sorieul.

— Qui sait pourquoi? répliqua tristement Antoine.

Attendons son retour pour nous réjouir de son départ.

Pendant que ces paroles s'échangeaient lentement entre les deux beaux-frères, Thérèse avait pris le portrait des mains de son oncle et elle était sortie.

Bientôt elle rentra tenant d'une main un petit passe-partout et de l'autre un marteau et des clous.

Contre la cloison en planches qui séparait la cuisine de l'atelier était accroché son portrait fait du temps où elle n'était encore qu'une petite fille : cheveux courts frisant sur les épaules, physionomie enfantine.

Elle s'approcha de la cloison, et décrochant son portrait, elle le remplaça par celui de son frère ; puis, cela fait, elle enfonça un clou à une petite distance sur la même ligne, de telle sorte que les deux portraits se faisaient vis-à-vis.

— Je m'ennuyais toute seule, dit-elle, comme cela au moins nous nous regarderons.

Mais ce n'était pas seulement le vis-à-vis qu'elle avait cherché dans cet arrangement : les portraits étaient placés de telle façon, qu'Antoine, lorsqu'il était assis à la table, ne pouvait pas lever les yeux sans les trouver devant lui.

Comme elle passait près de son père pour reporter le marteau dans l'atelier, il la prit dans ses bras, et l'attirant contre lui, il l'embrassa longuement.

Il ne dit pas un seul mot, mais cette étreinte et ce baiser valaient les plus éloquentes paroles.

Le colonel suivit Thérèse dans l'atelier.

— Ma chère petite cousine, lui dit-il en lui prenant la main, vous êtes un brave cœur. Vous avez trouvé le seul moyen d'adoucir le chagrin de votre pauvre père sans le blesser. C'est bien, très-bien.

Elle le regarda, surprise de ce compliment, mais encore plus troublée de l'émotion qu'il y avait dans la voix de son cousin.

— Je vais emmener père au *Moulin flottant*, dit-elle ; voulez-vous venir passer la journée avec nous ?

Il hésita un moment.

— Depuis un mois les fleurs ont poussé ; je suis sûre que les berges de la rivière ne sont qu'un bouquet. Nous retrouverons peut-être notre martin-pêcheur.

— Et peut-être aussi les étoiles sur la rivière.

Elle rougit et détourna ses yeux, troublée.

Puis, se mettant à sourire :

— Et peut-être les étoiles aussi, dit-elle.

Comme il restait sans répondre :

— Eh bien ! dit-elle.

Il avait eu le temps de réagir contre l'émotion qui venait de le surprendre, et dont la vivacité justement lui prouvait combien il était peu maître de lui. Qu'adviendrait-il de cette promenade ? Ne l'entraînerait-elle pas beaucoup plus loin qu'il ne voulait présentement aller ? Qui le retiendrait ?

— Je regrette de ne pouvoir pas vous accompagner, dit-il enfin, mais ma journée est prise.

— Ah ! comme c'est mal à vous !

— Je ne savais pas que vous iriez au *Moulin flottant*, et de plus je ne savais pas que ce voyage au Havre m'amènerait aujourd'hui chez vous.

— C'est juste, dit-elle, pardonnez-moi, je n'avais pensé qu'à mon père... et à moi.

Ils rentrèrent dans la cuisine, et bientôt Antoine et Thérèse furent prêts à partir.

Le colonel les conduisit jusqu'à la gare de la Bastille.

— Ne venez-vous pas avec nous, mon neveu? demanda Antoine lorsqu'il voulut les quitter.

— La journée de mon cousin est prise, dit Thérèse.

Une fois encore il eut un mouvement d'hésitation et ses lèvres s'ouvrirent pour dire qu'il partait avec eux; mais il regarda Thérèse, et elle lui parut si charmante qu'il eut peur de lui et garda le silence.

Ils se séparèrent et il resta seul sur le trottoir; il était de si méchante humeur qu'il repoussa rudement un homme qui l'avait coudoyé.

Alors, faisant signe à un cocher, il monta en voiture. Il y avait courses au bois de Boulogne, il était certain de rencontrer madame de Lucillière.

XXXIX

C'était pour la marquise de Lucillière que le colonel se rendait aux courses, mais tant que dura le trajet, et il est long, de la place de la Bastille à l'hippodrome de Longchamps, ce fut à Thérèse qu'il pensa, ce fut Thérèse qu'il eut devant les yeux.

Comme elle avait délicatement compris les secrets sentiments de son père !

Comme elle avait gentiment enfoui son clou dans la cloison !

A cette pensée, il se prit à sourire.

Décidément il fallait qu'il fût bien sensible aux charmes de Thérèse, pour avoir trouvé des séductions nouvelles dans une opération aussi vulgaire que celle qui consiste à cogner sur un clou à coups de marteau.

Et cela précisément le confirma dans sa résolution de voir la marquise.

Une promenade avec Thérèse sur les bords de la

Marne, eût été, dans les dispositions qu'il constatait en lui, tout à fait dangereuse. S'il avait imposé silence à ses lèvres, aurait-il pu faire taire ses yeux?

L'heure n'était pas venue de parler.

Ou alors il fallait le faire franchement, sans esprit de retour.

Et c'était justement ce qu'il ne voulait pas en ce moment.

Il trouva la marquise devant les tribunes, assise sur deux chaises, entourée de son cercle de fidèles.

Elle ne lui fit pas son accueil souriant, mais du bout de la main elle lui envoya un bonjour rapide.

Cependant il persista à l'aborder, et il fallut bien que ceux qui l'entouraient écartassent un peu leur chaise.

Alors elle lui serra la main du bout des doigts, négligemment.

— On ne vous a pas vu hier, dit-elle d'un ton de reproche.

Le colonel comprit les causes de cette froideur. Il avait promis à la marquise de passer la soirée chez elle, mais son voyage au Havre l'avait naturellement empêché de tenir son engagement. De là ce dépit chez une femme qui n'était point habituée à attendre.

— J'étais au Havre, dit-il, où j'avais été appelé par une affaire urgente; je suis rentré à Paris ce matin seulement.

— Alors vous devez être fatigué, dit-elle en lui montrant par un sourire qu'elle acceptait cette excuse du voyage au Havre.

Puis s'adressant à un jeune homme qui se tenait près d'elle, un genou posé sur une chaise, les reins cambrés, suçant sans dire un mot la pomme de sa canne qu'il semblait vouloir avale :

— Mon cher Calixte, dit-elle, allez donc voir, je vous prie, ce qu'on fait contre *Trocadero*.

Puis quand « le cher Calixte » se fut éloigné, heureux de cette mission de confiance, elle donna la chaise qu'il occupait au colonel.

Sans doute c'était une grande faveur que d'être admis dans le cercle intime de cette femme à la mode, sur laquelle tout Paris avait les yeux, et ce nouveau venu, accueilli comme un ami de dix ans ou comme un amant du lendemain, faisait bien des envieux. Mais le colonel, insensible à ce sentiment de vanité, eût préféré le tête-à-tête à ces honneurs publics qui le gênaient bien plus qu'ils ne le servaient.

Il ne savait pas parler à demi-mot, de manière à n'être compris que de celle à laquelle il voulait s'adresser, et cette position l'exposait à garder un silence ridicule.

Heureusement elle lui vint en aide.

— Combien je regrette, dit-elle en se penchant à son oreille, de manière à n'être entendue que de lui seul, que vous ne soyez pas venu hier soir. Nous allons partir après les courses avec mademoiselle Lazarus et mademoiselle Carmelita pour Chalençon, où nous resterons trois ou quatre jours; vous auriez pu nous accompagner.

Comme il la regardait, se demandant ce que c'était

que Chalençon, elle comprit cette interrogation muette.

— Chalençon, dit-elle à haute voix, est une terre sur les confins de la forêt de Marly.

— Un superbe château, dit le duc de Mestosa.

— C'est à Chalençon que se trouve le haras du marquis, dit le prince Seratoff.

Mais le « cher Calixte » vint annoncer la cote de *Trocadero*, et la marquise ne fut plus occupée qu'à faire des chiffres sur son livre de paris.

Son crayon d'or courait sur le papier avec une rapidité que lui eût enviée un *bookmaker* ou un agent de change.

—Prenez-moi *Jeune-Première* pour deux cents louis, dit-elle à Calixte, et donnez *Trocadero* pour cent.

— *Jeune-Première* vous appartient? demanda le colonel, croyant que la marquise pariait pour un des chevaux de son mari.

Mais à cette question chacun répondit par un sourire moqueur, la marquise exceptée ; elle partit d'un franc éclat de rire.

— Mon cher colonel, dit-elle, je ne parie jamais pour l'écurie du marquis, attendu que si je connais ses chevaux, je ne sais jamais ce qu'il en veut faire.

Ce mot dit légèrement, jetait sur les habitudes du marquis une lumière assez vive pour que le colonel ne poussât pas ses questions plus loin. Sans être au courant des choses du sport, il les connaissait assez cependant pour savoir qu'il est de règle stricte qu'un propriétaire ne doit faire courir ses chevaux que pour gagner, et la réponse de madame de Lucillière venait de lui apprendre que cette règle n'était pas celle du marquis.

Il s'enferma donc dans un silence prudent, se promettant de ne rien dire, même de ce qui paraissait le plus innocent.

La marquise était de nouveau plongée dans ses calculs; quand elle les eut terminés, elle prit le bras du colonel.

— Allons voir les chevaux, dit-elle.

Et, sans se soucier de sa cour, elle s'éloigna, s'appuyant doucement sur le bras qu'elle avait choisi.

Pendant quelques secondes il marcha près d'elle sans parler, une assez vive émotion le serrait à la gorge.

Mais il était colonel de cavalerie et il avait vingt-huit ans : en avant !

— Combien je vous suis reconnaissant de m'avoir accordé cette promenade, car j'ai mille choses à vous dire.

— Ah ! vraiment !

— Et il est difficile de vous entretenir.

— Cependant je vous assure que je suis toute disposée à vous entendre ; n'est-ce pas moi qui vous ai proposé d'être votre confidente ? Pourquoi n'êtes-vous pas venu hier ?

— Je ne pouvais pas retarder ce voyage au Havre, je vous assure.

— Nous aurions été plus libres.

Et de fait, au milieu de la foule qui encombrait l'enceinte du pesage, il était assez difficile d'avoir un entretien intime. A chaque instant, la marquise se penchait à droite et à gauche, distribuant des inclinaisons de tête en réponse aux saluts qu'on lui adressait, tandis que le colonel marchait près d'elle, la tête haute, les épaules effacées, le chapeau immobile.

Ils avançaient lentement, et avant de pouvoir risquer une parole, il fallait regarder devant, derrière, autour d'eux, qui pouvait les entendre.

Au milieu de cette foule, la marquise paraissait pleinement à son aise, tandis que, pour lui, il se sentait gêné et embarrassé.

— Nous allons donc parler d'amour, dit-elle en se haussant vers son oreille; voyons?

Mais à ce moment ils passaient devant la rotonde où s'assemble le *ring*, et les vociférations des parieurs rendaient toute conversation impossible, à moins de crier à pleine voix.

Le colonel eût voulu marcher plus vite pour échapper à ces cris qui venaient l'interrompre si mal à propos; mais les gens qui se pressaient là et barraient le passage n'étaient pas disposés à se déranger pour une femme quelle qu'elle fût : le *book* à la main, ils couraient de l'un à l'autre criant la cote, sans prendre souci de ceux qu'ils bousculaient.

Comme ils sortaient enfin de cette cohue, la marquise s'arrêta.

— Voulez-vous me permettre un moment? dit-elle.

Et elle fit signe à l'un des parieurs qui, se détachant du groupe, vint vivement vers eux.

— Combien *Trocadero?* dit-elle.

— Trois contre un.

— Cent louis contre *Trocadero*.

Et, abandonnant le bras du colonel, elle inscrivit ce pari sur son carnet, tandis que le *bookmaker* en faisait autant sur le sien.

— Combien *Jeune-Première?*

— Quatre contre un.

— Cent louis pour *Jeune-Première*.

Et sans même porter la main à son chapeau, le *bookmaker* s'éloigna en courant pour aller se perdre dans le *ring*.

La marquise prit le bras du colonel, mais ce n'était pas le moment de reprendre l'entretien interrompu, car, penchée en avant, tenant son crayon de la main droite et son carnet de la main gauche, elle recommençait de nouveaux calculs.

— Vous aimez donc bien les chevaux? demanda-t-il lorsqu'elle eut fermé son carnet.

— Il faut que je gagne mille louis aujourd'hui, dit-elle en riant.

La foule était moins compacte, ils allaient pouvoir s'entretenir sans craindre les oreilles curieuses.

Devant eux, on promenait sur le gazon les chevaux qui allaient courir, et quelques sportmen les regardaient défiler d'un air recueilli, en faisant à haute voix des observations techniques.

Un de ces sportmen s'approcha de la marquise.

— Avez-vous vu *Jeune-Première?* demanda-t-il.

— Non.

— Elle est bien nerveuse. Couvrez-vous. C'est un conseil que je vous donne.

Et il retourna admirer la promenade circulaire des chevaux, dont plusieurs déjà étaient sellés.

— Voulez-vous que nous retournions au *ring*? dit la marquise s'adressant au colonel.

Ils retournèrent au *ring*, où les vociférations avaient augmenté d'intensité.

La marquise eût voulu pénétrer dans cette cohue, mais cela n'était pas possible pour une femme, à moins de faire d'avance le sacrifice de sa traîne.

Comme ils restaient à une certaine distance en attendant, le colonel sentit les doigts de la marquise se crisper nerveusement sur son bras d'une façon qui prouvait qu'elle était impatiente et inquiète.

Enfin le *bookmaker* parut et vint vers sa cliente, toujours courant.

Alors s'engagea entre lui et la marquise une conversation rapide à laquelle le colonel ne comprit pas grand'chose, si ce n'est que madame de Lucillière avait fait plusieurs paris sur d'autres chevaux.

— Maintenant, dit-elle après avoir régularisé les écritures de son carnet, je suis plus tranquille. Voyons, causons. Vous disiez donc...

Mais les jockeys étaient déjà en selle et les chevaux passaient devant eux pour se rendre sur la piste.

— Voici *Trocadero*, dit-elle, montrant un cheval dont le jockey portait les couleurs bleues et rouges, célèbres sur le turf ; puis voici *Jeune-Première*. N'est-ce pas que la pouliche est jolie? Du courage, ma belle !

La course allait commencer; le colonel comprit que la marquise devait désirer la voir. Ils revinrent devant les tribunes, portés par la foule qui les enveloppait.

— Trouvez-moi une chaise, dit-elle, nous resterons ensemble.

Il eut la bonne chance d'en apercevoir une, et il put l'apporter à la marquise, qui la plaça contre la grille en fer qui sépare la piste de l'enceinte du pesage.

Pendant ce temps, les chevaux étaient partis. Vivement la marquise monta sur sa chaise pour suivre la course, s'appuyant d'une main sur l'épaule du colonel.

Pour lui, il ne voyait rien; mais, aux crispations de la main de la marquise, il devinait les péripéties de la course.

Tout à coup, dans le silence qui s'était établi, on entendit le galop précipité des chevaux qui arrivaient : la terre trembla, une clameur s'éleva au-dessus de la foule.

— *Trocadero! Trocadero!*

La marquise descendit de sa chaise, et, prenant le bras du colonel :

— Je perds mille louis! dit-elle. Maintenant, mon cher colonel, causons. Qu'avez-vous donc à me dire? Je vous écoute.

Mais il n'avait plus rien à dire : le moment n'était pas heureux.

Ce fut ce qu'il expliqua en quelques mots, tandis que la foule s'amassait pour faire une ovation au vainqueur.

— Ah ! vous croyez? répliqua la marquise. Je vous assure pourtant que je n'ai jamais été mieux disposée à vous entendre ; mais comme vous voudrez. Au reste, si rien ne presse, remettons la chose à demain. Voici ce que vous ferez : vous prendrez le train de Saint-Germain et vous viendrez passer deux ou trois jours avec nous, à Chalençon, Voulez-vous?

Il la regarda.

— A Chalençon, on est plus libre qu'ici, dit-elle en riant.

— Alors, à demain : j'accepte avec plaisir.

— Vous n'aurez qu'à prendre une voiture à la gare de Saint-Germain : tous les cochers connaissent Chalençon.

— A demain alors.

— A demain.

XL

Le lendemain matin, après avoir donné l'ordre à Horace de partir dans la journée pour Chalençon, en emportant les bagages nécessaires à un séjour de quarante-huit heures chez la marquise, le colonel prit le train de Saint-Germain.

Il voulait profiter de cette excursion pour visiter le vieux château et déjeuner sur la célèbre terrasse, au pavillon Henri IV; pourvu qu'il arrivât à Chalençon une heure avant le dîner, c'était bien assez.

Délicieuse assurément la marquise, mais pas au point de lui enlever la liberté de l'esprit; et c'était là précisément ce qui le séduisait; à l'avance il était à peu près certain de ne pas se laisser entraîner trop loin. L'influence qu'elle exerçait sur lui, n'était pas telle qu'il dût s'absorber entièrement en elle, et devenir insensible à tout autre plaisir qu'à celui de penser à elle ou de la voir.

Les choses s'arrangèrent ainsi qu'il les avait disposées.

Et ce fut seulement vers deux heures qu'il se mit en route pour Chalençon; mais, au lieu de prendre une voiture, comme la marquise le lui avait recommandé, il voulut faire le chemin à pied; des indications qui lui avaient été données et qui confirmaient celles de sa carte, il résultait que c'était une distance de dix à douze kilomètres à parcourir, et pour lui c'était un agrément plutôt qu'une fatigue.

Il y avait longtemps qu'il n'avait marché; cette route à travers la campagne d'abord, puis ensuite à travers la forêt de Marly, par une belle journée, serait un vrai plaisir.

Il partit donc gaiement.

Le temps était clair, le soleil doux, il faisait une de ces journées de printemps où l'on se sent heureux de vivre : l'air qu'on respire, la senteur des herbes et des feuilles nouvelles, le chant joyeux des oiseaux, la clarté du ciel, tout se réunit pour donner au corps l'énergie vitale, et à l'esprit l'allégresse.

Pourquoi n'aurait-il pas été pleinement heureux?

Il avait la santé.

Il avait la fortune.

L'heure présente lui donnait toutes les satisfactions qu'il pouvait désirer.

L'avenir lui souriait.

Dans le passé, aucun souvenir pénible qui l'empêchât de remonter avec plaisir le chemin qu'il avait parcouru.

Et il allait gaillardement, la tête haute, s'arrêtant

de temps en temps pour ne pas se laisser entraîner.

Qu'avait-il besoin de forcer le pas?

Alors il prenait plaisir à regarder autour de lui : à ses pieds, les champs bien cultivés en vignes et en jardins; puis au-delà, par-dessus le cours de la Seine, le bois du Vésinet et tous les villages semés dans la plaine légèrement accidentée, jusqu'à la silhouette confuse des hauts monuments de Paris : l'Arc de Triomphe, le dôme des Invalides.

Et quand sur son chemin se trouvait un château, il restait à l'examiner curieusement.

Peut-être l'achèterait-il un jour, car il était bien probable, si ses espérances se réalisaient, qu'il se fixerait en France.

C'était la patrie de son père, ce serait la sienne; il n'avait pas un parent en Amérique.

Comme il s'arrêtait devant la grille d'un parc, il aperçut à une certaine distance, sur la route qu'il venait de parcourir, un homme qui, lui aussi, s'arrêtait ou tout au moins ralentissait sa marche.

Assurément il n'y avait là rien que de bien naturel, et il n'eût pas remarqué un fait aussi insignifiant, si la tournure de cet homme ne lui avait pas rappelé un individu à allure bizarre qui avait déjeuné, en même temps que lui, à l'autre bout de la galerie du pavillon Henri IV.

Sans doute ce personnage étrange, qui n'était ni un monsieur ni un ouvrier, mais un être hybride assez difficile à définir, avait bien le droit de manger au même restaurant que lui, de même que maintenant il avait bien le droit aussi de suivre la même route.

Mais ce qui était assez inexplicable, c'était que, venant sur cette route, il ne l'eût pas dépassé.

On peut se suivre longtemps en gardant la même distance, mais pour cela il faut que les deux marcheurs aillent d'un pas régulier.

Or, ce n'était pas là le cas du colonel qui, depuis qu'il avait quitté Saint-Germain, avait marché d'une façon tout à fait fantaisiste, tantôt vite, tantôt doucement, en véritable papillon.

Comment se pouvait-il qu'un autre eût obéi aux mêmes caprices?

Cela n'était ni raisonnable ni explicable.

Ou plutôt une seule explication se présentait à l'esprit.

C'était que cette marche n'était point l'effet d'un caprice ; cet homme le suivait.

Le colonel voulut voir si cette idée qui semblait logique se confirmerait par un fait.

Il s'assit sur une borne, en face la grille du parc qu'il examinait.

Non-seulement l'homme n'avança pas sur la route, mais tout à coup il devint invisible.

Pendant un moment de distraction de la part du colonel, il avait disparu.

Où était-il passé?

Était-il retourné en arrière? Mais, dans ce cas, on le verrait suivre la route en sens contraire.

Avait-il pris un chemin de traverse à droite ou à gauche? Mais le colonel était certain qu'il n'y avait pas de chemin de traverse, débouchant sur la route, à cet endroit.

Il fallait donc que cet homme se fût jeté dans le fossé ou dans un champ pour s'y cacher.

Alors son espionnage était prouvé.

Mais le colonel n'était pas homme à s'inquiéter longtemps pour si peu.

On verrait bien.

Et il continua sa route.

C'était à une courte distance du village de Fourqueux qu'il s'était arrêté ; il traversa ce village et, au bout d'une longue rue, il trouva l'une des portes de la forêt de Marly.

Il demanda son chemin à une paysanne qui ravaudait des bas, assise sur le seuil de sa maison ; elle lui dit qu'il avait à marcher tout droit pendant une heure à peu près, et qu'il trouverait alors à la sortie de la forêt un écriteau qui le guiderait.

Il entra dans la forêt.

Mais, après avoir marché durant quelques minutes, il se retourna.

L'homme le suivait toujours, gardant la même distance.

Décidément, le doute n'était pas possible, c'était bien un espion.

Mais pourquoi diable l'espionnait-on ? Dans quel but ? Au profit de qui ?

Ce furent les questions qu'il se posa et qu'il examina les unes après les autres en continuant d'avancer.

Une seule hypothèse raisonnable se présenta à son esprit.

Un des fidèles de la marquise, piqué de jalousie,

avait attaché cet espion à sa personne, afin de savoir au juste où il allait et ce qu'il faisait.

Et cette idée amena un sourire sur ses lèvres, sans fatuité aucune ; cela l'amusait.

D'un autre côté, cela prouvait aussi que les attentions de la marquise pour lui avaient été significatives ; et cette confirmation, par un rival, de son propre sentiment, ne pouvait pas vraiment le fâcher.

Mais quel était ce rival qui recourait à de pareils moyens ?

Assurément c'était le duc de Mestosa. Ce ne pouvait être que ce petit avorton bilieux et rageur.

Pendant un certain temps, ces recherches occupèrent son esprit ; mais quand il fut arrivé à cette conclusion, il commença à se dire qu'il était véritablement désagréable d'avoir cet estafier sur les talons.

Cela lui gâtait sa promenade.

A quoi bon avoir entrepris cette route à pied, s'il sentait derrière lui un escogriffe qui ne l'abandonnait pas plus que son ombre, s'arrêtant quand il s'arrêtait, marchant quand il marchait ?

A la longue cette idée avait quelque chose d'exaspérant chez un homme qui, d'ordinaire, était peu patient.

Et sa contrariété était d'autant plus vive, qu'il s'imaginait que, s'il avait été seul, il aurait pris un plaisir extrême à traverser cette forêt.

Jamais bois au printemps n'avaient eu tant de grâce, jamais oiseaux n'avaient si bien sifflé, jamais frondaison nouvelle n'avait exhalé tant de bonnes senteurs.

Et personne sur cette route pour le troubler, si derrière lui il n'avait pas senti la présence de cet espion obstiné, dont il percevait les pas sans même les entendre.

Il accéléra sa marche, puis la ralentit.

Mais il eut beau faire, la même distance resta toujours entre eux.

Enfin, n'y tenant plus, il s'arrêta brusquement au milieu de la route et se retourna.

Son mouvement avait été si vif que l'homme, surpris, s'arrêta un moment : mais bientôt il commença d'avancer lentement.

C'était là-dessus que le colonel comptait; il ne voulait pas courir après cet homme, mais il voulait l'interpeller au passage et lui demander ce que signifiait cette étrange poursuite.

L'homme, voyant qu'on l'attendait de pied ferme, eut un moment d'hésitation, et le colonel eut peur qu'il lui échappât. Vivement, il regarda autour de lui; la route courait droit sous bois sans que personne se montrât d'un côté ou de l'autre; on n'entendait pas d'autre bruit que celui de la brise dans le feuillage et çà et là le cri d'un geai et d'une pie.

Mais la crainte du colonel n'était pas fondée : l'homme continuait d'avancer avec une démarche rampante, ramassé sur lui-même, les mains dans les poches, n'ayant de vivacité que dans la tête, qu'il haussait pour voir au loin devant lui, ou qu'il tournait brusquement pour regarder derrière.

A mesure qu'il approchait, le colonel pouvait le mieux examiner.

Il était vêtu d'un paletot court, boutonné, et coiffé d'un chapeau de feutre mou qui lui cachait une moitié du visage ; quant à l'autre, elle disparaissait sous une épaisse barbe noire. En tout, l'apparence d'un homme que bien des gens n'auraient pas aimé à rencontrer seul au coin d'un bois.

C'était là précisément le cas du colonel, avec cette circonstance aggravante que ce n'était point au coin d'un bois qu'il faisait cette rencontre, mais en pleine forêt, loin de toute habitation et de tout secours.

Mais il était soldat, et il n'avait jamais éprouvé le sentiment de la peur.

L'homme avançait toujours, rasant la terre avec sa démarche de loup.

Encore vingt pas et il allait rejoindre le colonel.

Alors celui-ci étendit le bras en avant, et d'une voix de commandement :

— Halte ! dit-il.

A ce geste, l'homme baissa la tête comme s'il avait peur de recevoir une balle, mais voyant que le colonel n'avait rien dans la main, ni revolver, ni canne, il la releva aussitôt avec un geste d'assurance et de défi.

— Eh bien, qu'est-ce que c'est ? dit-il, et pourquoi me barrez-vous le chemin, vous ?

— Et vous, l'homme, pourquoi me suivez-vous ?

— Je ne vous suis pas, je marche ; la route n'est donc pas à tout le monde ?

— Pas de discussion ; écoutez ce que j'ai à vous dire. Vous préviendrez celui qui vous paye que je vous ai promis de vous casser les reins si jamais je vous retrouvais derrière moi. Maintenant, passez votre chemin et ne vous retournez pas, ou sinon gare à vous.

L'homme fit un geste comme pour s'élancer sur le colonel, mais brusquement s'arrêtant, il parut se résigner à obéir à l'ordre qui venait de lui être intimé.

Il s'avança donc lentement, comme pour passer son chemin, mais arrivé près du colonel, il sortit vivement ses mains de ses poches, la droite était armée d'un long coutelas à manche de bois.

D'un bond il s'élança sur le colonel, le bras levé, et avant que celui-ci eût pu penser à repousser cette rapide agression, le coutelas s'enfonça dans son épaule.

Le coup fut si violent que le colonel chancela.

XLI

Il avait failli tomber, mais se redressant aussitôt, il s'élança à son tour sur l'assassin avant que celui-ci eût pu frapper un second coup.

Comme le coutelas allait s'abaisser de nouveau, ce fut le bras qui tenait ce coutelas que le colonel saisit à deux mains, de manière à le maintenir levé.

Heureusement pour lui, le colonel était vigoureux et il s'était toujours maintenu en condition par l'usage journalier de l'escrime et des autres excercices du corps.

Mais la situation n'était pas égale ; tandis que le colonel n'avait que sa force et son adresse pour se défendre, le brigand qui l'avait traîtreusement assailli avait à la main une arme terrible, bonne pour l'attaque comme pour la défense.

De plus, le colonel était blessé, et il sentait son sang couler le long de la poitrine.

Quelle était la gravité de cette blessure?

Toute la question, question de vie ou de mort, était là.

Lui laisserait-elle la force nécessaire pour lutter? Pendant la guerre, il avait reçu un formidable coup de baïonnette et, sur le moment même, il s'en était à peine aperçu ; seulement, après quelques minutes, il était tombé de cheval, évanoui. Le coup de couteau valait-il le coup de baïonnette, et la même défaillance allait-elle se produire ?

Dans ce cas, il était un homme mort, et son ennemi le tuait tout à son aise, lorsqu'il serait tombé.

Ces idées traversèrent son esprit avec la rapidité de l'éclair.

Mais, loin de l'abattre, elles lui donnèrent la résolution de lutter jusqu'au bout, tant qu'il pourrait. Il était de ceux qui ne se découragent jamais et qui ne s'abandonnent pas ; en tout et partout, le salut est à ceux qui se défendent et veulent quand même se sauver.

Il fallait donc lutter.

Comme l'assassin, lui aussi, avait eu son moment de surprise, en se voyant le bras serré avec une vigueur extraordinaire par celui qu'il croyait avoir frappé à mort, le colonel profita de cette surprise pour le pousser fortement et le faire tourner à demi sur lui-même.

Alors abaissant fortement le bras armé du couteau et desserrant une de ses mains, il saisit le brigand à bras le corps par derrière et l'étreignit contre lui.

— Tonnerre! s'écria l'homme, tu vas me le payer.

Et il voulut se dégager de cette étreinte. Mais bien

qu'il fût, lui aussi, vigoureux, il put à peine remuer.

Il était pris comme dans un étau, et malgré ses secousses, il ne put pas se débarrasser.

— Si tu remues ainsi, dit le colonel, tu vas te piquer.

Cette raillerie exaspéra l'assassin :

— C'est moi qui vais te piquer, je te vas saigner comme un veau.

Et, faisant un nouvel effort, il dégagea un de ses bras et saisit le colonel par-dessus le cou.

Mais celui-ci, pendant ce temps, était parvenu à joindre ses deux mains par-dessus celle qui tenait le coutelas.

Encore un effort, et il le saisissait par le manche.

Sans doute son adversaire devina sa manœuvre, car, ouvrant la main, il laissa glisser le coutelas sur la route.

— Tu ne me saigneras pas, dit le colonel.
— Tout à l'heure.
— Maintenant à nous deux.

Et, changeant de tactique, le colonel ne chercha plus qu'à renverser son ennemi sous lui, mais en l'entraînant assez loin pour qu'en tombant il ne trouvât pas le couteau à portée de sa main.

Pendant quelques secondes, ils se tinrent enlacés, se serrant, se pressant, s'arc-boutant l'un contre l'autre comme deux lutteurs dans l'arène.

Mais à la fin l'adresse l'emporta : ils roulèrent tous deux à terre, l'assassin était dessous, le colonel était dessus.

Qu'il pût le maintenir un moment ainsi, et il y avait chance pour qu'un secours lui arrivât.

Quelqu'un passerait bien sur cette route, sans doute.

Il leva les yeux rapidement, mais il ne vit rien. Quant à écouter, c'était impossible, car tous deux ahanaient en soufflant fortement.

L'homme, ayant touché la terre, voulait se relever, mais le colonel, appuyé sur lui, le tenait bien, malgré ses coups de reins.

— Si tu bouges, dit-il, je te casse la tête à coups de poing.

— Je n'ai pas besoin de bouger, c'est toi qui vas me lâcher tout à l'heure.

— Compte là-dessus.

— Tu es saigné, mon bonhomme, tu pâlis déjà.

Le colonel, dans l'emportement de la lutte, avait oublié sa blessure ; ce mot lui rappela tout le danger de sa position.

La défaillance, et ses mains s'ouvraient d'elles-mêmes.

Pendant combien de temps allait-il pouvoir maintenir son adversaire sous lui ?

Il fallait encore changer de méthode.

Brusquement il lança dans les yeux de son ennemi trois ou quatre coups de poing, rudement assénés par des mains habituées à la boxe ; puis, se relevant, avant que celui-ci fût revenu de son attaque, il s'élança d'un bond sur le coutelas.

La situation s'était retournée : c'était lui maintenant qui avait le coutelas à la main.

L'assassin, un moment étourdi, s'était relevé, et, n'ayant pas vu le colonel ramasser le couteau, tant cela s'était fait rapidement, il s'avançait les poings fermés.

Sans reculer, le colonel lui présenta la pointe du coutelas.

— Eh bien! qui va saigner l'autre, hein?

A cette vue, l'homme sauta de trois ou quatre pas en arrière.

— Tonnerre! s'écria-t-il, c'est donc contre le diable qu'on m'a envoyé.

— Et qui t'a envoyé ? Si tu me le dis, je te laisse aller.

— Pour me faire prendre demain.

— Non-seulement je ne te ferai pas prendre, mais je te donnerai 1,000 francs.

— Ça se dit ces choses-là.

— Et ça se fait.

— Quand on a peur, oui; mais quand on est sauvé...

— Je te les donne tout de suite.

— Ah! tu as 1,000 francs sur toi!

Le colonel crut qu'il avait touché la corde de ce bandit, mais tout à coup celui-ci partit d'un éclat de rire :

— Eh bien, je vas te les prendre tes 1,000 francs, dit-il, tu n'auras pas le chagrin de me les donner.

— Viens les chercher.

— Tout à l'heure ; ça ne presse pas.

Le colonel comprit ce que ce mot signifiait.

Le brigand attendait que la blessure eût produit

son effet, et que le coutelas tombât tout seul de la main qui le tenait.

La pâleur, en augmentant, avait sans doute trahi son état de faiblesse, qui allait rapidement s'accroissant. Les efforts de la lutte l'avaient épuisé; le sang l'inondait et coulait jusqu'à terre; le cœur lui manquait et sa vue se brouillait.

Personne ne viendrait donc à son secours !

C'était l'heure cependant où Horace devait passer sur cette route, en voiture, pour se rendre à Chalençon.

Mais il eut beau regarder, il ne vit pas de voiture paraître sur cette route déserte; il eut beau écouter, il n'entendit pas d'autre bruit que le chant des oiseaux et la respiration haletante de son ennemi.

Encore quelques minutes, quelques secondes peut-être et c'en était fait. Ce misérable pourrait l'achever tout à son aise.

Cette idée lui rendit un peu de force.

Alors il ferma les yeux à demi et parut chanceler.

— Ah ! ah ! dit le brigand, ça saigne ! ça saigne !

Le colonel trébucha.

— Ça va bien.

Le colonel tomba sur un genou.

— A la fin, ça y est ! s'écria l'assassin avec un juron de triomphe.

Et il s'élança pour saisir le couteau qui semblait prêt à tomber de la main inerte du blessé.

Mais alors le colonel serra les doigts; puis, ayant ramené son bras contre lui, il le lança fortement en avant, et, par un coup terrible donné de bas en haut, il plongea le coutelas tout entier dans le ventre de son adversaire.

L'impulsion avait été si violente, qu'elle l'entraîna et qu'il tomba tout de son long sur la route.

Mais, en même temps l'assassin tombait aussi, et son corps s'affaissait sur les bras du colonel.

Le colonel avait perdu connaissance. Combien de temps resta-t-il privé de sentiment? C'est ce qu'il lui fut impossible d'apprécier lorsqu'il revint à lui.

Il était extrêmement faible; il ressentait à l'épaule et à la poitrine une terrible douleur; son bras, toujours pris sous le corps du brigand, était paralysé.

Instinctivement, il voulut le dégager; mais il ne put y parvenir.

Comment se défendre ?

Mais heureusement pour lui, il ne s'agissait plus de se défendre; car si son adversaire n'était pas mort, il était en tout cas incapable de remuer; il restait étendu sur la route, la face dans la poussière, inerte, sans mouvement.

A ce moment, le colonel crut entendre un bruit de roues et le trot d'un cheval.

Il écouta. Il ne se trompait pas : une voiture arrivait du côté de Saint-Germain.

Elle approchait.

Il leva un peu la tête.

C'était Horace.

— A moi! dit-il faiblement.

Mais cet appel était inutile : la voiture s'était arrêtée devant ces deux corps qui barraient la route, et Horace avait sauté à terre.

En entendant la voix de son maître, il poussa une exclamation plaintive; mais, sans se perdre dans des gémissements superflus, il courut à lui.

— Blessé, blessé?

— A la poitrine; enlève ce corps qui m'écrase.

Le cocher était descendu de son siége, il aida Horace à soulever le corps de l'assassin.

— Mort, dit le cocher; en voilà de l'ouvrage!

Mais Horace ne s'arrêta pas à cette constatation; agenouillé près de son maître, il avait fendu les vêtements de celui-ci avec un couteau, et il cherchait la blessure.

Elle n'était que trop facile à trouver: elle commençait à l'épaule et descendait jusqu'à la dernière côte; par bonheur, un portefeuille avait empêché la pointe du coutelas d'atteindre le cœur et la lame avait seulement fait une longue entaille sur la poitrine.

Horace avait pansé plus d'une blessure sur les champs de bataille; en quelques minutes il eut posé un bandage, fait avec des chemises et des serviettes, sur la poitrine de son maître.

Puis, aidé du cocher, il avait placé le colonel à demi-allongé dans la voiture, et l'on s'était mis en route pour le château de Chalençon qui n'était qu'à une assez courte distance.

Quand la voiture arriva devant le château, tout le monde, la marquise, Ida, Carmelita et tous les invités étaient sur le perron, car on avait vu que cette voiture apportait un blessé.

— Mon colonel, dit Horace, arrêté et blessé dans la forêt.

Vivement la marquise s'avança.

— Vous, colonel ! s'écria-t-elle.

Mais il ne répondit pas; de nouveau il s'était évanoui.

— Vite, s'écria la marquise, qu'on le porte dans la chambre bleue, près de la mienne (1).

FIN DE LA PREMIÈRE PARTIE

(1) L'épisode qui suit le *Colonel Chamberlain* a pour titre : la *Marquise de Lucillière*.

F. Aureau. — Imprimerie de Lagny.

www.ingramcontent.com/pod-product-compliance
Lightning Source LLC
Chambersburg PA
CBHW060615170426
43201CB00009B/1028